法典化研究丛书

公法领域法典化专题研究

钱宁峰 李小红 朱紫涵 徐 剑 著

东南大学出版社
SOUTHEAST UNIVERSITY PRESS
·南京·

图书在版编目(CIP)数据

公法领域法典化专题研究 / 钱宁峰等著. — 南京：东南大学出版社，2024.1

ISBN 978-7-5766-0986-8

Ⅰ.①公… Ⅱ.①钱… Ⅲ.①公法-法典-研究-中国 Ⅳ.①D920.0

中国国家版本馆 CIP 数据核字(2023)第 224409 号

责任编辑：陈 佳　　责任校对：子雪莲　　封面设计：顾晓阳　　责任印制：周荣虎

公法领域法典化专题研究

Gongfa Lingyu Fadianhua Zhuanti Yanjiu

著　　者	钱宁峰　李小红　朱紫涵　徐　剑
出版发行	东南大学出版社
社　　址	南京市四牌楼2号(邮编：210096　电话：025-83793330)
出 版 人	白云飞
网　　址	http://www.seupress.com
电子邮箱	press@seupress.com
经　　销	全国各地新华书店
印　　刷	广东虎彩云印刷有限公司
开　　本	700 mm×1000 mm　1/16
印　　张	16.5
字　　数	305千字
版　　次	2024年1月第1版
印　　次	2024年1月第1次印刷
书　　号	ISBN 978-7-5766-0986-8
定　　价	69.00元

本社图书若有印装质量问题，请直接与营销部联系，电话：025-83791830。

习近平法治思想中法典观的历史意义(代序)

钱宁峰[①]

当前,习近平法治思想作为习近平新时代中国特色社会主义思想的重要组成部分,已经成为全面依法治国的基本指导思想,并不断得到阐发和体系化。由于习近平法治思想具有丰富的内涵,因此,无论是从理论层面还是实践层面,均需要对其进行深入研究。值得注意的是,随着民法典的编纂,法典一词重新进入全面依法治国视野之中,进而使法典观在习近平法治思想中逐渐获得一席之地。尽管法典概念因民法典而出现,但是并不能认为法典观念仅限于民法典领域。因此,就需要探讨一下法典观在习近平法治思想中所具有的历史意义。

一、法典观在习近平法治思想中的表现形式

从历史来看,习近平法治思想中的法典观并不是从民法典编纂开始的。实际上,法典观起源于宪法,因为在宪法学中通常将《中华人民共和国宪法》称为宪法典。特别是自十八大以来,宪法和民法典是习近平法治思想中法典观论述最为集中的法律对象。因此,有必要首先从法典观角度总结习近平总书记对宪法和民法典的基本认识。

(一)习近平法治思想中的宪法观

十八大以来,习近平总书记围绕宪法发表了一系列讲话和批示。这些宪法论述虽然并不是从法典观角度阐发的,但是蕴含着对宪法本身的法典化认识。虽然宪法在法律体系中的定位通常是从法律位阶角度来认识的,但是这种认识实际上自觉不自觉地将宪法作为一种法典形式。从法典观角度来看,宪法在习近平法治思想中主要包括以下方面:

一是宪法的性质。宪法的性质关系到宪法在国家法律形式中的定位。在习近平法治思想中,通常将宪法表述为"国家的根本法""总章程""国家根本大法"。例如,"宪法是国家根本大法,是全国各族人民共同意志的体现,是特别行

[①] 钱宁峰,江苏省社会科学院法学研究所所长、研究员。

政区制度的法律渊源"①"宪法是国家的根本法,是治国安邦的总章程,是党和人民意志的集中体现,具有最高的法律地位、法律权威、法律效力"②"宪法是国家的根本法,是治国安邦的总章程,是党和人民意志的集中体现"③"宪法是国家的根本法,坚持依法治国首先要坚持依宪治国,坚持依法执政首先要坚持依宪执政"④。之所以将宪法如此定位,一方面来源于新中国成立初期宪法制定的历史经验认识,另一方面实际上凸显了宪法的重要性。

二是宪法的地位。宪法的地位关系到宪法的效力。在习近平法治思想中,通常使用"最高"来予以表述。例如,"我国宪法以国家根本法的形式,确立了中国特色社会主义道路、中国特色社会主义理论体系、中国特色社会主义制度的发展成果,反映了我国各族人民的共同意志和根本利益,成为历史新时期党和国家的中心工作、基本原则、重大方针、重要政策在国家法制上的最高体现"⑤"宪法是国家的根本法,是治国安邦的总章程,具有最高的法律地位、法律权威、法律效力,具有根本性、全局性、稳定性、长期性"⑥"宪法集中体现了党和人民的统一意志和共同愿望,是国家意志的最高表现形式,具有根本性、全局性、稳定性、长期性"⑦。最高性不仅必然使宪法和其他法律形式产生差别,同时也必然使宪法在部门法领域中独树一帜。

三是宪法的权威。宪法的权威关系到宪法在人们心目中的认知层次。在习近平法治思想中,通常以"权威""尊严"予以表述。例如,"维护宪法权威,就是维护党和人民共同意志的权威。捍卫宪法尊严,就是捍卫党和人民共同意志

---

① 习近平:《依法保障"一国两制"实践》(2014年11月—2019年12月),载习近平:《论坚持全面依法治国》,中央文献出版社2020年版,第121页。
② 习近平:《坚持依法治国首先要坚持依宪治国,坚持依法执政首先要坚持依宪执政》(2014年12月—2018年12月),载习近平:《论坚持全面依法治国》,中央文献出版社2020年版,第126页。
③ 习近平:《宪法修改要充分体现人民的意志》(2017年12月15日),载习近平:《论坚持全面依法治国》,中央文献出版社2020年版,第187页。
④ 习近平:《在庆祝全国人民代表大会成立六十周年大会上的讲话》(2014年9月5日),载习近平:《论坚持全面依法治国》,中央文献出版社2020年版,第72页。
⑤ 习近平:《在首都各界纪念现行宪法公布施行30周年大会上的讲话》(2012年12月4日),载习近平:《论坚持全面依法治国》,中央文献出版社2020年版,第8-9页。
⑥ 习近平:《在首都各界纪念现行宪法公布施行30周年大会上的讲话》(2012年12月4日),载习近平:《论坚持全面依法治国》,中央文献出版社2020年版,第10页。
⑦ 习近平:《谱写新时代中国宪法实践新篇章——纪念现行宪法公布施行40周年》,《人民日报》2022年12月20日第1版。

的尊严。保证宪法实施,就是保证人民根本利益的实现"①"宪法是国家的根本法。法治权威能不能树立起来,首先要看宪法有没有权威。必须把宣传和树立宪法权威作为全面推进依法治国的重大事项抓紧抓好,切实在宪法实施和监督上下功夫"②"要在全社会牢固树立宪法法律权威,弘扬宪法精神,任何组织和个人都必须在宪法法律范围内活动,都不得有超越宪法法律的特权"③"维护宪法法律权威就是维护党和人民共同意志的权威,捍卫宪法法律尊严就是捍卫党和人民共同意志的尊严,保证宪法法律实施就是保证党和人民共同意志的实现"④"不论过去、现在还是将来,维护宪法权威,就是维护党和人民共同意志的权威;捍卫宪法尊严,就是维护党和人民共同意志的尊严;保证宪法实施,就是保证人民根本利益的实现"⑤。权威性必然意味着不能与之抵触,违者必然承担相应的责任。

四是宪法的变迁。宪法的变迁关系到宪法的稳定性和适应性。在习近平法治思想中,通常会从宪法发展规律角度来予以阐述。例如,"宪法只有不断适应新形势、吸纳新经验、确认新成果,才能具有持久生命力"⑥"宪法修改,既要顺应党和人民事业发展要求,又要遵循宪法法律发展规律"⑦"宪法作为上层建筑,一定要适应经济基础的变化而变化。任何国家都不可能制定一部永远适用的宪法。我国宪法是治国理政的总章程,必须体现党和人民事业的历史进步,必须随着党领导人民建设中国特色社会主义实践的发展而不断完善发展"⑧。宪

---

① 习近平:《在首都各界纪念现行宪法公布施行30周年大会上的讲话》(2012年12月4日),载习近平:《论坚持全面依法治国》,中央文献出版社2020年版,第9页。
② 习近平:《关于〈中共中央关于全面推进依法治国若干重大问题的决定〉的说明》(2014年10月20日),载习近平:《论坚持全面依法治国》,中央文献出版社2020年版,第94页。
③ 习近平:《在法治下推进改革,在改革中完善法治》(2013年11月—2019年7月),载习近平:《论坚持全面依法治国》,中央文献出版社2020年版,第39页。
④ 习近平:《加快建设社会主义法治国家》(2014年10月23日),载习近平:《论坚持全面依法治国》,中央文献出版社2020年版,第108页。
⑤ 习近平:《切实尊崇宪法,严格实施宪法》(2018年1月19日),载习近平:《论坚持全面依法治国》,中央文献出版社2020年版,第200页。
⑥ 习近平:《在首都各界纪念现行宪法公布施行30周年大会上的讲话》(2012年12月4日),载习近平:《论坚持全面依法治国》,中央文献出版社2020年版,第8页。
⑦ 习近平:《宪法修改要充分体现人民的意志》(2017年12月15日),载习近平:《论坚持全面依法治国》,中央文献出版社2020年版,第188页。
⑧ 习近平:《关于我国宪法和推进全面依法治国》(2018年2月24日),载习近平:《论坚持全面依法治国》,中央文献出版社2020年版,第213页。

法的变迁性意味着其他法律形式均不可与之相提并论。

(二)习近平法治思想中的民法典观

自十八届四中全会将民法典编纂纳入决定之后,习近平总书记先后主持三次中央政治局常委会会议,分别审议民法典总则、民法典各分编、民法典三个草案;在民法典通过之后,又主持中央政治局集体学习。习近平总书记在这些会议上的讲话中涉及对民法典本身的认识,主要包括以下方面:

一是民法典的政治地位。习近平总书记指出:民法典"是新中国成立以来第一部以'法典'命名的法律,是新时代我国社会主义法治建设的重大成果"①。这就说明了民法典在国家发展中具有里程碑的意义。

二是民法典的法律地位。习近平总书记指出:"民法典在中国特色社会主义法律体系中具有重要地位,是一部固根本、稳预期、利长远的基础性法律。"②"基础性法律"突出了民法典的法律地位。"基础性法律"不同于"基本法律",因此,民法典应该是基本法律中的基本法律,这种地位也只有法典才可以获得。

三是民法典的特色。习近平总书记指出:"民法典系统整合了新中国成立七十多年来长期实践形成的民事法律规范,汲取了中华民族五千多年优秀法律文化,借鉴了人类法治文明建设有益成果,是一部体现我国社会主义性质、符合人民利益和愿望、顺应时代发展要求的民法典,是一部体现对生命健康、财产安全、交易便利、生活幸福、人格尊严等各方面权利平等保护的民法典,是一部具有鲜明中国特色、实践特色、时代特色的民法典。"③这系统地总结了民法典的突出特点。

二、习近平法治思想中法典观的基本框架

虽然上述关于宪法和民法典的论述在习近平法治思想中非常有限,但是从中还是可以勾勒出习近平法治思想中法典观的基本框架。目前,对于民法典编纂的意义,通常从政治和法律两个方面阐述较多。例如,有学者认为,编纂实施

---

① 习近平:《充分认识颁布实施民法典重大意义,依法更好保障人民合法权益》(2020年5月29日),载习近平:《论坚持全面依法治国》,中央文献出版社2020年版,第277页。
② 习近平:《充分认识颁布实施民法典重大意义,依法更好保障人民合法权益》(2020年5月29日),载习近平:《论坚持全面依法治国》,中央文献出版社2020年版,第278页。
③ 习近平:《充分认识颁布实施民法典重大意义,依法更好保障人民合法权益》(2020年5月29日),载习近平:《论坚持全面依法治国》,中央文献出版社2020年版,第279页。

民法典是习近平法治思想的生动实践;党的领导是编纂实施民法典坚强有力的政治保障;以人民为中心是编纂实施民法典的根本宗旨;中国特色社会主义法治道路是编纂实施民法典的必由之路;编纂实施民法典是在法治轨道上推进国家治理现代化的重要成果;编纂实施民法典是建设中国特色社会主义法治体系的重要内容①。无论是从政治层面的阐释还是法律层面的理解,对于推动民法典实施均具有重要作用。不过,若局限于民法典领域来认识法典观,可能会忽视法典观在习近平法治思想中的定位。根据前述宪法观和民法典观,可以归纳出习近平法治思想中法典观的基本框架。

首先,法典形式。法典概念虽然在学术研究中经常使用,但是法典作为法律名称却是从民法典开始的。一旦将其纳入立法之中,必然要考量法典这种形式的界定问题。有学者认为:"一般我们所说的法典这一词语具有广狭两种意义。广义的法典是从一种宽泛的意义上来说的,这个意义上的法典既包括近代大陆法意义上的部门法典,如《瑞士民法典》,古代综合性的法典(或'律典'),如《汉谟拉比法典》《十二铜表法》,也包括英美法系冠以法典名称的各种法律汇编,如《美国法典》。狭义的法典专指大陆法系意义上的部门法典,是指在有关理论的指导下,由专门的立法机构制定并实施的某一法律部门比较集中系统的总体规定,例如《法国民法典》、《德国民法典》、我国的刑法典、诉讼法典等。"②因此,要理解习近平法治思想中的法典观,需要专门确定法典这种形式在中国特色社会主义法律体系中的基本定位。

其次,法典内容。法典在内容上是不是和一般法律内容有所差异?对此,人们通常关注不多。例如有学者从宪法典角度分析我国宪法应该规定哪些内容,提出以宪法内容与保障人权目的之契合度以及对其稳定性之影响为衡量标准③。这种认识虽然对于法典的归类具有一定的启发作用,但是法典内容究竟如何安排仍值得研究。值得注意的是,宪法和民法典内容具有许多类似之处,其中最为明显的就是对公民权利种类的规定。因此,要理解习近平法治思想中的法典观,可能需要从权利角度来分析。正如马克思所言,"法典就是人民自由

---

① 王轶:《编纂实施民法典是习近平法治思想的生动实践》,《中国法学》2021年第3期。
② 张小军:《新中国法典化的历程及其价值与贡献》,《新疆社科论坛》2008年第2期。
③ 安晨曦:《修宪背景下我国宪法典内容结构的完善——以"宪法典宜规定哪些内容"为视角》,《长春工业大学学报(社会科学版)》2012年第4期。

的圣经"①。虽然这里所说的自由显然具有有限性,但是也反映了法典的确和人民的关系密切。例如,"宪法集中体现了党和人民的统一意志和共同愿望,是国家意志的最高表现形式"②"宪法是党和人民意志的集中体现,是通过科学民主程序形成的国家根本法"③"宪法是人民的宪法,宪法修改要广察民情、广纳民意、广聚民智,充分体现人民的意志"④"宪法是统治阶级意志的产物。我国是工人阶级领导的、以工农联盟为基础的人民民主专政的国家,我们党是中国工人阶级的先锋队,同时是中国人民和中华民族的先锋队,因而能够制定真正意义上的人民宪法"⑤。

最后,法典技术。民法典的编纂显然具有高度的技术性,其不仅体现在概念范畴,而且在于法条的数量上,更在于法典内部的逻辑性安排。同样,宪法制定和修改也需要考虑其内在的立法技术。虽然目前宪法条文数量和民法典条文数量不可同日而语,但是宪法制定和修改在技术上显然也具有一定的考量。正因为如此,1982年宪法在公民基本权利和义务上采取了和以往宪法章节不同的结构。那么,法典是不是具有不同的立法技术?从应然层面来看,由于法典具有非常重要的地位,其内容的丰富性必然决定了其技术上的复杂性,因此,要理解习近平法治思想中的法典观,需要进一步考量法典技术问题。例如,民法典在结构上采用分编模式,在物权、合同两编进一步采用分编模式,这种做法显然是由法典条文的数量规模所决定的。因此,法典通常要求条文数量能够达到分编的程度,否则就不能视为法典。不过,宪法虽然被称为宪法典,但是在条文数量上似乎过少。随着法典化的展开,需要进一步整合宪法相关法,如立法法、监督法等,以实现宪法的再法典化。

---

① 《马克思恩格斯全集》第1卷,人民出版社1956年版,第71页。
② 习近平:《深刻认识宪法修改的重大意义》(2018年1月19日),载习近平:《论坚持全面依法治国》,中央文献出版社2020年版,第198页。
③ 习近平:《宪法修改要充分体现人民的意志》(2017年12月15日),载习近平:《论坚持全面依法治国》,中央文献出版社2020年版,第188页。
④ 习近平:《宪法修改要充分体现人民的意志》(2017年12月15日),载习近平:《论坚持全面依法治国》,中央文献出版社2020年版,第188页。
⑤ 习近平:《关于我国宪法和推进全面依法治国》(2018年2月24日),载习近平:《论坚持全面依法治国》,中央文献出版社2020年版,第214-215页。

三、习近平法治思想中法典观的历史价值

认识习近平法治思想中的法典观,具有重要的历史意义。目前,法典编纂已经成为国家推动法治建设的重要方式。习近平总书记指出:"民法典为其他领域立法法典化提供了很好的范例,要总结编纂民法典的经验,适时推动条件成熟的立法领域法典化编纂工作。"①《法治中国建设规划(2020—2025 年)》中提出:"对某一领域有多部法律的,条件成熟时进行法典编纂。"全国人大常委会 2021 年度立法工作计划中也提出:"研究启动环境法典、教育法典、行政基本法典等条件成熟的行政立法领域的法典编纂工作。"法典化问题已经成为理论和实践普遍关注的热点。因此,这就需要确立法典观在习近平法治思想中的应有地位。

第一,从历史来看,确立法典观有助于形成法典思维。习近平总书记多次从历史角度提到法典问题,在谈到中国传统法典时,也多次肯定法典在我国传统中的突出地位。"我们的先人们早就开始探索如何驾驭人类自身这个重大课题,春秋战国时期就有了自成体系的成文法典,汉唐时期形成了比较完备的法典"②③。即使涉及世界历史,他也多次提到法典。法典承载着历史记忆,特别是面对中华民族伟大复兴的历史课题,必须通过法典观的确立倡导法典思维。

第二,从现在来看,确立法典观有助于推动法律体系法典化。从前述内容来看,法典编纂已经成为立法工作的重要组成部分。从民法典编纂历程来看,可以说几经波折。因此,法典编纂不可能一蹴而就。正如有学者指出,法典编纂不能陷入"立法浪漫主义",而应当具备一些基本条件:一是应当具有法典化的现实需求,即该领域存在需要通过编纂法典的方式来解决的现实问题。二是应当具有法典化的基础条件,即该领域的主要法律规范相对充分,法律关系相对稳定,学理储备较为丰富,学术界和实务界对于法典编纂的认知相对统一④。事实上,从历史来看,法典化的确是推动法律体系系统化的重要手段。这就需要相应的法典观予以科学指导。

---

① 习近平:《以科学理论为指导,为全面建设社会主义现代化国家提供有力法治保障》(2020 年 11 月 16 日),载习近平:《习近平谈治国理政(第四卷)》,外文出版社 2022 年版,第 293 页。
② 习近平:《加快建设社会主义法治国家》(2014 年 10 月 23 日),载习近平:《论坚持全面依法治国》,中央文献出版社 2020 年版,第 110 页。
③ 习近平:《全面做好法治人才培养工作》(2017 年 5 月 3 日),载习近平:《论坚持全面依法治国》,中央文献出版社 2020 年版,第 176 页。
④ 马怀德:《迈向"规划"时代的法治中国建设》,《中国法学》2021 年第 3 期。

第三,从未来来看,确立法典观有助于实现法治现代化。法治现代化蕴含于国家治理现代化之中。"现代化与法治化是内在地联结在一起的,一个现代化的国家必然是法治国家。推进法治现代化,是实现国家治理现代化的内在要求"①。随着我国现代化国家新征程的启动,法治现代化必须随之展开。国家现代化必然意味着中华文化的引领。在这一过程中,法律文化的引领是重要的一环,其最重要的载体就是法典。因此,确立法典观必将推动法典编纂的兴起,使法典编纂惠及我国现代化,同时,法典也是展示我国法治现代化成就的重要形式。

---

① 公丕祥:《习近平的法治与国家治理现代化思想》,《法商研究》2021年第2期。

前 言 | PREFACE

随着民法典的出台,我国对条件成熟的法律部门法典编纂作了规划与部署,其中,对行政基本法典、教育法典、环境法典等行政立法领域的法典编纂适时启动作了安排。这就意味着公法领域法典编纂正式进入立法机关议事日程。事实上,尽管许多公法法律没有以法典名称命名,但是在通常观念中,许多法律本身具有法典地位,如宪法、刑法、行政诉讼法、刑事诉讼法、民事诉讼法等。这就提出了一个问题,即以往具有法典地位的法律与目前所要编纂的行政基本法典、教育法典和环境法典之间存在何种区别。正因为如此,一方面,公法领域法典化大行其道,成为当前公法领域研究的重要课题;另一方面,公法领域出现了再法典化的探讨,希望进一步推动以往具有法典地位的法律再次修订,形成具有法典名称的法典。对此,有必要进一步深入探讨公法领域法典化问题,以期推动不同公法领域法典编纂。基于此,本书选择当前较受关注的行政基本法、教育法、环境法和刑法四个领域,从历史和现实等角度讨论其法典化进程,既梳理相关领域法典化研究成果,又对相应法典编纂进行一定的研究,希望以此参与到公法领域法典化研究之中。

目 录 CONTENTS

第一编　行政基本法法典化研究 …… 001

第一章　行政基本法法典化的缘起 …… 003
第一节　行政基本法法典化的历史条件 …… 003
第二节　行政基本法法典化的必要条件 …… 006
第三节　行政基本法法典化的可行条件 …… 007

第二章　国外行政基本法法典化研究 …… 009
第一节　大陆法系国家行政基本法法典化研究 … 009
第二节　普通法系国家行政基本法法典化研究 … 027
第三节　混合法系国家行政基本法法典化研究 … 031

第三章　我国行政基本法法典化研究 …… 036
第一节　近代行政基本法法典化研究 …… 036
第二节　新中国时期行政基本法法典化研究 … 038

第四章　行政基本法法典化展望 …… 053
第一节　行政基本法典编纂模式 …… 053
第二节　行政基本法典编纂结构 …… 055
第三节　行政基本法典编纂内容 …… 059
第四节　行政基本法典编纂技术 …… 062

第二编　教育法法典化研究 …… 065

第五章　教育法法典化的缘起 …… 067
第一节　教育法法典化的思想条件 …… 067
第二节　教育法法典化的法律条件 …… 068
第三节　教育法法典化的政治条件 …… 069

第四节　教育法法典化的组织条件 ·················· 069

第六章　国外教育法法典化研究 ·················· 071
　　第一节　美国教育法法典化研究 ·················· 071
　　第二节　俄罗斯教育法法典化研究 ·················· 075
　　第三节　日本教育法法典化研究 ·················· 079
　　第四节　法国教育法法典化研究 ·················· 083

第七章　我国教育法法典化研究 ·················· 086
　　第一节　古代教育法法典化 ·················· 086
　　第二节　近代教育法法典化 ·················· 087
　　第三节　新中国时期教育法法典化 ·················· 091
　　第四节　教育法典编纂工作的启动 ·················· 103

第八章　教育法法典化研究展望 ·················· 104
　　第一节　教育法典编纂的立法模式 ·················· 104
　　第二节　教育法典基本结构 ·················· 107
　　第三节　教育法典基本原则 ·················· 109
　　第四节　教育法典基本内容 ·················· 111

第三编　环境法法典化研究 ·················· 115

第九章　环境法法典化的缘起 ·················· 117
　　第一节　环境法法典化的历史背景 ·················· 117
　　第二节　环境法法典化的理论基础 ·················· 122
　　第三节　环境法法典化的可行条件 ·················· 124

第十章　国外环境法法典化研究 ·················· 126
　　第一节　瑞典环境法法典化研究 ·················· 126
　　第二节　法国环境法法典化研究 ·················· 130
　　第三节　德国环境法法典化研究 ·················· 133
　　第四节　其他国家环境法法典化研究 ·················· 139

第十一章　我国环境法法典化研究 ·················· 148
　　第一节　我国环境立法的发展 ·················· 148

第二节　我国环境立法现状 ··· 157
　　第三节　我国环境法典编纂的必要性 ································· 160
　　第四节　我国环境法典编纂的条件评估 ······························ 164
第十二章　我国环境法法典化展望 ·· 166
　　第一节　我国环境法典编纂模式 ······································· 166
　　第二节　我国环境法典编纂结构 ······································· 169
　　第三节　我国环境法典编纂技术 ······································· 172

第四编　刑法法典化研究 ··· 175

第十三章　刑法法典化的缘起 ·· 177
　　第一节　刑法法典化的政治条件 ······································· 177
　　第二节　刑法法典化的社会条件 ······································· 179
　　第三节　刑法法典化的思想条件 ······································· 180
　　第四节　刑法法典化的组织条件 ······································· 182
第十四章　国外刑法法典化研究 ··· 184
　　第一节　德国刑法法典化研究 ·· 184
　　第二节　俄罗斯刑法法典化研究 ······································· 190
　　第三节　日本刑法法典化研究 ·· 195
　　第四节　美国刑法法典化研究 ·· 199
第十五章　我国刑法法典化研究 ··· 205
　　第一节　传统中国刑法法典化研究 ···································· 205
　　第二节　清末刑法法典化研究 ·· 206
　　第三节　民国时期刑法法典化研究 ···································· 209
　　第四节　新中国时期刑法法典化研究 ································· 213
第十六章　我国刑法再法典化的展望 ··· 218
　　第一节　刑法法典化模式的选择 ······································· 218
　　第二节　刑法总则的再法典化 ·· 234
　　第三节　刑法分则的再法典化 ·· 240

后记 ·· 247

第一编
行政基本法法典化研究

随着法典编纂工作的展开,行政法法典化日益成为行政立法领域的重要现象。尽管行政法法典化已经成为普遍使用的概念,但是,对其内涵却存在不同的理解。对此,有学者认为,行政法法典化有五个层面的阐释,即"一种部门法意义上的法典化""一种多层次(或多程度)的法典化""行政法律规范体系化下的法典化""一个过程而非终结""一种立法技术的体现"[①]。由于行政基本法典、教育法典、环境法典等法典的编纂是在立法层面展开的,因此,我们所持有的立场是体系化意义上的行政法法典化。由于行政法法典化伴随着行政法的发展,因此,有必要从行政法体系化历史进程中来观察行政法法典化现象,从而为行政法典编纂提供历史的借鉴。行政法典涉及领域众多,既有行政基本法典,也有行政单行法典,本编的研究侧重于分析行政基本法法典化情况。

[①] 杨解君:《中国行政法的法典化:如何从可能变为现实》,《北方法学》2022年第5期。

第一章　行政基本法法典化的缘起

行政基本法典编纂的缘起与行政法法典化具有密切关系。一般认为，行政法法典化是从近代欧洲开始兴起的。实际上，中国自古以来就有系统整理典章制度的历史传统。特别是自秦朝建立以后，历朝历代法令繁杂，编辑法令成为各朝各代的重要任务。近代以来，西法东渐，行政法成为我国近代法律体系的重要组成部分之一。因此，这里所讨论的行政法法典化问题首先是和近代欧洲行政法的兴起有关。随着欧洲行政法的兴起，欧洲大陆地区行政法法典化日益受到重视，进而影响了世界范围内的行政法法典化浪潮。因此，本章首先对行政基本法法典化的历史起源进行初步研究。

第一节　行政基本法法典化的历史条件

行政基本法典编纂不同于部门行政法领域法典编纂，虽然二者均和行政法的发展有密切联系，但是行政基本法典编纂难度更大。这种难度不仅在于一个国家行政法的发展，而且也在于一般行政法的发展。尽管许多国家均是通过借鉴其他国家一般行政法来推动本国一般行政法的发展，但是只有在一般行政法发展到一定阶段才会出现法典化。而一般行政法法典化又有赖于行政法学理论研究水平的提高。所以，从某种意义上说，行政基本法法典化的历史条件大致可以从立法和学科两个层面来认识。

一、行政立法：行政基本法法典化的法律条件

行政基本法法典化的第一个历史条件是行政立法。如果不存在行政立法，就不可能有行政法的发展，进而也不可能出现行政法法典化。从历史来看，行

政立法之所以出现,在很大程度上和一个国家行政管理体系的建立具有密切的关系。如果这个国家处于以道德伦理法则为规范的社会,那么其不可能建立行政管理体制,并通过发布统一的法令治理国家。而只有当一个国家开始建立国家行政管理体制,并发布统一法令治理国家,那么行政立法数量才会不断增加。行政立法数量的增加是伴随着一个国家从王国向帝国发展的过程出现的。一个国家在建立帝国体制之后,由于行政立法数量的不断增加,就产生了对行政立法进行编纂的旺盛需求。如果一个国家没有实现这一点,虽然也可能存在行政立法,但是这种行政立法编纂的规模是非常有限的。

就中国而言,尽管对于中国古代是否存在行政法尚有争议,但是行政立法在中国古代存在则是毫无疑义的。中国古代行政立法规模数量的不断增加是从春秋战国时期开始的,特别是在秦朝建立之后,行政立法规模数量已经不是以往王国所能比拟的。正因为如此,中国古代存在大规模编纂行政立法活动。尽管其尚未编纂现代意义的行政基本法典,但是古代意义的行政法典编纂是存在的。我国古代很早就存在将皇帝针对某一行政领域的命令进行汇编的活动。这种汇编活动带有行政法典编纂的色彩。

而从国外来看,尽管现代意义的行政法被认为在法国产生,但是这种现代意义的行政法更多的是在行政法院实践中产生的。与此同时,各国行政立法始终是存在的,而这些行政立法的编纂活动非常有限。只有在各国完成统一,并建立行政管理体制之后,行政立法数量才会不断增加,从而出现了对行政基本法典的编纂要求。

由此可见,行政基本法法典化只有在行政立法规模达到一定程度时才会出现。正因为如此,有学者在回顾我国行政法典编纂历史时认为:"从我国行政法编纂的历史进程来看,我国法治的发展阶段与行政立法、行政法典编纂的发展阶段不谋而合。每一次法治建设走向纵深,都伴随着行政法典编纂的热情和尝试,而每一次行政法典编纂遭遇的困难和挫折,法治实践经验不足都是原因之一。"[①]

二、行政法学:行政基本法法典化的学科条件

行政基本法法典化的第二个历史条件是行政法学研究。这就意味着一个

---

① 罗冠男:《我国行政法典编纂的重要历程与新思路新展望》,《理论探索》2020年第4期。

国家学者要依据一定标准对行政法进行研究。如果缺乏这种研究,行政基本法典编纂就缺乏体系。从历史来看,目前行政法学研究所采用的学科体系基本上沿用了国外学科体系。不过,不同法系国家所采用的行政法学体系也有很大的差异。通常来说,大陆法系国家行政法学体系体现了立法建构的特点;而英美法系国家行政法学体系则体现了司法建构的特点。正是由于这两种学科体系的出发点不同,因此其对各国行政基本法典编纂影响较大。大陆法系国家行政法学不仅要考虑法律适用的需要,更多地还要考虑立法规定,这就意味着行政法学在对立法抽象化研究方面有一定的长处。而英美法系国家通常仅考虑法律适用的需要,至于立法规定本身关注不多,其对行政法法典化要求并不高。而行政法学对行政法的研究路径在很大程度上影响行政基本法典编纂的思路。例如,由于行政法学对行政程序问题高度重视,因此各国在行政基本法典编纂过程中通常采用了行政程序法路径。又如,由于行政法学对行政行为问题高度重视,因此,我国首先针对行政行为法进行立法,而不是对行政程序法进行立法。

实际上,中国古代之所以会出现行政立法编纂活动,也和行政立法研究有密切的关系。例如在《唐六典》编纂过程中,对于体例问题就进行过深入研究,最终采用周礼体例进行分类编纂。由于这种周礼体例不能完全适应帝国时代行政分类,因此随着历史发展,又出现了按照行政部门分类编纂的体例,即吏、户、礼、兵、刑、工六部体例。无论是周礼体例还是六部体例,均体现出行政立法研究所带来的影响。尽管我国近代以来吸收借鉴国外行政法学体系,这种行政法学体系改变了传统学科体系,但是行政法学研究对行政立法的影响始终是存在的,如行政处罚法、行政许可法以及行政强制法等均是先有行政法学研究,后通过立法予以具体化的。

可见,行政基本法法典化在某种意义上是学科发展的结果,是人为拟制的产物。所以,有学者在谈到法学学者在国家法治发展中的作用时认为:"在国家法治的发展过程中,法学学者也一直发挥着重要的作用。法学学者主要指的是从事法学教学特别是科研的职业者。行政法学界需要为行政立法和行政法典的编纂提供理论基础和动力,行政法学者发挥了重要的作用。"[1]

---

[1] 罗冠男:《我国行政法典编纂的重要历程与新思路新展望》,《理论探索》2020年第4期。

第二节　行政基本法法典化的必要条件

行政立法的发展和行政法学的研究虽然为行政基本法法典化提供了可能性,但是要编纂行政基本法典还需要具有必要条件。这种必要条件就是对行政基本法典的认同。如果没有这种认同,那么行政基本法典就没有必要编纂。具体来说,行政基本法法典化的必要条件是对行政基本法典观念的认同和行政基本法典结构的认同。

一、行政基本法典观念的认同

行政基本法典观念是指对于一般行政法法典化的看法。这种观念认为,行政法有必要如民法典和刑法典那样形成基本法典。从历史来看,法典是一定历史阶段的产物。对此,有学者认为,存在三种形态的法典观念①。之所以会有法典观念,原因在于对权威的认同。在传统君主制国家,君主具有至高无上的地位,因此其法令也具有权威性。将君主法令汇编成典,实际上在于确认君主权威的存在。正因为如此,中国古代对行政立法编纂活动就体现了这种法典观念。在现代国家,立法机关成为法律的制定机关,将重要的法律进行编纂本身就体现了对立法机关权威的确认;而行政法典观念的存在显然意味着立法机关的认同,如果立法机关不认同这种观念,那么,就难以启动行政立法领域的法典编纂工作。例如,我国立法机关宣布启动行政立法编纂工作,就是认同这种观念的表现。又如,英国虽然出现了边沁所倡导的法典编纂运动,但是由于立法机关不认同这种做法,改革以失败告终。可见,行政基本法典观念的认同是行政基本法典编纂的思想基础。这种认同在我国行政法法典化过程中亦存在。"虽然学者提出法治建设要从'政府推进型'向'自然演进型'转变,但是不可否认的是,在我国,立法从来都不只具有法律的意义,也具有政治的意义。每一次法典化运动,都离不开政治力量的推动"②。

---

① 高仰光:《古代法典编纂的观念变迁——以载体和形制为中心的比较研究》,《中国人民大学学报》2022年第4期。
② 罗冠男:《我国行政法典编纂的重要历程与新思路新展望》,《理论探索》2020年第4期。

二、行政基本法典结构的认同

行政基本法典结构是指一般行政法形成法典形式的结构。法典和法律之间的差异不仅在于体系的大小,而且还在于逻辑的差异。通常来说,法典必须采用篇或编的结构,而不是采用章节的结构,章节只是各篇或者各编的内部结构。正因为如此,许多国家行政程序法虽然具有一般行政法的特点,但是始终处于法律的层面,而没有被视为法典。即使有些国家采用行政基本法的形式,但是始终没有出现行政基本法典的称呼。同时,法典必须采用特殊的逻辑,这种逻辑反映某种行为的抽象性和具体性。例如,民法典之所以形成,原因在于其始终由民事行为来统率物权行为、合同行为、婚姻行为、继承行为。又如,刑法典之所以形成,原因在于其始终由犯罪行为来统率组织犯罪行为和个体犯罪行为。各种行为的复杂性决定了其能够统一于上位概念之中。如果行政法典得以形成,原因也在于行政行为能够统率各行政领域行为,如教育行为、环境行为、劳动行为等。由于行政行为所具有的抽象性在于对各类行政行为的抽象,那么,其能够形成抽象行政行为、具体行政行为、行政救济行为、行政程序行为等概念。只有基于对此类行政活动或者行政行为的认同,才有可能形成行政基本法典。这就可以理解为什么行政法自产生以来始终没有形成法典结构,而仍然停留在法律层面,主要原因即在于行政行为的复杂性远远超过了民事行为和犯罪行为。目前行政基本法的发展很大程度上只能将行政基本法推动到行政程序法的层面,而难以进一步推动到法典层面。要编纂行政基本法典必须充分考虑行政行为的复杂性,并对典型行政行为予以规定。正因为如此,行政处罚法、行政许可法和行政强制法的制定为行政基本法典的编纂提供了经验参考。

第三节 行政基本法法典化的可行条件

行政基本法法典化的可行条件是指编纂行政基本法典的组织机构、人员安排和物质条件。任何法典编纂均是一项系统工程。尽管不同国家对法典编纂组织方面均有各自的做法,但是行政基本法典和其他法典相比较显然有着非常大的差异。这种差异性在于行政基本法典既不同于民法典和刑法典,也不同于各行政领域编纂的行政单行法典。因此行政基本法典的编纂在组织机构、人员安排和物质条件方面存在特殊性。

一、行政基本法典编纂的组织机构

通常来说,任何法典编纂均有一套独特的组织机构。这种组织机构独立于现有立法机关组织机构。如法国行政法法典化过程中,便专门成立了行政法典编纂组织机构,并下设各种委员会,分别负责各领域行政法典的编纂。从我国法典编纂经验来看,无论是刑法典还是民法典,其均未设立专门的法典编纂机构,而是依托于现有立法机构。这两种做法各有优劣。目前,我国行政基本法典编纂组织机构在很大程度上沿袭以往法典编纂模式,由现有立法机构来组织实施。但是由于行政基本法典具有高度的抽象性,因此这种模式可能存在一定弊端,即无法有效地将行政法学研究成果上升为行政基本法典成果。正因为如此,我国采用了由中国法学会组织起草专家稿方式来推动这方面工作。这种模式在很大程度上也是借鉴了民法典编纂经验。

二、行政基本法典编纂的人员安排

如果成立专门的法典编纂机构,那么通常会充分考虑由不同领域的人员参与法典编纂。从各国行政程序法编纂经验来看,其通常由行政领域、司法领域和学术领域人员参加行政程序法起草工作。基于此,行政基本法典编纂应当考虑让立法机关、行政机关、司法机关乃至法学界人员参与其中。行政基本法典编纂涉及面较广,甚至和民事领域和刑事领域均有密不可分的关系,在这种情况下,开放性的人员安排将有助于满足行政基本法典编纂所需知识结构的科学性要求。

三、行政基本法典编纂的物质条件

任何法典编纂均需要耗费大量的人力物力,行政基本法典编纂亦不例外。只有保证行政基本法典编纂的物质条件,才能不断推动行政基本法典编纂的可持续发展。从法国行政法法典化进程来看,其持续时间长,甚至在编纂路径上也有很大的变化,缺乏有力的物质条件是难以完成如此庞大的行政法典体系构建的。行政基本法典编纂虽然仅是行政法典工程中的一个部分,但是由于其不再局限于行政程序法领域,而是试图对行政基本法进行法典化,显然,其既要立足于原有行政程序法研究之上,也要考虑深入研究行政法其他领域在行政基本法典中的定位。只有提供强有力的人员经费等物质条件,才能推动行政基本法典各方面研究,从而为行政基本法典编纂打下扎实的基础。

第二章　国外行政基本法法典化研究

自行政法诞生以来,行政法法典化始终成为与行政法发展紧密联系的问题。行政法法典化由个别国家逐渐向世界各国延伸,成为行政法发展的重要组成部分。从世界范围来看,不同国家行政法法典化情况参差不齐。为了便于介绍,这里按照大陆法系、普通法系和混合法系三个类型分类介绍各国行政基本法法典化情况。

第一节　大陆法系国家行政基本法法典化研究

大陆法系国家通常以成文法典为基本特征。由于行政法没有像刑法典、民法典那样形成一部基本法典,因此,行政基本法法典化始终成为大陆法系国家关注的重要课题。虽然绝大多数大陆法系国家尚未出现直接以法典命名的行政法典,但是行政基本法法典化活动始终存在。

一、西班牙行政基本法法典化研究

西班牙行政基本法典编纂主要体现在行政程序法的制定上。"早在1889年,由于受奥地利的影响,西班牙制定了《行政程序标准法》,在1958年以前一直适用"[①]。1958年11月1日,西班牙《行政程序法》施行。1992年11月26日,西班牙国王胡安卡洛斯一世批准《西班牙公共行政机关及共同的行政程序法》,取代了1958年西班牙《行政程序法》。1999年,又对《西班牙公共行政机关

[①] 胡建淼:《比较行政法:20国行政法评述》,法律出版社1998年版,第580页。

及共同的行政程序法》进行修改。由于1889年《行政程序标准法》资料有限,这里重点介绍1958年、1992年和1999年行政程序法的情况。

1958年西班牙《行政程序法》分为6编,再加序编和附则,共8个部分。第一编为"行政组织",主要分为第一章"一般原则与管辖权"、第二章"合议制机关"、第三章"权限冲突"、第四章"自行回避与声请回避"。第二编为"利害关系人"。第三编为"行政作用",分为第一章"一般原则"、第二章"一般行政"、第三章"期日及期间"、第四章"报则及记录"、第五章"文件之受理及登录"。第四编为"程序",分为第一章"程序之开始"、第二章"发展之顺序"、第三章"审理"、第四章"终结"、第五章"执行"。第五编为"依行政手段之行为再审查",分为第一章"依职权之再审查"、第二章"行政诉愿"。第六编为"特别程序",分为第一章"一般性质命令之制定程序"、第二章"惩戒程序"、第三章"行使民事诉权与劳动诉权前之请求程序"[①]。从立法内容来看,其涉及行政组织、行政行为、行政程序和行政救济等方面,具有一般行政法的特点。由于该法是取代1889年《行政程序标准法》的重要法律,因此其实际上是行政程序法的重新制定,并且在行政程序法律体系中具有中心地位。

1992年《西班牙公共行政机关及共同的行政程序法》分为10编,再加序编和后面的各种规定,共12个部分。第一编为"关于公共行政机关及其相互间的关系"。第二编为"关于公共行政机关的部门",分为第一章"总则及职能"、第二章"集体领导机构"、第三章"回避与拒绝"。第三编为"关于利害关系人"。第四编为"关于公共行政机关的活动",分为第一章"总则"、第二章"期间与期限"。第五编为"关于行政机关及行政行为",分为第一章"行政规定"、第二章"行政行为的手续"、第三章"行为的效力"、第四章"无效及可撤销性"。第六编为"关于行政程序总规定",分为第一章"程序的开始"、第二章"程序的安排"、第三章"程序的审理"、第四章"程序的结束"、第五章"执行"。第七编为"关于通过行政程序进行行为审议",分为第一章"依据职权的审议"、第二章"行政申诉"。第八编为"关于进行民事和劳动诉讼前的申诉",分为第一章"总则"、第二章"民事司法程序前的要求"、第三章"劳动司法程序前的要求"。第九编为"关于处罚权",分为第一章"处罚权原则"、第二章"处罚程序的原则"。第十编为"关于公共行政机关及其当局和其他工作人员的责任",分为第一章"公共行政机关的财产责

[①] 萧榕:《世界著名法典选编·行政法卷》,中国民主法制出版社1997年版,第292-304页。

任"、第二章"公共行政当局及工作人员的责任"①。该法与1958年《行政程序法》在许多内容上大致相同,但是也补充了许多内容。在适用范围上,其不仅适用于国家行政机关,而且适用于地方行政机关以及其他公共行政机关。从立法内容来看,虽然其名称为行政程序法,但是在范围上仍然具有一般行政法的特点,保持了1958年《行政程序法》的做法。

1999年《西班牙公共行政机关及共同的行政程序法》修订共涉及40条,为第3条"总则"、第4条"公共行政机关相互间关系的原则"、第5条"部门会议及其合作机构"、第6条"协作协议"、第7条"联合计划和方案"、第10条"通知欧洲共同体"、第13条"职能的委托"、第36条"程序的语言"、第38条"登记"、第42条"裁决义务"、第43条"应利害关系人请求而开始的程序中的行政沉默"、第44条"在依据职权而开始的程序中缺少明确裁决"、第48条"计算办法"、第49条"延长"、第54条"说明理由"、第58条"通知"、第59条"进行通知"、第62条"完全无效"、第71条"请求的补救和完善"、第72条"临时措施"、第102条"规定及无效行为的审议"、第103条"可废除行为有害性的宣告"、第105条"撤销行为及纠正错误"、第107条"目标与种类"、第108条"特别复议"、第109条"行政途径的结束"、第110条"提出申诉"、第111条"中止执行"、第114条"目标"、第115条"期限"、第116条"目标及属性"、第117条"期限"、第118条"目标与期限"、第119条"裁决"、第127条"合法性原则"、第140条"同时发生的公共行政机关的责任"、第141条"赔偿"、第144条"因私权产生的责任"、第145条"对公共行政机关当局及其工作人员经济责任(前译财产责任)的追究"、第146条"刑事责任"②。从修订内容来看,其主要侧重对以往条文的修改和补充,而没有对编和章进行调整,因此其属于个别条文修改。

从上述西班牙行政程序法来看,虽然没有被称为法典,但是其综合性非常明显,因为其不仅涉及程序法,而且涉及实体法。所以有学者认为"西班牙《行政程序法》中的'行政程序'虽不包括行政诉讼程序,但它不仅包括了行政行为法程序,而且包括了行政行为实体。所以,西班牙的《行政程序法》并非仅囿于

---

① 许可祝、陈平译:《西班牙公共行政机关及共同的行政程序法》,《行政法学研究》1996年第1期;许可祝、陈平译:《西班牙公共行政机关及共同的行政程序法(续)》,《行政法学研究》1996年第2期。
② 许可祝译、陈平校:《西班牙公共行机关政法律制度及共同的行政程序法(上)》,《行政法学研究》2000年第1期;许可祝译、陈平校:《西班牙公共行政机关法律制度及共同的行政程序法(下)》,《行政法学研究》2000年第2期。

对行为程序的规范,它实际上相当于是一个'行政基本法'"①"西班牙的《行政程序法》名为'程序法',实为'行政基本法'即行政法典。这却是西班牙行政法的独创"②。显然,西班牙《行政程序法》具有行政基本法典的特点。

二、奥地利行政基本法法典化研究

在欧洲各国行政法发展中,奥地利行政法发展比较早,原因在于其建立了行政法院制度。"1875 年 10 月 22 日,奥地利制定了《行政法院法》,从而建立起行政法院制度。行政法院 1934 年曾被解散,但 1945 年重建后一直存在至今"③。正是由于行政法院的存在,推动了奥地利行政法的发展,进一步促使行政法法典化程度日益提高,如对行政程序、行政罚和行政执行、国家赔偿等进行立法。

首先,制定行政程序法。奥地利早在 1925 年就制定了《普通行政程序法》,并于 1948 年进行了修订,修订后,该法分为 6 篇。第一篇为"通则",分为第一章"官署"、第二章"关系人及其代理人"、第三章"官署与关系人间之往来"、第四章"送达"、第五章"期间"、第六章"秩序罚及放肆罚"。第二篇为"调查手续",分为第一章"调查手续之目的及过程"、第二章"证据"。第三篇为"裁决"。第四篇为"法律保护",分为第一章"诉愿"、第二章"裁决之其他变更"、第三章"决定之义务"。第五篇为"费用"。第六编为"附则"④。从立法内容来看,其主要涉及行政组织、行政调查、行政决定以及行政救济等,具有一般行政法的特点。

其次,制定《行政罚法》。《行政罚法》于 1926 年 1 月 1 日生效,并于 1932 年和 1948 年两次修正。1950 年 5 月 23 日重新颁布的《行政罚法》主要有 3 个部分:第一部分为"行政罚法总则",包括"行政罚之一般要件""责任""教唆及帮助""未遂犯""特别责任""处罚""自由罚""罚锾""补充罚(易科)""没入""行政罚之裁量""处罚之特别减轻""警告""行政罚之竞合"。第二部分为"行政罚程序法",包括"一般原则""多数不同行为之竞合""时效""被告""侦查""逮捕""保证""证据""扣押""正式审理程序""处罚命令""诉愿""为被告不利之再审程序""执行""处罚之注销""私诉""私权请求之裁决""关于审理少年犯之特别规定"

---

① 胡建淼:《比较行政法:20 国行政法评述》,法律出版社 1998 年版,第 580 页。
② 胡建淼:《比较行政法:20 国行政法评述》,法律出版社 1998 年版,第 576 页。
③ 胡建淼:《比较行政法:20 国行政法评述》,法律出版社 1998 年版,第 478 页。
④ 萧榕:《世界著名法典选编·行政法卷》,中国民主法制出版社 1997 年版,第 63-71 页。

"行政罚程序之费用负担""行政罚执行之费用负担"。第三部分为"附则"①。从立法内容来看,其既涉及行政罚实体规定,又涉及行政罚程序规定。尽管其没有以法典相称,但是我国学者仍将之称为一部行政处罚法典:"奥地利的《行政罚法》是世界上最早的一部具有现代意义的行政处罚法典。"②也有学者对其作了较高评价:"在当前的世界上,还没有一个国家的行政处罚制度比得上奥地利,像它那么完备、成文而系统。"③

最后,制定《行政执行法》。《行政执行法》同《普通行政程序法》和《行政罚法》一起在1925年6月由奥地利国会通过。该法主要规定行政强制执行方式,本质上是对行政强制执行法的法典化。

由此可见,奥地利行政法法典化领域较为广泛。这种广泛性体现了其对行政基本法典观念的认同。

三、葡萄牙行政基本法法典化研究

葡萄牙在行政法法典化方面比较特殊。一方面,其行政法虽然没有全面法典化,但是葡萄牙在行政法领域的法典化程度较高;另一方面,其用法典命名法律名称,如《行政法典》《行政程序法典》,这种做法体现了葡萄牙对行政基本法典编纂高度重视并付之于实施。

首先,制定《行政法典》。在葡萄牙法律体系中,存在着一部《行政法典》,并且这部《行政法典》是独立于《行政程序法典》之外的。从历史来看,葡萄牙多次制定《行政法典》。第一部是1836年《行政法典》,由帕索·曼努埃尔政府在"九月革命"之后付诸生效,但仅适用于普通地方行政。第二部是1842年《行政法典》,由科斯塔·卡布拉尔颁布,被认为是一部根深蒂固的集权主义法典,该法典在19世纪存续时间最长。第三部是1878年《行政法典》,由新的分权主义者罗德里格斯·桑帕约颁布。第四部是1886年《行政法典》,由若泽·卢锡安诺·卡斯特罗政府通过。第五部是1895年至1896年《行政法典》。此后第一共和国时期未能制定出新的《行政法典》,但恢复了罗德里格斯·桑帕约法典的效力,并同时保留经过某些改动的若泽·卢锡安诺·卡

---

① 萧榕:《世界著名法典选编·行政法卷》,中国民主法制出版社1997年版,第78-84页。
② 张正钊、韩大元:《比较行政法》,中国人民大学出版社1998年版,第463页。
③ 胡建淼:《比较行政法:20国行政法评述》,法律出版社1998年版,第495页。

斯特罗法典。第二共和国时期,则制定 1936 年至 1940 年《行政法典》。目前仍然沿用这一法典①。尽管现行《行政法典》仅是行政法的一部分,而且没有涉及地方行政等方面,但是《行政法典》的反复修改,仍显示出葡萄牙制定行政一般法典的努力。

其次,制定《行政程序法典》。葡萄牙《行政程序法典》1991 年 11 月 15 日颁布,1996 年 1 月 31 日修改。该法分为 4 个部分。第一部分为"一般原则",分为第一章"一般规定"、第二章"一般原则"。第二部分为"主体",分为第一章"行政机关"、第二章"利害关系人"。第三部分为"行政程序法",分为第一章"一般原则"、第二章"资讯权"、第三章"通知及期间"、第四章"程序的进行"。第四部分为"行政活动",分为第一章"规章"、第二章"行政行为"、第三章"行政合同"②。从立法内容来看,涉及行政组织、行政程序和行政活动,而没有规定行政救济。从其编纂体例来看,虽然其以行政程序法命名,但是实质上具有行政法通则特点,在本质上也属于行政基本法典形式。

由上可见,葡萄牙行政法法典化程度较高。这种法典化趋势始终是存在的。对此,葡萄牙学者认为:"我们赞同前者关于总则部分法典化,亦赞同后者关于部分法典化的意见。当前的趋势是在我国的法律体系中应有三部行政法的法典:《行政法典》、《行政程序法典》和(未来的)《行政诉讼法典》。"③

四、荷兰行政基本法法典化研究

荷兰行政基本法典编纂没有采用行政程序法典模式,而是采用了行政法通则模式。1983 年,荷兰修订宪法,在第 107 条提出制定行政法基本规则的要求。为了准备立法,荷兰政府组建了一个行政法一般规则起草政府委员会,由经验丰富的公务员、知名行政法学者组成,并由谢尔特马(M. Scheltema)这位来自格罗宁根大学的行政法教授担任委员会主席。1987 年,该委员会公布了《〈行政法通则〉法案》,后来经进一步修改,法案在 1989 年送交议会审议,于 1992 年通

---

① [葡]迪奥戈·弗雷塔斯·亚玛勒,黄显辉、王西安译:《行政法教程(第一卷)》,法律出版社 2014 年版,第 99 - 101 页。
② 朱林译,张娴校:《葡萄牙行政程序法典》,《行政法学研究》1997 年第 1 期。
③ [葡]迪奥戈·弗雷塔斯·亚玛勒,黄显辉、王西安译:《行政法教程(第一卷)》,法律出版社 2014 年版,第 103 页。

过,并于 1994 年 1 月 1 日起生效①。荷兰《行政法通则》以章和节分段,共 11 章。第一章为"序言",分为第一节"定义和适用范围"、第二节"欧共体机构所作出的有约束力的决定的执行"。第二章为"关于行政相对人与行政机关",分为第一节"一般规定"、第二节"关于行政程序中的语言"。第三章为"关于命令的一般规定",分为第一节"前言"、第二节"谨慎义务和利益衡量"、第三节"关于咨询、建议的规定"、第四节"公开准备程序"、第五节"扩展的公开准备程序"、第六节"公布和通知"、第七节"命令的理由"。第四章为"关于命令的特殊规定",分为第一节"行政决定"、第二节"行政补助"、第三节"政策规则"。第五章为"行政执行(行政执法)",分为第一节(原文空置)、第二节"行政监督检查"、第三节"行政强制措施"、第四节"行政处罚"。第六章为"声明异议和行政复议、行政诉讼的一般规定",分为第一节"序言"、第二节"其他一般规定"。第七章为"异议和复议、诉讼的一般规定",分为第一节"向行政法院起诉前的异议"、第二节"有关异议的特殊规定"、第三节"有关行政复议的特殊规定"。第八章为"有关向法院起诉的特殊规定",分为第一节"一般规定"、第二节"与起诉有关的听证"、第三节"临时救济和即时判决"、第四节"复审"。第九章(原文空置)。第十章为"关于行政机关的规定",分为第一节"委托和授权"、第二节"对行政机关的监督"。第十一章为"附则"。该通则还附录"法律文件清单""过渡"和"附则"②。从立法内容来看,其涉及行政主体、行政命令、行政执行、声明异议、行政复议、行政诉讼等。其并没有采用法典形式,而是采用一般法律形式。"荷兰基本行政法典的制定,较为成功地将分散的、不同领域的行政法以相同的方法统一起来,从而为其他不相信人们可以像民法典与刑法典那样制定统一的行政法典的国家,提供了典范"③。所以,有学者认为:"《行政法通则》是目前世界上唯一内容较为丰富、完整的行政法典。"④

五、意大利行政基本法法典化研究

意大利行政基本法典编纂主要集中在第二次世界大战之后出现的行政程

---

① [荷兰]威德肖温(Rob Widdershoven)、夏雨:《荷兰〈行政法通则〉访谈》,载姜明安:《行政法论丛(第 20 卷)》,法律出版社 2017 年版,第 374 页。
② 尹好鹏译,湛中乐审校:《荷兰行政法通则》,载罗豪才:《行政法论丛(第 2 卷)》,北京大学出版社 1999 年版,第 312-410 页。
③ 胡建淼:《比较行政法:20 国行政法评述》,法律出版社 1998 年版,第 703 页。
④ 湛中乐、尹好鹏:《制定统一的行政法典既有必要亦有可能——〈荷兰行政法通则〉概述》,载罗豪才:《行政法论丛(第 2 卷)》,法律出版社 1999 年版,第 310 页。

序法之上。1944年10月,为了推动行政程序立法,意大利还专门设立了一个委员会。该委员会内设行政职权、地方行政、区域行政、公共服务、内部行政、行政程序、行政诉讼程序等研究会。经过两年多的研究,该委员会于1947年提出了《公共行政行为的普通法案》。该法案由行政管辖、行政程序、行政行为、行政机关内部不服申诉程序和行政责任5章组成,共72条。但该法案没有获得通过。1948年,意大利新宪法通过之后,意大利便成立了行政改革委员会。该委员会提出了《公共行政改革研究报告》,并起草了一个《行政程序法草案》。1955年政府决定向国会提出《行政程序立法议案》。1956年众议院一致通过《行政程序法草案》,随后交参议院审议。但由于各种原因,直到1985年两院解散,意大利的《行政程序法草案》都没有获得通过。1987年,意大利政府又请专家拟出行政程序法草案,经过多次反复研讨,到1990年8月才由议会通过并开始实施[①]。显然,意大利行政基本法典制定经历了一个内容逐步减少的过程。

1955年意大利《行政程序法草案》分为4编。第一编"行政组织",分为第一章"机关的权限"、第二章"单独机关"、第三章"合议机关"。第二编"行政程序",分为第一章"程序之开始"、第二章"程序之发展"、第三章"程序之终结"。第三编"行政行为",分为第一章"行政行为之形式"、第二章"行政行为之效力"、第三章"无效的行政行为"。第四编"行政行为之再审查",分为第一章"依职权所为之再审查"、第二章"行政诉愿之再审查"[②]。从立法草案内容来看,其改变了1947年《公共行政行为的普通法案》的做法,转而重点规定行政程序内容。

1990年《意大利行政程序与公文查阅法》分为6章,即第一章"总则"、第二章"行政程序的负责人"、第三章"行政程序的参与"、第四章"行政行为的简化"、第五章"查阅行政文件"、第六章"最终规定"[③]。从立法内容来看,其进一步压缩了法律条文,侧重于对行政程序和公文查阅进行规定。虽然在内容上似乎有所扩大,但是对行政程序规定过于简单。

总之,从意大利行政法法典化历程来看,其最初有意制定行政法通则,但是在随后的修改中却只涉及行政程序部分内容。其一方面反映了行政基本法典编纂的难度,另一方面也说明行政基本法典编纂的突破点在于行政程序法。

[①] 黄学贤:《意大利〈行政程序法〉之内容与特征探析》,《江苏行政学院学报》2006年第5期。
[②] 应松年:《外国行政程序法汇编》,中国法制出版社2004年版,第169-186页。
[③] 应松年:《外国行政程序法汇编》,中国法制出版社2004年版,第187-201页。

六、德国行政基本法法典化研究

德国行政基本法典编纂比较特殊。这种特殊性在于,其首先在州层面先出现行政基本法典编纂,进而随着统一进程的完成而逐渐推动联邦层面行政基本法典编纂。之所以出现这种先地方后中央的法典化,显然和德国统一进程具有密切联系。从某种意义上来说,州层面法典化程度比联邦层面要高。

(一)联邦层面行政基本法典编纂

从联邦层面来看,行政法法典化不仅存在一般行政法法典化,也存在各领域行政法法典化。一般行政法法典化主要有行政程序法、行政送达法、行政执行法等,其中较为重要的是行政程序法的制定;而各领域行政法法典化则有德国的《社会法典》《建筑法典》等①。此外,德国在环境法、税法、财政法等方面均制定了法典。这种做法反映了德国行政法法典化范围是非常广泛的。其中,与行政基本法法典化有关的立法主要有行政程序法和行政执行法。

1. 联邦行政程序法

1960年12月13日,联邦内政部与各州内政部共同成立行政程序法起草委员会,商议起草《模范行政程序法草案》。1963年12月7日,拟定《模范行政程序法草案》。该草案由"联邦行政程序法部分"和"州行政程序法部分"两部分构成。除适用范围、职务协助、行政认证、救济制度与生效条款等少量规定外,"联邦行政程序法部分"与"州行政程序法部分"基本一致。无论是"联邦行政程序法部分"还是"州行政程序法部分"均分为八章,依次是"适用范围,地域管辖,职务协助""行政程序的一般条款""行政处理""公法合同""特别程序""法律救济""名誉职务的工作,委员会""尾款"。该模范草案的出台意味着联邦德国行政程序立法的基本框架已经确立。之后联邦层面陆续公布的行政程序法草案各版本与模范草案在体例结构上基本保持一致,彼此差别只在细节内容上②。

1963年10月18日,联邦政府发布政府声明,明确宣布将行政程序法纳入立法计划。随后,联邦内政部以模范草案为范本,正式起草《联邦行政程序法参事版草案》,并于1965年12月起草完毕。1966年3月14日至18日,联邦内政部将该草案交由拟定模范草案的行政程序法起草委员会在慕尼黑进行讨论。

---

① 刘绍宇:《论行政法法典化的路径选择——德国经验与我国探索》,《行政法学研究》2021年第1期。
② 严益州:《德国〈联邦行政程序法〉的源起、论争与形成》,《环球法律评论》2018年第6期。

在综合社会各界的批评意见后,起草委员会于同年拟定了新版《模范行政程序法草案》。1967年,联邦内政部以慕尼黑草案为蓝本,对1965年《联邦行政程序法参事版草案》进行了修正。1970年,联邦政府在《联邦行政程序法参事版草案》的基础上,起草完成《联邦行政程序法政府版草案》,并于同年5月15日提交联邦参议院审议。根据联邦参议院反馈的意见,联邦政府对草案进行了14处修改,并于同年9月21日将修改后的草案提交联邦众议院审议。但最终因联邦众议院解散而中止审议。在新一届联邦众议院成立之后,1976年1月15日,《联邦行政程序法(草案)》在联邦众议院表决通过。1976年4月9日,联邦参议院表决通过了《联邦行政程序法(草案)》。1976年5月29日,联邦总统签署并公布《联邦行政程序法》[1]。

1977年1月1日,《德意志联邦共和国行政程序法》生效。该法共8章。第一章为"适用范围、土地管辖、职务上协助"。第二章为"行政手续之一般规定",分为第一节"手续之原则"、第二节"期间、期日、回复原状"、第三节"公务上之认证"。第三章为"行政处分",分为第一节"行政处分之成立"、第二节"行政处分之公定力"、第三节"行政处分之时效"。第四章为"公法契约"。第五章为"特种手续",分为第一节"正式行政手续"、第二节"确定计划手续"。第六章为"法律救济程序"。第七章为"荣誉职之工作、委员会",分为第一节"荣誉职之工作"、第二节"委员会"。第八章为"终结规定"[2]。从立法内容来看,其主要涉及行政手续、行政处分、公法契约、法律救济。虽然其也涉及行政组织内容,但是这种行政组织内容局限于管辖、协助以及某一类行政组织。不过,上述立法也具有一般行政法的特点。

2. 联邦行政执行法

德国在联邦层面主要有1953年《联邦德国行政强制执行法》,同时作为该法补充的立法有1961年《联邦执行官行使公权力直接强制法》和1965年《联邦国防军与盟国部队士兵以及民间安全人员执行直接强制以及行使特殊职务法》[3]。1953年《联邦德国行政强制执行法》分为第一章"对金钱债权的执行"、第二章"对作为、容忍或不作为的强制"、第三章"费用"、第四章"附则"[4]。从立

---

[1] 严益州:《德国〈联邦行政程序法〉的源起、论争与形成》,《环球法律评论》2018年第6期。
[2] 萧榕:《世界著名法典选编·行政法卷》,中国民主法制出版社1997年版,第146-162页。
[3] 李升、庄田园:《德国行政强制执行的方式与程序介绍》,《行政法学研究》2011年第4期。
[4] 朱琳译:《联邦德国行政强制执行法》,《行政法学研究》1996年第4期。

法内容来看,德国联邦行政强制执行立法比较分散,既有一般性立法,也有专门性立法。

(二)州行政基本法典编纂

从州层面来看,行政基本法典编纂既有综合性的一般行政法模式,也有行政程序法模式。

1883年,普鲁士颁布《普鲁士一般行政法》。该法由两部分组成,前一部分为行政组织法内容,规定的是省政府、大区政府与市镇政府的组织与职能;后一部分为行政程序法内容,规定的是行政决议程序、行政争议程序与行政执行程序等特殊程序。其中,行政决议程序是指省参事会、大区委员会或市镇委员会以合议制形式作出重要决定的程序[①]。从立法内容来看,其涉及行政组织和行政程序。需要注意的是,其所涉及的行政程序有决议程序、争议程序、执行程序,并不仅仅局限于行政行为程序。同时,虽然其内容可能并不全面,但是仍具有一般行政法的特点。

1926年,图林根州颁布《图林根州行政法》。这部法律的内容仍然由行政组织与行政程序两部分组成,并且依旧将"法律救济"纳入"行政程序"之中;但是这部法律在"行政程序"部分,单独创设行政机关一般适用的"行政程序"一章,并对管辖、传唤、言辞辩论、期限、行政处理告知和法律救济途径告知等程序性事项作出了一般性的规定[②]。从立法内容来看,其仍然以行政组织和行政程序为主,不过,在行政程序一般性规定方面开始和以往立法有所不同。

1931年,符腾堡州分别公布《符腾堡州行政程序法草案》与《符腾堡州行政法草案》。这两部法律草案彼此独立。前一部草案以行政程序作为立法对象,区分"行政机关适用的程序"与"行政法院适用的程序",并尝试对这两种程序所涉及的告知、期限、传唤、举证、费用、言辞辩论与滥用职权等问题作出一般性的规定。后一部草案将行政实体法内容作为立法对象,依次分章为总论(主要内容为行政处理、公法上的意思表示、行政合同、代理与除斥)、公法人、公有物与公法之债。不过,纳粹攫取魏玛政权后,各州行政法法典化进程陷入停顿,符腾堡州两部行政法草案不了了之,并未成为正式的法律[③]。值得注意的是,此后重

[①] 严益州:《德国〈联邦行政程序法〉的源起、论争与形成》,《环球法律评论》2018年第6期。
[②] 严益州:《德国〈联邦行政程序法〉的源起、论争与形成》,《环球法律评论》2018年第6期。
[③] 严益州:《德国〈联邦行政程序法〉的源起、论争与形成》,《环球法律评论》2018年第6期。

新起草的《符腾堡州行政法典草案》,第一编为"总则",下设 7 章,分别为"法""一般公法关系""意思表示""行政行为""期间与时日""时效""担保之提供";第二编为"社团、营造物及财团";第三编为"公物";第四编为"公法上之债务关系"。该草案最终未能成为正式法律,但其对于一般行政法全面法典化的尝试,无疑是行政法典编纂史中的创举①。从立法内容来看,《符腾堡州行政法典草案》类似于民法典总则规定,没有涉及行政行为、行政程序、行政救济等内容。

二战以后,德国州层面行政法法典化模式日益多样化。石勒苏益格—荷尔斯泰因州州长凯·乌维·冯·哈瑟发表政府声明,宣布将制定行政法总则纳入执政纲领,并希望将杂乱无章的行政法规范体系化与统一化。与之同时,柏林州(市)率先颁布实施《柏林行政程序法》,以实现统一行政法制、简化行政程序的目的。《柏林行政程序法》采用"总论—普通程序原则—要式程序的特别条款—行政复议程序"的体例结构②。从立法内容来看,《柏林行政程序法》改变了一般行政法的立法方式,而侧重于行政程序规定。

从上述德国行政基本法典编纂过程来看,其行政基本法典编纂存在模仿民法典总则的做法,但是由于这种做法具有较高的难度,因此其实际上仍然以行政程序为主。

七、法国行政基本法法典化研究

法国行政法虽然诞生较早,但是法国行政法法典化的启动却相对较晚。第二次世界大战之后,法国开始启动行政法法典化工作。1948 年 5 月 10 日,法国成立了"法典化研究及规范文本简化高级委员会",以期推进包括行政法在内的法律体系的全部法典化③。从法国行政法法典化领域来看,其相当广泛。法国行政法相关之领域性法典主要涵括如下内容:《家庭与社会法典》《公共采购法典》《居住与建筑法典》《教育法典》《能源法典》《外国人居留与庇护权法典》《环境保护法典》《公共征收法典》《森林法典》《地方行政区基本法典》《公法人财产权基本法典》《财政诉讼法典》《行政诉讼法典》《军事诉讼法典》《货币与财政法典》《研究法典》《公共道路法典》《农村与渔业法典》《公共健康法典》《国土安

---

① 杨伟东:《基本行政法典的确立、定位与架构》,《法学研究》2021 年第 6 期。
② 严益州:《德国〈联邦行政程序法〉的源起、论争与形成》,《环球法律评论》2018 年第 6 期。
③ 成协中:《法国〈公众与行政机关关系法典〉的制度创新及其对我国行政法典编撰的启示》,《法国研究》2022 年第 1 期。

全法典》《体育法典》《旅游法典》《交通法典》《工作法典》《城镇化法典》《公众与行政机关关系法典》①。在这些法典中,具有行政基本法典性质的法典主要是 2015 年通过的《公众与行政机关关系法典》。从历史来看,《公众与行政机关关系法典》经历了一个演变的过程。

那么,为什么制定《公众与行政机关关系法典》,而不是"行政法典"? 实际上,从立法经过来看,20 世纪 90 年代最早提出编撰"行政法典"时,首先便明确其不能成为行政法领域的"百科全书(l'encyclopédie administrative)"。在 2013 年授权法律中,"行政法典"原计划涵括的关于行政机关组织及职权的规则被剔除,而仅保留了调整公众与行政机关之关系的规则,其名称也就由最初的"行政法典"变更为"公众与行政机关之关系法典"②。

而从立法上来看,法国在形成法典之前已经制定了许多相关法律。1978 年,制定《改善行政机关与公众关系的多项措施及行政、社会和税务方面的各项规定》③。1979 年,制定《说明行政机关理由及改善行政机关与公众关系法》④。1983 年,制定《行政机关与其使用人关系法令》,该法令分为三个部分:第一章"履行法律面前平等原则要求的规定";第二章"行政程序的规定";第三章"国家机关和公共行政机构所设咨询机关的运作"⑤。这些法律为后续的法典化奠定了基础。

随着法典化进程的加快,最终于 2015 年制定《公众与行政机关关系法典》。从形式上看,该法典有 5 卷。第一卷为"与行政机关的沟通交流",包括 3 编,分别为"公众申请的提交和处理""部分行政决定的前置程序""行政决定的公众参与"。第二卷为"行政机关实施的单方行为",包括 3 编,分别为"行政行为的签署与说明理由""行政行为的生效、默示决定""行政行为的失效"。第三卷为"行政文件的查阅与公共信息的再利用",包括 5 编,分别为"行政文件的查阅权""公共信息的再利用""行政文件查阅与公共信息再利用的负责人""行政文件查阅委员会""法典编撰高级委员会"。第四卷为"行政争议的解决",共有 3 编,分

---

① 陈天昊:《法国行政法的法典化:起源、探索与借鉴》,《比较法研究》2021 年第 5 期。
② 成协中:《法国〈公众与行政机关关系法典〉的制度创新及其对我国行政法典编撰的启示》,《法国研究》2022 年第 1 期。
③ 应松年:《外国行政程序法汇编》,中国法制出版社 2004 年版,第 591 - 595 页。
④ 应松年:《外国行政程序法汇编》,中国法制出版社 2004 年版,第 596 - 598 页。
⑤ 应松年:《外国行政程序法汇编》,中国法制出版社 2004 年版,第 599 - 601 页。

别为"行政救济""其他非诉讼纠纷解决机制（调解、和解、申诉等）""审判救济（诉讼与仲裁）"。第五卷为"适用于海外部分的规定"[①]。从立法内容来看，其主要涉及行政行为、行政文件和公共信息、救济方式。虽然其已经体现了一般行政法的特点，但是显然没有涉及行政组织、行政程序等内容。

从法国行政法法典化情况来看，其法典化方式是将法律和行政法规进行结合汇编。这种做法改变了以往议会立法和行政立法分别编纂的做法。但是，要真正形成一部行政基本法典仍然有一定的难度。所以，法国学者曾经认为："把行政法的许多部分'汇编'起来的工作已经进行，大量的'法典'致力于提供自1945年以来有关各种行政活动的法定的或政府制定的法律规则。但是，编纂一部与民法领域中的民法典类似的行政法典的尝试，无论是在法国或在其他民法法系的国家里都从未进行过。"[②]不过，这一认识显然和实践已经有很大的出入。

八、俄罗斯行政基本法法典化研究

俄罗斯行政法法典化比较特殊。这种特殊性在于近代以来俄罗斯行政法典化程度很高，而且制定有大量的行政立法。在许多领域中，甚至制定有法典形式。这种法典化路径显然不同于其他国家。特别需要注意的是，苏联时期行政法法典化程度很高。这就有必要分析一下苏联时期和苏联解体以后俄罗斯行政基本法典编纂情况。

（一）苏联时期俄罗斯加盟共和国行政基本法典编纂

由于苏联实行联邦制，因此，其法典化主要是在各加盟共和国。以俄罗斯为例，行政基本法典编纂主要是推动行政违法法典制定。按照《苏联和各加盟共和国行政违法立法原则》，1984年6月20日，俄罗斯联邦最高苏维埃通过了本共和国的行政违法法典——《俄罗斯苏维埃联邦社会主义共和国行政违法法典》，即1984年俄行政违法法典。该法典由5编32章组成。第一编"通则"，再现了1980年《苏联和各加盟共和国行政违法立法原则》第一章的规定。第二编"行政违法行为和行政责任"分为总则和分则两个部分。总则由3章组成，分别为"行政违法行为和行政责任""行政处罚""科处行政处罚"。分则由10章组

[①] 成协中：《法国〈公众与行政机关关系法典〉的制度创新及其对我国行政法典编撰的启示》，《法国研究》2022年第1期。

[②] [法]勒·达维，高鸿君译：《法国行政法和英国行政法》，《环球法律评论》1984年第4期。

成,罗列了10个领域的行政违法行为,即"侵犯公民权利和危害居民健康的行政违法行为""侵犯社会主义财产的行政违法行为""自然环境、历史文化古迹保护领域的行政违法行为""工业、热能和电能利用领域的行政违法行为""农业、兽医和卫生防疫规则领域的行政违法行为""运输、公路部门和通信领域的行政违法行为""住宅公用事业和公用事业领域的行政违法行为""商业财务领域的行政违法行为""危害社会秩序的行政违法行为""危害法定管理秩序的行政违法行为"。第三编"被授权审理行政违法案件的机关",由"一般规定""行政违法案件的管辖"两章组成,确认了多元化的行政裁判制度。第四编"行政违法案件的诉讼程序",由6章组成,分别是"一般规定""行政违法行为笔录""行政扣留、物品检查、扣押物品和文件""行政违法案件诉讼程序的参加人""行政违法案件的审理""对行政违法案件决议的上诉和抗诉"。第五编"行政处罚决议的执行",由10章组成,除"一般规定"外,规定了9种行政处罚决议的执行程序:"训诫决议的执行程序""罚款决议的执行程序""有偿收缴物品决议的执行程序""没收决议的执行程序""剥夺专门权利决议的执行程序""劳动改造决议的执行程序""拘留决议的执行程序""赔偿财产方面决议的执行程序""行政驱逐出俄罗斯联邦国境决议的执行程序"[①]。从立法内容来看,其有以下特点:一是以法典形式予以制定。俄罗斯加盟共和国根据立法原则制定法典。二是该法典属于专门领域法典。其仅仅是针对行政处罚,但是在体系上呈现出法典结构。这种做法说明,当时俄罗斯还没有采用一般行政法法典化的做法,而是对行政处罚这种行为进行法典化。三是该法典既涉及违法行为类型,又涉及行政处罚程序。这种将实体法和程序法相结合的做法也反映了其法典结构的特殊性。

(二)俄罗斯联邦共和国行政基本法典编纂

苏联解体后,成立俄罗斯联邦共和国,行政法法典化一方面继承了苏联时期的法典编纂传统,另一方面也展开了法典化工作。从总体来看,俄罗斯行政法法典化程度较高,其不仅在一般行政法领域进行,如《行政违法法典》,而且在其他领域也出现了法典,如《土地法典》《海关法典》《税法典》《森林法典》等。这些法典的形成,构成了一个庞大的法典体系。在行政基本法典编纂方面,2001年,俄罗斯在继承1984年行政违法法典基础上修改形成了新的联邦行政违法

---

① 刘向文:《谈俄罗斯联邦行政违法法典的历史发展》,《行政法学研究》2004年第4期。

法典。从结构上来看,两部法典都由 5 编 32 章组成,都有 5 部分,即"总则""分则""被授权审理行政违法案件的主体""行政违法案件的诉讼程序""行政违法案件决议的执行"①。从立法内容来看,其仍然保持着苏联时期行政违法法典的基本特点,而没有采用一般行政法法典化的做法。这种现象说明,俄罗斯行政基本法典编纂在某种意义上更多地具有理论建构的意义。

九、瑞士行政基本法法典化研究

瑞士行政法偏重于单行法,没有开展法典编纂工作。在行政程序方面,1968 年 12 月 20 日,瑞士联邦议会制定《瑞士行政程序法》。该法分为第一章"适用范围与概念"、第二章"行政程序之一般规定"、第三章"诉愿程序总则"、第四章"联邦行政委员会之程序"、第五章"终结规定与过渡规定"②。从其立法内容来看,其主要涉及行政程序规定。这种行政程序既涉及行政行为程序,还涉及行政诉愿程序、行政组织程序等,体现了不同机关的程序特点。从中可以看出,"制定本法的目的是限制主管部门的权力,即通过规定各种不同程序(如终止程序)规范、限制行政行为"③,这就意味着其行政程序概念是广义的,而不是狭义的。

十、挪威行政基本法法典化研究

挪威行政基本法典编纂采用公共行政法模式。1967 年 2 月 10 日,通过《挪威公共行政法》,此后修改。其分为第一章"适用范围、定义"、第二章"不具备资格的规定"、第三章"关于行政程序的一般规定"、第四章"个别决定的准备"、第五章"关于行政决定"、第六章"行政决定的复议与撤销"、第七章"关于规章"、第八章"关于错误的后果、行政决定执行的阻碍与生效的规定"④。从立法内容来看,其不仅规定行政程序,而且规定行政决定、行政规章等内容,体现了一般行政法的特点。

---

① 刘向文:《谈俄罗斯联邦行政违法法典的历史发展》,《行政法学研究》2004 年第 4 期。
② 应松年:《外国行政程序法汇编》,中国法制出版社 2004 年版,第 150 - 168 页。
③ 《行政立法研究组考察团赴意大利、瑞士考察报告》,《行政法学研究》1993 年第 4 期。
④ 应松年:《外国行政程序法汇编》,中国法制出版社 2004 年版,第 400 - 423 页。

十一、瑞典行政基本法法典化研究

瑞典行政法法典化较早,但是在行政法领域,新的法规通常附在原有的法典集之后①。在行政程序方面,1986年通过《瑞典行政程序法》,1999年修改。其内容有"范围""机关的服务义务""机关之间的合作""事务处理的一般要求""翻译""代理人与律师""文件的归档""不具备资格""意见的参考""口头程序""信息的记录""当事人获得通知的权利""投票""不同意见""说明决定的理由""决定的通知""复议""如何对决定申请复议""打印错误等的更正""决定的再考虑""禁止令""对即时驳回申请决定的复议""本法适用范围的特定限制""过渡条款"②。从其立法内容来看,其主要规定行政事务的处理程序。

十二、希腊行政基本法法典化研究

希腊行政法法典化并不明显。在1981年至2009年间,希腊进行了行政改革,其中就有改善公民与行政的关系。"1986年、1999年和2006年通过了一系列法律,赋予了公民一些权利(如获取文件档案资料的权利,回应公共服务的权利,个人信息保护权利,申诉权利,要求监督行政行为的正当性),公民通过行使这些权利监督希腊政府,做到负责任的行政"③。其中,1999年制定了《希腊行政程序法》。该法分为第一章"一般规定"、第二章"合议行政机关"、第三章"行政决定"、第四章"行政合同"、第五章"行政复议——申诉"、第六章"最终与过渡条款"④。从其立法内容来看,其涵盖行政组织、行政决定、行政合同、行政复议等,具有一般行政法的特点。

十三、蒙古行政基本法法典化研究

蒙古国属于大陆法系国家⑤,其在行政法上亦不例外。近年来,蒙古国日益重视行政法法典化。2015年,蒙古制定《一般行政法》。有学者介绍,蒙古《一般

---

① [瑞典]斯梯克·斯特罗霍姆,董立坤译:《瑞典的法律制度》,《中外法学》1987年第3期。
② 应松年:《外国行政程序法汇编》,中国法制出版社2004年版,第424-434页。
③ [希腊]卡利奥佩·斯帕诺、季米特里·A.索蒂罗普洛斯,孙彩红摘译:《希腊1981—2009年行政改革:两种改革路径的分析》,《国家行政学院学报》2012年第1期。
④ 应松年:《外国行政程序法汇编》,中国法制出版社2004年版,第435-448页。
⑤ [蒙古]阿穆尔萨纳·珠格涅,白巴根译:《蒙古国的比较法研究》,《河北法学》2009年第12期。

行政法》共 108 条,分 6 个部分共 11 章,分别为:第一部分"总则",包括第一章"一般规定"、第二章"行政组织"、第三章"行政决定的作出";第二部分"行政活动",包括第四章"行政行为"、第五章"行政协议"、第六章"规范性文件的制定";第三部分"其他行政活动",包括第七章"行政规划";第四部分"行政决定的执行",包括第八章"行政决定的执行";第五部分"行政救济",包括第九章"申诉条例"、第十章"行政赔偿";第六部分"其他规定",包括第十一章"法律责任"[①]。具体来说,第一编,通用基本原理,各章包括一般原则、行政组织、行政决定。其中一般原则包括立法目的、适用范围、行政行为原则(合法、公开、有效、合目的、告知与参与、信赖保护等)。行政组织包括类型、代表、权力委托禁止原则、管辖权、行政协助等。行政决定包括行政行为种类、行政决定、参加人及其权利、收集证据、听证、公开与保密、期间等。第二编,行政决定,各章包括行政行为、行政协议、行政规制。其中行政行为包括界定、受益行为与不利行为、内容与形式要求、对明显错误的纠正、行政行为的生效、违法行政行为的判断标准等。行政协议包括界定与适用事项、方式、批准、违法判断标准、变更撤销终止、履行等。行政规制包括界定、要求、起草、草案公开与讨论、通过、登记、生效等。第三编,其他行政行为,各章包括规划和行政决定的执行。其中,规划包括界定与适用事项、听证、讨论、批准、法律效力、变更与终止等。行政决定的执行包括条件、要求、执行主体、方式等。第四编,对行政决定的异议及其解决,各章包括异议的处理、行政赔偿。其中异议的处理包括提出主体、提出期限、行政处理和解决、行政行为中止执行等。行政赔偿包括提出主体、适用法律、争议解决等。第五编,其他规定,即行政责任与处分,包括违法行政的责任与对官员的处分、官员对处分不服的诉讼[②]。从其立法内容来看,几乎囊括了行政法各个方面,体现了一般行政法的特点。

十四、格鲁吉亚行政基本法法典化研究

格鲁吉亚近年来开始编纂行政基本法典。1999 年,格鲁吉亚颁布一般行政法典,后多次对其部分规定进行修改。该法典未分编,共设 17 章(因第十章被删除,实为 16 章)。前 5 章依次为"总则"(立法目的、术语界定、适用范围和基

---

① 王万华:《我国行政法法典编纂的程序主义进路选择》,《中国法学》2021 年第 4 期。
② 杨伟东:《基本行政法典的确立、定位与架构》,《法学研究》2021 年第 6 期。

本原则)、"行政活动一般规定"(行政机关间法律协助、公共专家等)、"信息公开"(免除公开信息、不应免除公开信息、公开方式、个人信息处理等)、"行政行为"(形式、内容、理由、生效、无效、可撤销等)、"行政合同"(适用法律、特别规定、涉及第三方的合同、无效、变更等);第六章至第十一章、第十五章为行政程序规定,主要包括"行政程序一般规定"(共性行政程序)、"委员会行政机关行政程序"、"独立行政机关行政程序"、"正式行政程序"、"通告程序"、"行政规范制定程序";第十二章至第十四章、第十六章、第十七章分别为"具体行政行为的执行"(执行主体、措施、费用等)、"行政异议程序"、"行政机关的责任"、"过渡性规定"(实施条件)、"附则"①。从其立法内容来看,其主要涉及行政活动、行政程序、行政执行、行政责任等,呈现出一般行政法的特点。不过,尽管其被称为一般行政法典,但是其中行政组织和行政救济规定不多。

十五、罗马尼亚行政基本法法典化研究

罗马尼亚近年来开始制定行政基本法典。罗马尼亚的行政法典草案共638条,由以下10编构成:"总则""中央行政""地方公共行政、地方行政长官及其机构与下放的公共服务""国家、地区、行政单位的公私财产的特别规定""公务员法""合同制公共行政人员和由公共资金支付报酬人员的规定""行政责任""公共服务""最终与过渡性规定""对其他立法的修改与完善"②。从其立法内容来看,其主要涉及行政组织、公务员、行政责任、公共服务等。其在某种意义上和以行政活动或者行政程序为主的行政法典并不完全相同。这种法典模式显然是以行政组织为中心的。

第二节 普通法系国家行政基本法法典化研究

英美法系国家通常以英国和美国为代表。由于英国行政法和美国行政法具有各自的发展路径,因此,其行政法法典化情况各不相同。尽管英美法系国家通常被认为不重视法典化工作,但是这种情况实际上已经大为改观。这里介绍一下英国和美国行政基本法法典化情况。

---

① 杨伟东:《基本行政法典的确立、定位与架构》,《法学研究》2021年第6期。
② 杨伟东:《基本行政法典的确立、定位与架构》,《法学研究》2021年第6期。

一、英国行政基本法法典化研究

英国虽然属于欧洲地区,但是其不属于欧洲大陆,在法系上通常视为判例法系,因此其在法典化程度上和大陆法系国家相比较远远不足。尽管英国在实践中并不崇尚法典化,但是从历史来看,英国并不是没有出现过法典化。总体来说,英国行政法法典化相对较为缓慢。

首先,英国行政法的特点决定了法典化难度较大。从行政立法来看,虽然议会对行政领域的立法具有主导地位,但是在委任立法日益突出的情况下,议会往往通过授权的方式赋予行政机关制定行政法规的权力。在这种情况下,无论是议会还是行政机关,都没有法典化的动力。而从行政诉讼角度来看,英国行政法有两个特点:一是行政诉讼和民事诉讼、刑事诉讼一样由普通法院管辖,没有独立的行政法院系统;二是普通法院在受理行政诉讼时适用一般的法律规则[①]。这种情况下,其行政法的独立性受到一定的限制。行政法成文化难度加大,更难以法典化。

其次,英国行政法学的特点使法典化体系难以实现。从历史来看,英国行政法学的正式形成相对较晚。尽管行政法在英国得到承认,推动了行政法研究,但是从体系上来看,其更多地关注救济内容。"英国行政法学所着重讨论的问题,是行政机关的权力和保护公民不受行政机关侵害问题,对行政程序特别是行政救济部分比较详细""对于行政组织部分一般都不大着重"[②]。在这种情况下,对行政组织和行政活动进行体系化研究较少,必然影响到行政法法典化的发展。

最后,英国行政法法典化效果不够理想。尽管英国对法典化工作并不热衷,但是英国也设立机构推动法律编纂。英国曾经成立了法律委员会。该机构成立于1965年,是一个5人组成的常设机构,其成员分别来自司法界、法律职业界和法律学术界。其职责是:编纂法律;去除法律中模糊不清之处;废除陈旧的已经没有存在必要的立法;巩固法律;简化法律、法律的标准化[③]。这一法律委员会虽然曾启动法典化工作,但最终效果并不理想。即使在刑事法和民事法

[①] 王名扬:《英国行政法》,北京大学出版社2007年版,第3页。
[②] 王名扬:《英国行政法》,北京大学出版社2007年版,第7页。
[③] 张越:《英国行政法》,中国政法大学出版社2004年版,第26页。

领域,法典化工作就已经是困难重重,更不要说行政法领域,行政基本法制定也并没有受到关注。

二、美国行政基本法法典化研究

美国行政法发展相对较晚,但是其对行政法法典化工作十分重视。由于美国实行联邦制,因此,美国行政法法典化也呈现在联邦和州两个层面。

(一)联邦层面行政基本法典编纂

在联邦层面,行政立法编纂工作较为系统。美国官方的法典编纂主要有《美国法典》和《联邦法规法典》。《美国法典》是国会编纂的法律分类汇编,全部法律按题材分为50篇,每篇为一大类,篇以下分为章,章以下分为节[1]。由于其多数题材均与行政法有关,因此,其本身也是行政法法典化的一种类型。而《联邦法规法典》每年发行一次,收集当年全部有效的行政法规。该法典分为五十篇,每篇为一大类,有些篇的名称和美国法典相同,有些篇不同。每一篇分为若干章,每一章收集某一机关发布的和该篇有关的全部法规。章以下分为部分,每一部分收集某一方面的法规,全部法规每年修改一次,按季度的进展逐篇修改[2]。显然,《联邦法规法典》实际上体现了行政法规编纂的成果。

同时,联邦层面行政法法典化最突出的成果体现在统一行政程序法的制定之上。《行政程序法》于1946年6月11日由第七十九届国会通过,1966年9月6日编入《美国法典》,1978年第九十五届国会修订[3]。从该法结构来看,其内容分成5个部分:一般性的形式规定,如对名称、界说和法规的解释;行政机关与人民之间关系的规定,如法规、命令、意见及纪录的公布等;各种行政行为程序规定,如行政立法程序、行政裁决程序以及其他程序等;有关听证和决定的详细规定,如听证的主持、证据的提出、记录的作成、初步决定和最终决定等;司法审查的规定,如审查的原因、方式和范围,临时救济和审查官的规定等。其编排为:第一条为"名称",正式命名为"美国联邦行政程序法";第二条为"定义",将"机关""人及当事人""法规及法规的制定""命令及裁决""执照及核发执照""制裁及救济"和"机关处事程序和处分"加以立法解释;第三条为"公告",对"行政

---

[1] 王名扬:《美国行政法》,中国法制出版社1995年版,第13页。
[2] 王名扬:《美国行政法》,中国法制出版社1995年版,第14页。
[3] 萧榕:《世界著名法典选编·行政法卷》,中国民主法制出版社1997年版,第1页注释。

法规""机关裁决的最终意见及命令"和"公开记录"均规定应予以公告;第四条为"法规的制定",制定法规原则上应通知利害关系人,并给予参与法规制定的机会,人们可对法规的制定以请愿方式表达愿望;第五条为"裁决",机关裁决前应通知当事人听证并实行分工而作出决定,也可发布宣示性的命令;第六条"其他事项",如出席调查、传票和拒绝等;第七条为"听证",如有关主持听证官员、听证权、证据和记录等规定;第八条为"决定",如对机关的决定作出详细规定;第九条为"制裁及权力",如对行政制裁作出了严格的限制规定,其中对执照的规定尤为详细;第十条为"司法审查",如明确规定了司法审查权的性质,管辖区域、受审查的行为,审查的范围和临时救济等;第十一条为"审查官",如对审查官的资格和保障加以规定;第十二条为"解示及效力"。而其主题为两个方面:法规制定程序;行政裁决程序,此两者为该法的核心所在,其余的则属附属规定①。从其立法内容来看,其涉及行政活动文件、行政程序、听证和司法审查。这种立法方式与大陆法系国家行政程序法具有很大的差异,一方面其关注行政活动公开性,另一方面则关注行政活动的司法审查。从某种意义上来说,其更多地关注行政权力的司法控制。

(二)州层面行政基本法典编纂

从州层面来看,各州也开展了行政法法典化工作。对此,有学者认为,美国行政程序法典化不仅应注意联邦层面,而且要注意州层面②。特别值得注意的是,美国统一法律委员会曾经制定《美国各州标准行政程序法》,为各州开展行政法法典化提供借鉴。1970年,美国统一法律委员会修正《美国各州标准行政程序法》,共19条,大致分为:第一条"定义"、第二条"向公众发布的通知,规程的通过,规程和命令的适用范围"、第三条"规程通过的程序"、第四条"规程的生效和存档"、第五条"规程刊登公报"、第六条"对通过规程的请求"、第七条"宣布规程有效和适用的判决"、第八条"行政机构布告式规程"、第九条"有争议案件、通知、作证、记录"、第十条"证据规程,官方通知"、第十一条"行政机构对证据的审述"、第十二条"裁断和行政命令"、第十三条"片面的协商"、第十四条"许可"、第十五条"有争议案件的司法审查"、第十六条"上诉"、第十七条"分别处理"、第

---

① 陈亚平:《美国联邦行政程序法典化之研究》,《华侨大学学报(哲学社会科学版)》1997年第4期。
② 刘莘:《美国行政程序法概念辨析》,《行政法学研究》1999年第2期。

十八条"废止"、第十九条"生效时间和适用范围"①。从其立法内容来看,其涉及行政规程和命令的制定和审查。其重点在于行政立法以及行政命令的程序性控制和司法性控制。

第三节 混合法系国家行政基本法法典化研究

所谓混合法系,就是综合受到大陆法系和英美法系影响的法律体系。需要说明的是,由于现代社会大陆法系和英美法系相同的地方已经越来越多,因此,各国也都呈现出综合性的特点,这里的混合法系国家只是出于研究需要而设立的。通常认为,南非、日本、韩国等国家具有混合法系的特点。之所以要研究混合法系国家,原因在于这些国家行政法法典化会表现出自身的特点。这里以日本和韩国为例予以分析。

一、日本行政基本法法典化研究

通常认为,日本法律体系先受大陆法系影响,后受英美法系影响。其在行政法上仍然大致延续了大陆法系行政法的特点。所以,其行政基本法法典化主要体现在行政罚法、行政执行法和行政程序法方面。

(一)行政罚法

"二战"以前,日本曾制定《警察犯(违警罪)处罚令》和《违警罪即决条例》,但"二战"结束后被废止。此后,行政处罚法是否应该统一规定在学界均有讨论。日本学者曾经总结认为:"在日本行政法学上,除部分站在传统立场上的行政法学者外,不论是采取传统立场的,还是对此持批判态度的,今天作为立法论,主张制定统一行政处罚法尚未成为研究课题。"②而从立法来看,日本行政处罚立法较为分散,法典化程度不高。

(二)行政执行法

"二战"以前,日本曾制定《行政执行法》,但"二战"结束后同样被废止,并以《行政代执行法》替代。"行政代执行法和行政执行法不同,其作为一般性之行

---

① 萧榕:《世界著名法典选编·行政法卷》,中国民主法制出版社1997年版,第10-14页。
② [日]市桥克哉:《日本行政处罚法制》,《行政法学研究》1995年第2期。

政强制手段的根据法仅适用代替性义务,其强制手段为代执行。行政代执行法不仅确认国家各行政官厅,也确认了地方公共团体之行政厅具有广泛的代执行权,此法中规定了严格的代执行要件和手续。行政代执行法,作为行政代执行的一般法,在战后被适用于行政之各领域,但其主要被适用于河川、道路和公园等公有物管理中建筑物等的拆除、转移义务的实现"[1]。从其立法内容来看,其适用范围有限,难以起到统一行政执行立法的作用。

(三) 行政程序法

"二战"以后,日本开始制定行政程序法,先后形成1964年和1983年草案,并最终于1993年公布[2]。

1964年《日本行政程序法草案》分为:第一章"总则",包括第一节"行政机关"、第二节"行政机关之处分"、第三节"调查"、第四节"送达";第二章"程序",包括第一节"通则"、第二节"听证手册"、第三节"辩明程序"、第四节"不服审查程序";第三章"处理苦情之程序",包括第一节"声明苦情"、第二节"声请斡旋苦情"[3]。从其立法草案内容来看,其主要涉及听证程序和行政申诉程序。

1983年《日本行政程序法草案》分为:第一节"总则规定",包括第一项"定义及其适用范围"、第二项"当事人能力与行为能力"、第三项"调查"、第四项"送达";第二节"处分程序规定",包括第五项"申请"、第六项"通知、听证等"、第七项"处分基准"、第八项"文书阅览"、第九项"处分附记理由";第三节"命令制定程序规定",包括第十项"命令制定程序";第四节"特别程序规定",包括第十一项"限制土地利用之计划拟定程序以及实施公共事业之计划确定程序"、第十二项"多数当事人之程序"、第十三项"限制性之行政指导程序"[4]。从其立法草案内容来看,其主要涉及行政处分程序、命令制定程序、特别程序等。与1964年草案相比,1983年草案在程序种类上更加丰富。

日本于1993年制定《行政程序法》。该法有6章。第一章为"总则",即第一条至第四条。第二章为"对申请的处分",即第五条至第十一条。第三章为

---

[1] 张文政:《日本战后、战前行政强制制度比较研究》,载《外国法制史论文集》,中山大学出版社1990年版,第311-312页。
[2] 湛中乐:《论日本行政程序法》,《行政法学研究》1995年第3期。
[3] 应松年:《外国行政程序法汇编》,中国法制出版社2004年版,第449-485页。
[4] 应松年:《外国行政程序法汇编》,中国法制出版社2004年版,第486-503页。

"不利益处分",分为第一节"通则"(第十二条至第十四条)、第二节"听证"(第十五条至第二十八条)、第三节"辨明机会的赋与"(第二十九条至第三十一条)。第四章为"行政指导",即第三十二条至第三十六条。第五章为"申报",即第三十七条。第六章为"补则",即第三十八条。此外,有"附则"①。该法分别于2005年和2014年修改②。从其立法内容来看,其主要涉及行政处分、行政指导、行政申报等程序。与1983年草案相比较,1993年《行政程序法》在程序种类上较为简单。

从上述日本行政法法典化进程来看,其法典化步伐虽然已经迈出,但是许多行政领域的法典化程度并不高。正如有学者指出:"并非所有重要的行政程序都由《行政程序法》规定,还有一些甚为重要的内容诸如行政立法、行政计划策定程序、行政契约、行政调查、行政强制执行程序等尚未作出规定,不无遗憾,尚待完善。"③也就是说,其虽然在行政程序立法方面有所推进,但是对于一般行政法法典化则非常有限。

二、韩国行政基本法法典化研究

韩国受大陆法系国家影响较大。尽管之后受美国影响也较大,但是大陆法系法典化传统依然存在。这种做法在韩国行政法中表现比较明显。其中,行政基本法法典化领域主要有行政程序、行政规制、行政调查等方面。

(一)行政程序法

韩国行政程序法制定虽然较早,但是经历了一个较长的立法过程。

1987年,韩国起草《韩国行政程序法草案》,该草案分为7章。第一章"总则",包括第一节"目的、定义及适用范围"、第二节"行政机关之管辖及协调"、第三节"当事人及利害关系人"、第四节"送达"、第五节"期间及期限"、第六节"纪录阅览"、第七节"费用"。第二章"行政处分程序",包括第一节"行政处分之成立及效力"、第二节"提出意见及听证程序"、第三节"公听会程序"。第三章"行政计划之确定程序"。第四章"行政立法之预告程序"。第五章"行政预告程

---

① 朱芒、吴微译:《日本行政程序法》,《行政法学研究》1994年第1期。
② 王贵松译:《日本行政程序法》,载章剑生:《公法研究》(第16卷),浙江大学出版社2016年版,第249-266页。
③ 湛中乐:《论日本行政程序法》,《行政法学研究》1995年第3期。

序"。第六章"行政指导程序"。第七章"补则"①。从立法内容来看,其主要涉及行政处分程序、行政计划程序、行政立法程序、行政预告程序、行政指导程序。其主要根据各行政领域分别规定各自行政程序。

1996年,韩国正式制定《行政程序法》。该法共7章,加附则。第一章为"总则",分为第一节"目的、定义及适用范围等"、第二节"行政机关之管辖及协调"、第三节"当事人等"、第四节"送达及期间、期限之特例"。第二章为"处分",分为第一节"目的、定义及适用范围等"、第二节"意见提出及听证"、第三节"公听会"。第三章为"申报"。第四章为"行政上立法预告"。第五章为"行政预告"。第六章为"行政指导"。第七章为"补则"②。从立法过程来看,"这一行政程序法与1987年预告立法的行政程序法草案相比较,删去了草案中规定的行政上计划程序,并规定了申诉程序"③。从其立法内容来看,基本保持了1987年立法草案框架,侧重于程序性规定。

(二) 行政规制基本法

1997年,韩国制定《行政规制基本法》。其共5章,加附则,包括第一章"总则"、第二章"对规制的新制定及强化的原则和审查"、第三章"现有规制的整改"、第四章"规制改革委员会"、第五章"补则"④。从其立法内容来看,其主要涉及行政规制行为。显然,行政规制法并没有和行政程序法合并。

(三) 行政调查基本法

2008年,韩国制定《行政调查基本法》。其共6章,分为第一章"总则"、第二章"调查计划的确立及被调查对象的选定"、第三章"调查方法"、第四章"事实调查"、第五章"自律管理体制的构筑等"、第六章"辅则"⑤。从其立法内容来看,其主要涉及行政调查行为。显然,行政调查法也没有和行政程序法相重合。

(四) 行政基本法

近年来,韩国启动了一般行政法的制定工作。2021年,韩国开始制定《行政

---

① 应松年:《外国行政程序法汇编》,中国法制出版社2004年版,第551—571页。
② 车美玉译:《韩国行政程序法(1996年)》,《行政法学研究》1997年第3期。
③ 金光洙:《从韩国行政程序法的制定看韩中行政程序法的异同》,载北京大学韩国学研究中心:《韩国学论文集(第七辑)》,新华出版社1998年版,第146页。
④ 李秀峰译:《韩国行政规制基本法》,《行政法学研究》2002年第3期。
⑤ 金玄默译:《韩国行政调查基本法》,《行政法学研究》2009年第2期。

基本法》。该法分为第一章"总则"、第二章"行政的法原则"、第三章"行政作用"、第四章"行政立法作用等",还有"附则"。其中第一章分为 2 节,即第一节"目的及定义等"、第二节"期间的计算"。第三章分为 7 节,即第一节"处分"、第二节"认许可议题"、第三节"公法上的契约"、第四节"罚款"、第五节"行政强制"、第六节"其他行政作用"、第七节"处分的异议申述以及再审查"[①]。从其立法内容来看,其主要涉及行政活动和行政立法。显然,其虽然体现了一般行政法的特点,但是回避了行政程序法内容。这种做法显然是在试图避免和以往立法相重合。

从上述行政法制定过程来看,韩国行政法法典化程度在不断提高。当然,由于其通常是以单行法方式进行,有意避免不同法律之间的冲突,因此,没有出现以行政法典形式予以编纂的做法。

[①] 李龙贤:《韩国〈行政基本法〉评述》,载章剑生:《公法研究(第 21 卷)》,浙江大学出版社 2022 年版,第 276-277 页。

第三章　我国行政基本法法典化研究

近代以来,随着我国对外国法律体系的吸收借鉴,行政法日益成为我国法律体系的重要组成部分。与此同时,行政法法典化工作也与之并行开展。不过,由于我国近代以来政权频繁更迭,特别是经历了一系列战争,立法工作时断时续。直至新中国时期,随着行政立法的发展,行政法法典化进程逐渐展开。在此过程中,出现了制定一般行政法的立法。

第一节　近代行政基本法法典化研究

我国自清末开始仿行宪政,至民国时期,行政立法从由少到多,由简至繁,逐渐成为"六法体系"之一。在此过程中,也开始对行政领域一般性事项进行统一规定,其主要有行政执行法、违警罚法、行政诉愿法、行政诉讼法等。从总体来看,与同时代其他国家相比,尽管我国更多地停留在模仿阶段,但是其法典化程度在不断提高。

一、行政执行法

《行政执行法》在近代中国主要出现在北洋政府时期和南京国民政府时期。1913年,参议院制定《行政执行法》,由临时大总统于1913年4月1日公布施行。1914年8月,参政院代行立法院,修正《行政执行法》若干条文。国民政府成立后,立法院通过《行政执行法》,并由国民政府于1932年12月28日公布,同日施行[1]。1943年7月和1947年11月先后两次修正公布[2]。

---

[1] 谢振民:《中华民国立法史》,中国政法大学出版社2000年版,第510-511页。
[2] 曹全来:《中国近代法制史教程(1901—1949)》,商务印书馆2012年版,第311页。

1913年《行政执行法》共11条。从其立法内容来看,主要规定"间接强制处分"和"直接强制处分"。前者分为"代执行"和"怠金"。后者则分为"对人的管束""对物的强行扣留、使用、处分或限制使用",以及"对住宅及其他场所的侵入搜索"①。该法是仿照日本明治期间行政执行法而制定的。其制定标志着行政执行法法典化的开始。

1932年《行政执行法》共12条。从其立法内容来看,主要有以下方面:一是行政官署处分权。根据规定,行政官署于必要时,依本法之规定,得行间接或直接强制处分。二是间接强制处分。根据规定,间接强制处分分为代执行和罚锾。三是直接强制处分。根据规定,直接强制处分分为"对于人之管束""对于物之扣留使用或处分或强制其使用""对于家宅或其他处所之侵入"。其基本上沿用北洋政府时期《行政执行法》,但在一些内容上作了调整。

总之,行政执行法虽然开始进行一般性立法,但是条文较少,法典化程度不高。

二、违警罚法

《违警罚法》自清末开始制定,延续至民国时期。光绪三十二年(1906年),清廷参照日本旧刑法第四编违警罪体例,颁布《大清违警罪章程》,开近代中国违警罚法之始。光绪三十四年(1908年)《违警律》出台。北洋政府时期,内务部通令各省警察厅就《违警律》签注意见,经会同法制局修订,提交参政院决议,改称《违警罚法》,于1915年11月公布施行。南京国民政府成立后,1928年公布《违警罚法》。新《违警罚法》于1943年完成三读程序,同年9月由国民政府公布,自10月1日起施行②。

1908年《违警律》共10章45条,即第一章"总例"、第二章"关于政务之违警罪"、第三章"关于公众危害之违警罪"、第四章"关于交通之违警罪"、第五章"关于通信之违警罪"、第六章"关于秩序之违警罪"、第七章"关于风俗之违警罪"、第八章"关于身体及卫生之违警罪"、第九章"关于财产之违警罪"、第十章"附条"③。从其立法体例来看,开始分章,呈现出法典化色彩。从其立法内容来看,

---

① 武乾:《论北洋政府的〈行政执行法〉》,《法学杂志》1999年第4期。
② 孟庆超:《简评1943年〈中华民国违警罚法〉》,《行政法学研究》2003年第3期。
③ 哈恩忠:《清末编订〈违警律〉档案》,《历史档案》2019年第4期。

主要涉及各类违警罪。其虽然有总则,但是一般性规定偏少。

1915年《违警罚法》共9章和附则,53条,即第一章"总纲"、第二章"妨碍安宁之违警罚"、第三章"妨碍秩序之违警罚"、第四章"妨碍公务之违警罚"、第五章"诬告伪证及湮没证据之违警罚"、第六章"妨碍交通之违警罚"、第七章"妨碍风俗之违警罚"、第八章"妨碍卫生之违警罚"、第九章"妨碍他人身体财产之违警罚"①。从其立法体例来看,基本沿用1908年《违警律》。从其立法内容来看,主要涉及各类违警罚。这就将其从刑法转变为行政法,使违警行为成为行政立法的内容。

1928年《违警罚法》共9章和附则,53条,即第一章"总纲"、第二章"妨碍安宁之违警罚"、第三章"妨碍秩序之违警罚"、第四章"妨碍公务之违警罚"、第五章"诬告伪证及湮没证据之违警罚"、第六章"妨碍交通之违警罚"、第七章"妨碍风俗之违警罚"、第八章"妨碍卫生之违警罚"、第九章"妨碍他人之身体财产之违警罚"②。该法基本沿用1915年《违警罚法》。

1943年《违警罚法》分为两编,共78条。第一编"总则",分为第一章"法例"、第二章"违警责任"、第三章"违警罚"、第四章"违警罚之加减"、第五章"处罚程序"。第二编"分则",分为第一章"妨害安宁秩序之违警"、第二章"妨害交通之违警"、第三章"妨害风俗之违警"、第四章"妨害卫生之违警"、第五章"妨害公务之违警"、第六章"诬告伪证或湮没证据之违警"、第七章"妨害他人身体财产之违警"③。从其立法体例来看,采用分编结构,体现了法典的特点。从其立法内容来看,一方面总则部分开始对违警罚程序进行一般性规定,另一方面分则部分对违警种类实体内容进行规定。

总之,违警立法从刑法转向行政法,从分章到分编,反映出违警立法已经出现了法典编纂的特点。

第二节 新中国时期行政基本法法典化研究

新中国成立后,行政法虽然在立法上取得了一定的发展,但是行政基本法

---

① 商务印书馆编译所:《最新编订民国法令大全:民国十三年增订》,商务印书馆1924年版,第495-499页。
② 孙燕京,张研:《民国史料丛刊续编306》,大象出版社2012年版,第381-388页。
③ 中国法规刊行社编审委员会:《六法全书》,上海书店1991年版,第434-445页。

法典化和刑法、民法相比,却明显不足。这种局面直至改革开放开始才有所改观。从发展阶段来看,改革开放以后行政基本法法典化大致经历了以下三个发展阶段。第一,行政基本法法典化的设想阶段。这一阶段大致从20世纪80年代中期开始。1986年10月,在时任全国人大法律委员会顾问陶希普先生的倡导和组织下,成立了行政立法研究组,其重要任务之一就是为制定统一的行政法提供基本框架①。从1986年10月初至1987年4月底,该小组用半年时间研究了中国行政法大纲,试图勾画类似《民法通则》那样的一部新的中国行政法法典的框架。然而这一探索因条件不成熟而被搁浅,后转向制定行政诉讼法,并于1989年4月10日通过颁布,成为新中国行政法发展的第一座里程碑②。第二,行政基本法法典化的准备阶段。尽管行政基本法法典化尚处于设想阶段,但是行政基本法法典化工作并没有停滞,而是首先在行政行为领域开始推动法律化,从而出现了《中华人民共和国行政处罚法》《中华人民共和国行政许可法》《中华人民共和国行政强制法》等立法。同时,国务院行政法规、地方性法规、地方政府规章等也开始探索行政领域各类活动和程序的规范化、制度化和法律化。这些立法为行政基本法法典化奠定了一定的基础。第三,行政基本法法典化的正式阶段。随着2020年民法典的颁布,我国开始进一步推动法典编纂工作。2020年11月16日,习近平总书记在中央全面依法治国工作会议上指出:"要总结编纂民法典的经验,适时推动条件成熟的立法领域法典编纂工作。"③ 2021年4月,《全国人大常委会2021年度立法工作计划》提出"研究启动环境法典、教育法典、行政基本法典等条件成熟的行政立法领域的法典编纂工作",由此我国行政法法典化工作正式进入立法机关的议事日程之中。2021年公布的《法治中国建设规划(2020—2025年)》还提出要研究制定行政程序法。尽管行政基本法典和行政程序法之间关系到底如何尚未厘清,但是行政法法典化显然已经成为当前行政法发展的主基调。这就需要分析一下这一时期出现的行政基本法法典化类型。

---

① 马怀德、孔祥稳:《中国行政法治四十年:成就、经验与展望》,《法学》2018年第9期。
② 朱维究:《对我国行政法法典化的思考——兼论行政法是实体规范与程序规范的统一》,《中国行政管理》2001年第4期。
③ 习近平:《坚定不移走中国特色社会主义法治道路,为全面建设社会主义现代化国家提供有力法治保障》,《求是》2021年第5期。

一、领域行政行为法类型

行政基本法典编纂首先是在各行政领域展开的,其表现为行政处罚立法、行政许可立法、行政强制立法和行政决策立法。这些行政行为领域的立法在一定程度上为各领域法律化提供了依据。

(一) 行政处罚立法

1996年3月17日,中华人民共和国第八届全国人大第四次会议通过《中华人民共和国行政处罚法》(以下简称《行政处罚法》),该法自1996年10月1日起施行。该法分为第一章"总则"、第二章"行政处罚的种类和设定"、第三章"行政处罚的实施机关"、第四章"行政处罚的管辖和适用"、第五章"行政处罚的决定"、第六章"行政处罚的执行"、第七章"法律责任"、第八章"附则"。其中,第五章分为3节,分别为第一节"简易程序"、第二节"一般程序"、第三节"听证程序"。该法于2009年、2017年二次修正和2021年一次修正。值得注意的是2021年修正对第五章重新分节,分为第一节"一般规定"、第二节"简易程序"、第三节"普通程序"、第四节"听证程序"。尽管2021年修正幅度较大,但是其并没有改变法律分章,保持了法律名称的稳定性。《行政处罚法》作为我国第一部对行政行为程序进行法律化的法律,具有里程碑意义。对此有学者从法典化角度来认识:"我国的行政处罚程序率先实现了统一化、法典化。"[1]这就说明,《行政处罚法》的确是行政法法典化迈出重要一步的法律。值得注意的是,个别省人大常委会还制定了实施规定。1999年11月27日,吉林省人大常委会通过《吉林省实施〈中华人民共和国行政处罚法〉若干规定》,该规定于2010年予以修正。尽管其规定相对简单,但是对《行政处罚法》的实施作了统一规定。

(二) 行政许可立法

2003年8月27日,全国人大常委会通过《中华人民共和国行政许可法》(以下简称《行政许可法》),自2004年7月1日起实施。该法分为第一章"总则"、第二章"行政许可的设定"、第三章"行政许可的实施机关"、第四章"行政许可的实施程序"、第五章"行政许可的费用"、第六章"监督检查"、第七章"法律责任"、第八章"附则"。其中第四章分为6节,分别是第一节"申请与受理"、第二节"审查与决定"、第三节"期限"、第四节"听证"、第五节"变更与延续"、第六节"特别

---

[1] 沈开举、高树德:《论行政处罚法对我国行政法制的新发展》,《行政法学研究》1997年第1期。

规定"。该法后于 2019 年修正。《行政许可法》的出台,对行政许可领域的程序进行了统一规定。显然,其仍然属于行政程序法律化的重要部分。

(三) 行政强制立法

2011 年 6 月 30 日,全国人大常委会通过《中华人民共和国行政强制法》(以下简称《行政强制法》),自 2012 年 1 月 1 日起施行。该法分为第一章"总则"、第二章"行政强制的种类和设定"、第三章"行政强制措施实施程序"、第四章"行政机关强制执行程序"、第五章"申请人民法院强制执行"、第六章"法律责任"和第七章"附则"。其中,第三章分为 3 节,即第一节"一般规定"、第二节"查封、扣押"、第三节"冻结";第四章分为 3 节,即第一节"一般规定"、第二节"金钱给付义务的执行"、第三节"代履行"。《行政强制法》的出台,意味着第三个实体领域程序法律化的实现。

(四) 行政决策立法

2019 年 4 月 20 日,国务院公布《重大行政决策程序暂行条例》,自 2019 年 9 月 1 日起施行。该条例分为第一章"总则"、第二章"决策草案的形成"、第三章"合法性审查和集体讨论决定"、第四章"决策执行和调整"、第五章"法律责任"、第六章"附则"。其中,第二章分为 4 节,即第一节"决策启动"、第二节"公众参与"、第三节"专家论证"、第四节"风险评估"。此后地方立法要么对以往行政决策立法进行修改,要么制定行政决策立法。由于 2019 年以后制定的地方政府规章均是在国务院行政法规基础上制定的,因此,其在体例上大同小异,大致分为以下几种类型。

第一种类型是只分章,不分节。这种立法类型将国务院行政法规有关的节均调整为章,在体例上大致分为决策启动、公众参与、专家论证、风险评估、合法性审查、集体讨论决定、决策执行和调整、法律责任等。其中,省政府规章有《广西壮族自治区重大行政决策程序规定》(2020 年 1 月 7 日通过,并于 1 月 22 日公布,自 2020 年 4 月 1 日起施行)、《云南省重大行政决策程序规定》(2020 年 2 月 13 日修订)、《江苏省重大行政决策程序实施办法》(2020 年 5 月 18 日通过,并于 5 月 20 日公布,自 2020 年 8 月 1 日起施行)、《上海市重大行政决策程序规定》(2020 年 8 月 17 日通过,8 月 24 日公布,自 2020 年 9 月 1 日起施行)、《天津市重大行政决策程序规定》(2020 年 10 月 8 日通过,10 月 14 日公布,自 2020 年 12 月 1 日起施行)、《山东省重大行政决策程序规定》(2020 年 10 月 13 日通过,11 月 12 日公布,自 2021 年 1 月 1 日起施行)、《内蒙古自治区重大行政决策程序规定》(2020年12月23日通过,12月30日公布,自2021年3月1日起施行)、《安徽省重大行政决策程序规定》(2020年12月22日通过,12月30日公布,自2021年3月1日起施行)、《新疆维吾尔自治区重大行政决策程序规定》(2021年12月26日通过,2022年2月11日公布,自2022年4月1日起施行)、《河南省重大行政决策程序规定》(2022年2月11日公布,自2022年3月15日起施行)。设区的市政府规章有《酒泉市人民政府重大行政决策程序规定》(2019年12月13日公布,自2020年2月1日起施行)、《庆阳市人民政府重大行政决策程序规定》(2019年12月23日通过,12月30日公布,自2020年2月1日起施行)、《南宁市重大行政决策程序规定》(2020年8月17日通过,8月29日公布,自2020年10月1日起施行)、《烟台市重大行政决策程序规定》(2021年8月13日通过,8月23日公布,自2021年10月1日起施行)、《德州市重大行政决策程序规定》(2022年3月20日通过,3月26日公布,自2022年5月1日起施行)、《郑州市人民政府重大行政决策程序规定》(2022年8月17日发布,自2022年9月19日起施行)、《晋中市重大行政决策程序规定》(2022年8月26日公布,自2022年10月1日起施行)。这种立法方式使人们对行政决策程序一目了然。不过,在立法过程中,有些规章增加了一些程序环节,如《安徽省重大行政决策程序规定》第六章"公平竞争审查"。

第二种类型是区分章节。这种立法类型基本上沿用国务院行政法规的做法,在分章的基础上有些章进一步分节。其中,分章节的部分主要是决策草案的形成、合法性审查和集体讨论决定。决策草案的形成大致分为决策启动、公众参与、专家论证、风险评估。合法性审查和集体讨论决定大致分为合法性审查和集体讨论决定、决策公布。决策公布之所以和集体讨论决定在同一节,因为讨论决定之后就是公布,而公布内容相对简单,因此就将其作为一个部分。这方面,省政府规章有《河北省重大行政决策程序暂行办法》(2019年12月15日通过,12月31日公布,自2020年2月1日起施行)、《贵州省重大行政决策程序实施办法》(2020年4月15日通过,6月13日公布,自2020年8月1日起施行)、《重庆市重大行政决策程序规定》(2020年6月15日通过,7月17日公布,自2020年9月1日起施行)、《青海省人民政府重大行政决策程序暂行规定》(2020年11月4日通过,12月1日公布,自2021年1月1日起施行)、《江西省县级以上人民政府重大行政决策程序规定》(2020年12月11日通过,12月21日公布,自2021年2月1日起施行)、《陕西省重大行政决策程序暂行规定》

(2020年12月30日通过,2021年1月14日公布,自2021年3月1日起施行)、《黑龙江省重大行政决策程序暂行规定》(2021年3月27日通过,6月21日公布,自2021年8月1日起施行)、《广东省重大行政决策程序规定》(2021年8月24日通过,9月10日公布,自2021年11月1日起施行)。设区市政府规章有《青岛市重大行政决策程序规定》(2019年11月30日公布,自2020年1月1日起施行)、《武汉市人民政府重大行政决策程序规定》(2020年7月27日通过,8月15日公布,自2020年10月1日起施行)、《沧州市重大行政决策程序暂行规定》(2020年11月30日通过,自2021年2月1日起施行)、《玉树州人民政府重大行政决策程序实施办法》(2021年5月10日通过,6月1日公布,自公布之日起施行)、《盐城市重大行政决策程序规定》(2021年11月29日通过,自2022年2月1日起施行)、《泰安市重大行政决策程序规定》(2021年12月3日通过,12月15日公布,自2022年2月1日起施行)、《西安市重大行政决策程序规定》(2022年2月14日通过,2月28日公布,自2022年5月1日起施行)、《广州市重大行政决策程序规定》(2022年5月16日通过,8月26日公布,自2022年10月1日起施行)、《武汉市人民政府重大行政决策程序规定》(2020年8月15日公布,自2020年10月1日起施行;2022年10月4日修改,自2022年10月4日起施行)。这种立法方式和国务院行政法规大致相同,在立法上更为便利。

第三种类型就是没有章节,只规定条文。这种立法方式通常为设区市政府规章所采用,如《宁波市重大行政决策程序实施规定》(2021年1月6日通过,1月18日公布,自2021年3月1日起施行)。

此外,还有一种立法类型不同于前述体例,其分为决策范围、决策程序、决策审定、决策公开、决策执行与监督、责任追究,或者决策范围、决策程序、决策管理、法律责任。这种立法方式较少,如《西宁市重大行政决策程序暂行规定》(2021年6月10日通过,6月24日公布,自2021年8月1日起施行)、《邯郸市重大行政决策程序规定》(2015年10月26日公布,自2015年12月1日起施行,并于2022年7月29日修订)。之所以会这样规定,是因为其体现了对行政决策的管理特点。

由于行政决策立法主要集中在程序之上,因此,其仍然属于行政程序方面。由于行政决策和其他行政行为具有一定的差异性,因此,在行政法法典化过程中,行政决策应该被纳入行政基本法典之中。

二、行政执法立法类型

所谓行政执法立法,是指以行政执法为立法名称的形式。这种立法主要存在于地方立法之中。由于行政执法活动是地方政府及其部门开展行政管理的基本形式,因此,各地方利用地方立法和规范性文件对行政执法活动进行了规范。其中,对行政执法法律化最为突出的是地方人大常委会所制定的行政执法地方性法规,其对行政法法典化具有一定的意义。从历史来看,行政执法地方性法规很早就已经出现,并不断得到完善。从类型来看,其大致分为以下三种。

第一种类型是对行政执法进行统一立法。这种立法方式不分领域,而是将行政执法作为立法对象。其通常分为行政机关及其执法人员、行政执法程序、行政执法行为、行政执法证据、行政执法监督等。在这方面,地方性法规有《石家庄市行政执法条例》(1992年4月28日,石家庄人大常委会通过,1994年和1997年修正)、《乌鲁木齐市行政执法条例》(1995年3月31日,乌鲁木齐人大通过,1996年修正)、《辽宁省行政执法条例》(2005年1月28日,辽宁省人大常委会通过,2011年和2020年进行两次修正)、《山西省行政执法条例》(2001年7月29日,山西省人大常委会通过,2019年修订)、《福建省行政执法条例》(2019年7月26日,福建省人大常委会通过,自2019年10月1日起施行)、《河南省行政执法条例》(2016年3月29日,河南省人大常委会通过,自2016年6月1日起施行)、《湖北省行政执法条例》(1999年1月22日,湖北省人大常委会通过,2006年修订,2015年修正)、《湖南省行政执法条例》(1996年9月28日,湖南省人大常委会通过,2013年修正)、《恩施土家族苗族自治州行政执法条例》(2014年1月14日,恩施土家族苗族自治州人大通过,2014年7月1日起施行)。之所以要对行政执法进行立法,其主要目的在于推动行政执法工作。

第二种类型是对综合行政执法进行立法。这里所说的综合行政执法,不同于一般行政执法,而是对特定领域不同行政执法进行统一规定。其在体例上大致分为执法事项、执法协同、执法规范、执法保障、执法监督。在这方面,地方性法规有《浙江省综合行政执法条例》(2021年11月25日,浙江省人大常委会通过,自2022年1月1日起施行)。之所以会对综合行政执法进行统一立法,原因在于综合行政执法改革已经在许多行政领域推广。

第三种类型是对专门领域综合行政执法进行立法,其主要针对不同行政领域综合行政执法进行立法,主要涉及执法机构、执法范围、执法规范、执法协作、执法监督、执法保障等。在城市管理方面,地方性法规有《上海市城市管理综合行政执法条例》(2012年4月19日,上海市人大常委会通过,于2015年、2018年、2021年进行了三次修正)、《四川省城市管理综合行政执法条例》(2012年11月30日,四川省人大常委会通过,自2013年1月1日起施行)。在交通运输方面,地方性法规有《四川省交通运输综合行政执法条例》(2021年9月29日,四川省人大常委会通过,自2021年11月1日起施行)。在建设方面,地方性法规有《甘肃省建设行政执法条例》(2013年11月29日,甘肃省人大常委会通过,2020年修订)。在基层综合执法方面,地方性法规有《河北省乡镇和街道综合行政执法条例》(2021年3月31日,河北省人大常委会通过,自2021年7月15日起施行)、《内蒙古自治区基层综合行政执法条例》(2020年7月23日,内蒙古自治区人大常委会通过)。之所以要对特定领域综合行政执法进行立法,原因可能在于这些领域具有行政执法的特殊性。

对于上述出现的行政执法类型,由于其不局限于某一种行政行为,而是综合规定行政执法行为,因此在立法类型上也是非常特殊的。因为其对行政执法行为进行一般性立法,体现了行政一般法的立法特点。不过,有学者在研究各地行政执法立法基础上认为,应该制定综合性的行政执法程序法[1]。这种认识实际上已经注意到行政执法立法类型的重点在于行政程序方面,其虽然和行政处罚、行政许可、行政强制、行政决策不同,但是在立法上仍然有相通之处。

三、行政程序法类型

随着行政行为立法的展开,出现了行政程序法典化的研究和实践。特别是2003年12月17日,《十届全国人民代表大会常务委员会立法规划》在第二类"研究起草、成熟时安排审议的法律草案"中,将行政程序法列入其中。在全国人大常委会立法规划的引导下,地方出现了行政程序立法热潮。行政程序立法首先是由地方政府规章予以规定,即先由省级政府规章规定,再向设区市政府规章延伸。此后,又出现了行政程序地方性法规。这种现象表明,行政程序已经不再局限于单一领域,而是朝着综合性方向发展。

(一)省级政府规章

省级人民政府在行政程序立法中扮演着重要角色。目前,已经出台的省级

---

[1] 王万华:《完善行政执法程序立法的几个问题》,《行政法学研究》2015年第4期。

政府规章有《湖南省行政程序规定》(2008年4月17日,湖南省人民政府制定,并于2008年10月1日起施行,2018年修正,2022年修改)、《浙江省行政程序办法》(2016年10月1日,浙江省人民政府制定,并于2017年1月1日起施行)、《宁夏回族自治区行政程序规定》(2015年1月10日,宁夏回族自治区人民政府制定,并于2015年3月1日起施行)、《江苏省行政程序规定》(2015年1月6日,江苏省人民政府制定,并于2015年3月1日起施行,2022年10月25日废止)、《山东省行政程序规定》(2011年6月22日,山东省人民政府制定,并于2012年1月1日起施行)。这里对其体例和内容分别进行介绍。

2008年《湖南省行政程序规定》在体例上分为第一章"总则"、第二章"行政程序中的主体"、第三章"行政决策程序"、第四章"行政执法程序"、第五章"特别行为程序和应急程序"、第六章"行政听证"、第七章"行政公开"、第八章"行政监督"、第九章"责任追究"、第十章"附则"。第二章分为3节,即第一节"行政机关"、第二节"其他行使行政职权的组织"、第三节"当事人和其他参与人"。第三章分为2节,即第一节"重大行政决策"、第二节"制定规范性文件"。第四章分为7节,即第一节"一般规定"、第二节"程序启动"、第三节"调查和证据"、第四节"决定"、第五节"期限"、第六节"简易程序"、第七节"裁量权基准"。第五章分为5节,即第一节"行政合同"、第二节"行政指导"、第三节"行政裁决"、第四节"行政调解"、第五节"行政应急"。第六章分为3节,即第一节"一般规定"、第二节"行政决策听证会"、第三节"行政执法听证会"。2018年修正和2022年修改没有涉及章节结构。从内容来看,其有以下特点:一是采用广义的程序概念,既涉及行政过程程序,如行政立法程序、行政决策程序,又涉及行政行为程序,如行政执法行为和行政应急行为。二是行政行为既有行政执法行为,又有特殊行政行为,如行政合同、行政指导、行政裁决、行政调解、行政应急。三是采用程序主体的概念,将行政机关、其他行使行政职权的组织、当事人和其他参与人均纳入其中,改变了以往程序立法不采用主体概念的做法。《湖南省行政程序规定》是我国第一部系统规定行政程序的地方政府规章,对以后综合性行政程序立法起到了示范性作用。

2011年《山东省行政程序规定》在体例上分为第一章"总则"、第二章"行政程序主体"、第三章"重大行政决策程序"、第四章"规范性文件制定程序"、第五章"行政执法程序"、第六章"特别行为程序"、第七章"监督和责任追究"、第八章"附则"。其中,第五章分为7节,即第一节"一般规定"、第二节"程序启动"、第三节"调查和证据"、第四节"听证"、第五节"决定"、第六节"期间和送达"、第七节"费用";第六章分为5节,即第一节"行政合同"、第二节"行政指导"、第三节"行政裁决"、第四节"行政给付"、第五节"行政调解"。从内容上来看,其有以下特点:一是在程序上涉及了行政立法、行政决策、行政执法;二是在行为上既有行政执法行为,还涉及特别行为,如行政合同、行政指导、行政裁决、行政给付、行政调解;三是在组织上采用了行政程序主体概念。从其立法类型来看,其没有将规章制定纳入其中。

2015年《宁夏回族自治区行政程序规定》在体例上分为第一章"总则"、第二章"行政职权"、第三章"行政执法程序"、第四章"特别行为程序"、第五章"监督追责程序"、第六章"附则"。其中,第三章分为5节,即第一节"一般规定"、第二节"程序启动"、第三节"调查取证"、第四节"决定"、第五节"期限、期间和送达";第四章分为5节,即第一节"行政合同"、第二节"行政指导"、第三节"行政裁决"、第四节"行政给付"、第五节"行政调解"。从内容来看,其有以下特点:一是在程序上只涉及行政执法程序和特别行为程序;二是在行为上既有行政执法行为,又有特别行为,如行政合同、行政指导、行政裁决、行政给付和行政调解;三是在组织上仅规定行政职权。从其立法类型来看,其没有涉及行政立法和行政决策程序规定。

2015年《江苏省行政程序规定》在体例上分为第一章"总则"、第二章"行政程序主体"、第三章"重大行政决策程序"、第四章"行政执法程序"、第五章"行政合同"、第六章"行政指导"、第七章"行政调解"、第八章"公众建议"、第九章"行政监督"、第十章"附则"。其中,第二章分为3节,即第一节"行政机关"、第二节"其他行使行政职权的组织"、第三节"当事人和其他参与人";第三章分为8节,即第一节"一般规定"、第二节"程序启动"、第三节"调查"、第四节"证据"、第五节"决定"、第六节"期限和送达"、第七节"简易程序"、第八节"效力"。其在体例上有所创新,将行政合同、行政指导、行政调解、公众建议单独列章。从内容上看,其有以下特点:一是在程序上,涉及重大行政决策程序、行政执法程序;二是在行为上,既有行政决策、行政执法,也涉及行政合同、行政指导、行政调解、公众建议等领域;三是在组织上区分行政机关、其他行使行政职权的组织、当事人和其他参与人。从其立法类型来看,其排除了行政立法。需要注意的是,2022年10月25日,经江苏省人民政府第117次常务会议讨论通过,决定废止《江苏省行政程序规定》。之所以要废止,其原因在于《江苏省行政程序条例》的出台。

2016年《浙江省行政程序办法》在体例上分为第一章"总则"、第二章"行政机关、当事人和其他参加人"、第三章"政府规章、行政规范性文件制定和重大行政决策程序"、第四章"一般行政执法程序"、第五章"特别行政执法程序"、第六章"监督和责任追究"、第七章"附则"。其中,第二章分为2节,即第一节"行政机关"、第二节"当事人和其他参加人";第三章分为3节,即第一节"政府规章"、第二节"行政规范性文件"、第三节"重大行政决策";第四章分为6节,即第一节"一般规定"、第二节"程序的启动"、第三节"调查和证据"、第四节"决定和执行"、第五节"期限和送达"、第六节"效力"。从内容来看,其有以下特点:一是在程序上涉及行政立法、行政决策和行政执法三种类型;二是在行为上既有行政处罚、行政许可等一般执法程序,又有行政检查、行政协议、行政指导、行政裁决等特别执法程序;三是在组织上只涉及行政机关、当事人和其他参加人。从其立法类型来看,虽然和其他行政程序立法大致相同,但是也有一些自身特点,如将政府规章单独规定。

(二)设区市政府规章

设区市政府规章在行政程序立法中虽然不多,但是也有创新之处。目前,已经出台的设区市政府规章有《汕头市行政程序规定》(2011年4月1日,汕头市人民政府制定,并于2011年5月1日起施行,2016年和2021年进行两次修正)、《西安市行政程序规定》(2013年3月25日,西安市人民政府制定,并于2013年5月1日起施行)、《海口市行政程序规定》(2013年6月7日,海口市人民政府制定,并于2013年8月1日起施行,2019年修正)、《兰州市行政程序规定》(2015年1月14日,兰州市人民政府制定,并于2015年3月1日起施行)、《蚌埠市行政程序规定》(2017年12月6日,蚌埠市人民政府制定,并于2018年1月1日起施行)。

2011年《汕头市行政程序规定》在体例上分为第一章"总则"、第二章"行政程序主体"、第三章"重大行政决策程序"、第四章"行政执法程序"、第五章"特别行为程序"、第六章"行政听证程序"、第七章"行政公开"、第八章"行政监督和责任追究"、第九章"附则"。其中,第三章分为2节,即第一节"一般规定"、第二节"重大行政决策";第四章分为7节,即第一节"一般规定"、第二节"程序启动"、第三节"调查和证据"、第四节"决定"、第五节"期限"、第六节"简易程序"、第七节"行政裁量权基准";第五章分为5节,即第一节"行政合同"、第二节"行政指导"、第三节"行政裁决"、第四节"行政调解"、第五节"行政规划";第六章分为2

节,即第一节"一般规定"、第二节"行政执法听证"。2016年和2021年两次修正均未改变其结构。从内容来看,其有以下特点:一是在程序上,主要涉及行政决策程序、行政执法程序和特别行为程序;二是在行为上,既涉及行政执法行为,还涉及特别行为,如行政合同、行政裁决、行政指导、行政调解、行政规划;三是在组织上,其采用了行政程序主体。从其立法类型来看,其没有规定行政立法程序,但增加规定行政规划行为。

2013年《西安市行政程序规定》在体例上分为第一章"总则"、第二章"职权、管辖和回避"、第三章"行政处理程序"、第四章"特别行政程序"、第五章"重大行政决策程序"、第六章"附则"。其中,第三章分为8节,即第一节"一般规定"、第二节"程序的启动"、第三节"调查"、第四节"证据"、第五节"听证"、第六节"决定"、第七节"简易程序"、第八节"期限、期间和送达";第四章分为5节,即第一节"行政合同"、第二节"行政指导"、第三节"行政调解"、第四节"行政给付"、第五节"行政规划"。从内容来看,其有以下特点:一是在程序上主要涉及行政决策程序、行政处理程序、特别行政程序;二是在行为上既有行政处理行为,也有特别行政行为;三是在组织上规定职权、管辖和回避。从立法类型来看,其没有涉及行政立法,但增加规定行政规划行为。

2013年《海口市行政程序规定》在体例上分为第一章"总则"、第二章"行政程序主体"、第三章"重大行政决策程序"、第四章"行政执法程序"、第五章"特别行为程序"、第六章"期限"、第七章"责任追究"、第八章"附则"。其中,第二章分为3节,即第一节"行政机关"、第二节"其他行使行政职权的组织"、第三节"当事人和其他参与人";第四章分为7节,即第一节"一般规定"、第二节"行政裁量权基准"、第三节"程序启动"、第四节"调查和证据"、第五节"行政听证"、第六节"决定"、第七节"简易程序";第五章分为5节,即第一节"行政合同"、第二节"行政指导"、第三节"行政裁决"、第四节"行政给付"、第五节"行政服务"。2019年修正时,删除第五章第五节"行政服务"中"非行政许可审批和登记"及其相应的条款,即第一百条至第一百零八条,其他条款顺序依次顺延。从内容来看,其有以下特点:一是在程序上涉及行政决策程序、行政执法程序、特别行为程序;二是在行为上,既涉及行政执法行为,也涉及特别行为,如行政合同、行政指导、行政裁决、行政给付、行政服务;三是在组织上采用行政程序主体。从其立法类型来看,其没有规定行政立法程序,也没有涉及行政调解、行政规划行为,但规定了行政给付和行政服务。

2015年《兰州市行政程序规定》在体例上分为第一章"总则"、第二章"重大行政决策程序"、第三章"行政规范性文件制定程序"、第四章"行政执法程序"、第五章"其他行政行为程序"、第六章"行政监督和责任追究"、第七章"附则"。其中,第四章分为7节,即第一节"一般规定"、第二节"程序启动"、第三节"调查和证据"、第四节"行政听证"、第五节"决定"、第六节"简易程序"、第七节"期限、期间和送达";第五章分为4节,即第一节"行政合同"、第二节"行政裁决"、第三节"行政调解"、第四节"行政服务"。从内容来看,其有以下特点:一是在程序上主要涉及规范性文件制定程序、行政决策程序、行政执法程序和其他行政行为程序;二是在行为上,既有行政执法行为,也有其他行政行为;三是在组织上没有单独规定。从其立法类型来看,其涉及规范性文件的制定,但没有规定规章制定;涉及许多行政行为,但是没有规定行政指导、行政规划、行政给付行为。

2017年《蚌埠市行政程序规定》在体例上分为第一章"总则"、第二章"行政程序主体"、第三章"行政规范性文件制定程序"、第四章"重大事项决策程序"、第五章"一般行政执法程序"、第六章"特别行政程序"、第七章"监督和责任追究"、第八章"附则"。其中,第五章分为5节,即第一节"一般规定"、第二节"程序的启动"、第三节"调查和证据"、第四节"决定和执行"、第五节"期限和送达";第六章分为4节,即第一节"行政合同"、第二节"行政指导"、第三节"行政裁决"、第四节"行政调解"。从内容上看,其有以下特点:一是在程序上涉及规范性文件制定、决策程序和行政执法程序;二是在行为上既涉及一般行政执法行为,又涉及特别行为;三是在组织上采用了行政程序主体概念。从其立法类型来看,其涉及规范性文件制定,但没有规定政府规章制定;涉及各种行政行为,但是没有规定行政规划、行政给付、行政服务行为。

(三)地方性法规

地方人大常委会在行政程序立法中并不活跃,但是个别地方人大常委会也开始在地方性法规中制定行政程序条例。2022年7月29日,江苏省人大常委会制定《江苏省行政程序条例》,并于2022年11月1日起施行。该条例在体例上分为第一章"总则"、第二章"行政程序主体"、第三章"管辖、协助与回避"、第四章"行政程序一般规定"、第五章"行政规范性文件、行政规划、重大行政决策"、第六章"行政执法"、第七章"行政指导"、第八章"行政协议"、第九章"行政奖励"、第十章"矛盾纠纷解决"、第十一章"公众参与"、第十二章"行政程序监督"、第十三章"附则"。其中,第二章分为3节,即第一节"行政机关"、第二节

"授权组织和受委托组织"、第三节"当事人和其他参与人";第四章分为 7 节,即第一节"程序启动"、第二节"告知和陈述、申辩"、第三节"听证"、第四节"调查和证据"、第五节"行政决定"、第六节"期间和送达"、第七节"行政行为效力";第五章分为 3 节,即第一节"行政规范性文件"、第二节"行政规划"、第三节"重大行政决策";第六章分为 7 节,即第一节"行政审批"、第二节"行政处罚"、第三节"行政强制"、第四节"行政给付"、第五节"行政征收征用"、第六节"行政确认"、第七节"行政检查";第十章分为 4 节,即第一节"行政调解"、第二节"行政裁决"、第三节"行政复议"、第四节"投诉举报处理"。从结构上看,其一方面延续了省政府规章的体例,另一方面又扩大了立法范围。从内容来看,其有以下特点:一是在程序上涉及行政立法程序、行政决策程序和行政行为程序;二是在行为上,既涉及一般行政行为,又涉及特别行政行为,广泛涉及行政执法、行政规划、行政指导、行政协议、行政奖励、矛盾纠纷化解、公众参与;三是在组织上除了采用行政程序主体概念之外,还单独规定管辖、协助与回避。从其立法类型来看,除了规章制定之外,以往行政程序立法内容均有所涉及。

四、一般行政法类型

在我国行政立法中,出现了一般行政法形式。这种立法形式主要以依法行政为立法名称。目前,已经出台的立法既有地方性法规,如《广州市依法行政条例》(2016 年 9 月 28 日,广州市人大常委会通过,自 2017 年 5 月 1 日起施行,2020 年修正,2022 年修订),也有地方政府规章,如《合肥市推进依法行政办法》(2017 年 12 月 21 日,合肥市人民政府常务会议审议通过,并于 2018 年 1 月 5 日公布,自 2018 年 3 月 1 日起施行)、《太原市依法行政规定》(2019 年 11 月 25 日,太原市人民政府常务会议审议通过,并于 2019 年 11 月 28 日公布,自 2020 年 2 月 1 日起施行)。由于这种立法体现了一般行政法制定的特点,因此,其在本质上是行政基本法典的一种特殊表现形式。

2016 年《广州市依法行政条例》在体例上分为第一章"总则"、第二章"行政决策"、第三章"行政执法"、第四章"依法行政的监督"、第五章"依法行政的保障"、第六章"法律责任"、第七章"附则"。其有以下特点:一是在主题上紧扣依法行政,体现了对依法行政工作的重视;二是在事项上关注行政决策、行政执法。从其立法类型来看,由于其侧重于保障依法行政工作,因此更多地涉及原则性规定。

2017年《合肥市推进依法行政办法》在体例上分为第一章"总则"、第二章"依法全面履职"、第三章"制度建设"、第四章"行政决策"、第五章"行政执法"、第六章"矛盾纠纷化解"、第七章"依法行政监督"、第八章"依法行政保障"、第九章"法律责任"、第十章"附则"。从内容上看，其既有依法行政一般性要求，如职权、制度、监督、保障等，也有依法行政具体性要求，如行政决策、行政执法、矛盾纠纷化解。从立法类型来看，其大体反映了依法行政规划的基本要求，具有政策法律化的特点。

2019年《太原市依法行政规定》在体例上分为第一章"总则"、第二章"依法全面履职"、第三章"制度建设"、第四章"行政决策"、第五章"行政执法"、第六章"矛盾纠纷化解"、第七章"依法行政监督"、第八章"依法行政保障"、第九章"法律责任"、第十章"附则"。从内容上看，同合肥市规章一样，其既有依法行政一般性要求，也有具体性要求。从立法类型来看，其将依法行政政策内容转化为立法内容。

尽管这种立法类型具有较强的政策性，但是由于依法行政是行政基本法典所要遵循的原则，因此，此种立法方式具有通则性的特点。

第四章 行政基本法法典化展望

从世界各国行政法发展过程来看,一般行政法的制定是重要课题之一。尽管大多数国家采用单行法形式,而不是法典形式,但是一般行政法法典化是一个必然趋势。特别是在当代行政法发展过程中,行政基本法典编纂日益成为基本形式。

第一节 行政基本法典编纂模式

所谓行政基本法典编纂模式,是指行政基本法典编纂的立法模式。随着行政立法的发展,可以采用直接制定行政基本法典的方式,也可以采用先制定行政程序法再制定行政基本法典的间接方式。从前述各国一般行政法发展来看,尽管许多国家已经开始制定行政基本法,但是其在很大程度上是各国仅制定了行政程序法或者直接将行政程序法制定成行政基本法一样的法律。对于我国行政基本法典编纂来说,尽管行政程序法曾经被纳入立法规划,但是始终没有出台。在行政基本法典编纂纳入立法计划的情况下,就有必要探讨一下行政基本法典的编纂模式。

一、直接制定模式

所谓直接制定模式,就是应当直接制定行政基本法典。这种观点认为,可以绕开行政程序法的制定,而直接制定行政基本法典。为了实现这一目标,应该按照法典要求,先制定总则,再制定分则,最终形成行政法典。在实施过程中,有两种思路。一种是先制定行政法通则,再汇编分则,形成行政法典。有学者认为:"为推进我国行政法的法典化,在目前阶段可将制定行政法通则即简明版的行政法典作为目标,待积累经验、条件成熟后再制定完整版的行政法典。"①这种认识是基于民法通则的历史经验而形成的。不过,在民法典编纂完成的情况下,此种认识难以被接受。另一种是先制定行政法总则,再汇编分则,形成行政法典。对此,众多研究者持肯定态度。应松年教授认为:"我们应学习民法典的编纂程序,行政法典的编纂也可分为两步走,先制定行政法总则,再完成各分则,最后形成行政法典。"②陈天昊认为:"在对既有规范进行整合的基础上,我国更应当把握法典化契机,推动行政法规范体系的实体优化,这就包括以'提取公因式'的方式出台行政法纲领性法典,也包括整理并革新专门领域行政法规出台行政法领域性法典,这不仅可行,并且有利于行政法规范体系的整体优化。"③薛刚凌教授认为:"行政法法典编纂的模式可以采用法典制定与法律编纂结合的方式,通过《行政法总则》的制定,建立一般行政法与专门行政法的基本框架。在此基础上,对条件比较成熟的部分制定行政法典,如《外部管理基本法》《税法典》《教育法典》《环境法典》等;条件不成熟的,可以先制定单行立法,定期编纂,待条件成熟后再制定法典。"④也有学者提出:"可先制定行政法总则,在将来编纂行政法典时略加调整后以其为总则编。"⑤这种认识建立在民法典编纂经验基础上,在实践中具有一定的现实性。尽管直接制定模式在行政基本法典编纂中已经占主导地位,但是从各国行政立法来看,只有极少数国家采用此种模式,如葡萄牙,其原因在于行政法典所覆盖的行政领域广,法律条文的抽象性较高。

二、分步制定模式

分步制定模式是指先制定行政程序法再制定行政基本法典,或者按照行政程序法模式制定行政基本法典。之所以出现此种模式,一方面由于我国在此之前所制定的行政处罚法、行政许可法、行政强制法乃至地方制定的行政程序法均是围绕行政程序展开的。另一方面,从世界各国来看,其基本上都是从行政

---

① 钟瑞华、李洪雷:《论我国行政法法典化的意义与路径》,《行政管理改革》2020年第12期。
② 应松年:《关于行政法总则的期望与构想》,《行政法学研究》2021年第1期。
③ 陈天昊:《法国行政法的法典化:起源、探索与借鉴》,《比较法研究》2021年第5期。
④ 薛刚凌:《行政法法典化之基本问题研究——以行政法体系建构为视角》,《现代法学》2020年第6期。
⑤ 钟瑞华、李洪雷:《论我国行政法法典化的意义与路径》,《行政管理改革》2020年第12期。

程序入手来展开的,甚至许多行政程序法均具有一般行政法的特点。需要注意的是,自改革开放以来,行政程序法始终是行政法发展的主题。正因为如此,立法规划仍然保留着这一选项。同时,行政法学界也不乏倡议者。例如,叶必丰教授认为:"我国行政法的体系化只有以程序法为主的行政法总则即'行政程序法'一个选项。"[①]又如,姜明安教授认为:"关于我国行政法法典化,笔者主张暂不编纂行政实体法典而编纂行政程序法典,名称可为《中华人民共和国行政程序法典》或《中华人民共和国行政程序法》。"[②]由于我国中央和地方行政程序立法已经有了一定基础,行政程序法的制定相对而言较为容易,所以,只需要对以往立法进行科学归纳整理,就能在相对较短的时间内完成行政程序法的制定。当然,在全国人大常委会已经提出行政基本法典编纂的情况下是否有必要制定行政程序法,则有待于立法者的权衡。在行政基本法典总则编制定不够成熟的情况下,可以先制定行政程序法,以此深化行政基本法典总则编的研究。

第二节　行政基本法典编纂结构

所谓行政基本法典编纂结构,是指行政基本法典的编、章、节的安排。由于法典在结构上分为总则编和分则编,因此,有必要分别进行研究。

一、总则编结构研究

尽管现行我国立法均有总则部分,但是对于法典而言,总则并不仅仅是原则性规定,而且具有通则性。在直接制定模式下,由于行政法典总则获得了普遍认同,因此,进一步带来了对此问题的高度关注。一方面,是确定行政法总则编纂原则,也就是说,行政法总则如何进行抽象归纳。应松年教授指出:"按照提取公因式的方法,以实现行政权所有环节和所有方面在法治轨道上运行为主线,行政法总则的立法结构可以涉及以下五个方面:行政法总则的总则(一般规定);行政法律关系的主体,包括行政主体、行政相对人和相关人;行政活动(即

---

① 叶必丰:《行政法的体系化:"行政程序法"》,《东方法学》2021年第6期。
② 姜明安:《关于编纂我国行政程序法典的构想》,《广东社会科学》2021年第4期。

行政主体行使职权的活动统称);行政程序;行政的监督、保障和救济。"①也有学者指出:"我国可以借鉴德国的成功做法,利用制定行政法总则的机会,抽象出行政法中共同的、普遍适用的原则和制度,其中大部分是程序法的内容,同时也有实体法的内容,将实体规范与程序规范有机地统一起来。"②显然,提取公因式已经成为行政法总则编纂的基本要求。这就意味着行政法总则不仅是对行政法原则的规定,而且应该覆盖行政法典分则各部分,既要涉及各领域,也要有所抽象,防止和各分则的重复。这种要求对于法典编纂者而言是极高的。

另一方面,则是确定行政法典总则编结构。由于行政法典总则编结构具有很强的抽象性,因此,在研究中大致有以下三种类型。

一是理论结构。这种结构按照行政法学框架来编排行政法典总则编。例如,章志远教授认为:"行政法总则的基本框架可由'基本规定''行政权力的配置''行政相对人的地位''行政行为的形式''行政行为的程序''行政行为的效力''行政行为的监督''行政相对人的救济''依法行政的保障''附则'10个部分组成,各部分具体内容的规定应以行政法理和社会公众的普遍共识为基础,使行政法总则能够保持旺盛的生命力。"③也有研究认为行政法总则应包含如下内容:行政法基本原则、行政法的基本概念、行政主体法、行政程序法、行政行为等④。还有学者认为,行政法典总则在体系构型上可以采用相对狭义的,即将行政法典总则与一般行政法典予以区分;也可以采用相对广义的,就像民法典那样,将行政法中的所有问题以及已经颁布的行政法典都包容进来。其进一步认为应当选择广义的行政法典总则模式,包括行政法治理念编、行政法原则编、行政组织法编、公物和公用事业法编、行政程序法编、行政救济法编、行政监督法编、行政法适用编⑤。由于这种结构更多的是基于学科体系而形成,因此其虽然具有一定的启发性,但是与法典编纂具有一定的距离。

二是行政程序法结构。这种认识是基于行政程序法研究而形成的,因为目前所制定的行政程序法很大程度上具有一般行政法的特点,并不局限于行政程

---

① 应松年:《关于行政法总则的期望与构想》,《行政法学研究》2021年第1期。
② 罗冠男:《我国行政法典编纂的重要历程与新思路新展望》,《理论探索》2020年第4期。
③ 章志远:《行政法总则制定的基本遵循》,《学习与探索》2020年第7期。
④ 沈斌晨:《我国行政法法典化的内容构造分析》,《湖南行政学院学报》2022年第5期。
⑤ 关保英:《论行政法典总则的制定及其对行政法体系的整合》,《东方法学》2021年第6期。

序。在这种情况下,就可以采用行政程序法的诸多做法。例如,王万华教授认为:"总则部分规定如下内容:一般规定、行政法基本原则、行政机关(行政授权、行政委托、行政协助)、行政相对人、行政相对人程序性权利。"①由于这种结构主要考虑到行政程序法,因此,对于行政基本法典而言,其显然过窄。

三是法典结构。这种认识必须考虑行政法典本身的结构,而不是局限于某一个领域。例如,杨伟东教授指出:"可考虑对总则编的内容作如下安排:一般规定章主要规定立法目的、适用范围、基本概念、基本原则等,其中基本原则应作为重点。借鉴行政法律关系论的思路,将公民、法人或者其他组织的地位、权利、义务单列一章,放在行政组织章前。行政程序在分则编中将列专编规定,带有总则性的行政程序规定可放入行政活动章。第三章、第四章、第五章分别为行政组织、行政活动、行政监督救济保障,这三章所涉事项无疑也需要分则编作详细、具体的规定,故总则编中只需对这些内容作一般性或总体性规定。"②由于这种结构注重行政法典分则编对应性,因此,在一定程度上反映了行政法典总则编的要求。不过,总则编结构除了一般性规定之外,在章节分类上应该以对各分则内容具有指导性的规定为主,防止总则编和分则编在结构上的雷同。

二、分则编结构研究

与总则编结构研究相比较,分则编结构研究相对来说受到的关注不多,但二者非常相似。其大致分为以下三种类型。

一是最大范围的分则编结构。这种结构安排将行政一般法的内容均纳入其中,排除了专门行政法范围。例如,杨伟东教授在提出总则编的内容之外,对分则各编也作了详细分析:第二编为行政组织法编,可设置中央行政组织、地方行政组织、行政编制、行政公务人员四章;第三编为行政活动编,可设置行政规则制定分编、行政决策与规划分编、典型行政执法行为分编、其他行政活动分编;第四编为行政程序与信息公开编;第五编为行政监督编,规定行政监督的基本要求、主要途径、行政责任等事项;第六编为行政救济编,规定行政复议、行政

---

① 王万华:《我国行政法法典编纂的程序主义进路选择》,《中国法学》2021年第4期。
② 杨伟东:《基本行政法典的确立、定位与架构》,《法学研究》2021年第6期。

诉讼、行政赔偿、行政补偿等①。又如，杨登峰教授提出，行政法法典由行政组织法、行政程序法、行政执行法、行政救济法四个部分构成②。需要注意的是，2021年3月30日，中国法学会行政法学研究会与中国政法大学法治政府研究院在北京京仪大酒店组织召开了"行政法典编纂"研讨会，此次研讨会上提交讨论的《通用行政法典（框架）》各编依次为：第一编"总则"、第二编"行政组织"、第三编"行政活动"、第四编"行政监督与问责"、第五编"行政救济、附则"③。

二是中等范围的分则编结构。这种结构并不主张将所有一般行政法事项均纳入其中。对于一些专门性较强的领域，如行政组织、行政复议、行政诉讼、行政赔偿，不应纳入分则编之中。例如，王万华教授则提出，分则各编分别为：第二编，行政立法与行政规范性文件活动编，规定一般规定、行政法规、规章、行政规范性文件，及与本编三类活动相关的实体规范；第三编，行政决策活动编，规定行政决策遵循的程序制度及相关实体规范；第四编，行政执法活动编，规定一般规定、管辖、执法检查、调查与证据、听取意见（听证）、简易程序、说明理由、送达、行政决定的效力等；第五编，合意行政活动编，规定行政协议、行政指导等；第六编，政府与信息和数据相关活动编，规定政府采集、保管、利用信息和数据的活动，政府信息公开，政府数据开放制度基本框架、政府应用信息技术进行公共治理相关活动等；第七编，行政司法活动编，规定一般规定、行政调解、行政裁决、行政申诉等④。这种分类一方面考虑了行政程序法的制定经验，另一方面显然也考虑到行政基本法典编纂的需要。

三是小范围的分则编结构。这种结构只涉及有限的一般行政法事项。例如，有研究认为，行政法分编应包括以下内容：行政执法编、行政合同编、行政指导与公开编以及监督救济编⑤。这种分类虽然考虑到现有行政立法情况，但是可能难以支撑行政基本法典编纂的需要。

---

① 杨伟东：《基本行政法典的确立、定位与架构》，《法学研究》2021年第6期。
② 杨登峰：《从〈民法典〉的编纂看行政法典的编纂——对"单行法先行"模式的一种考察与展望》，《行政法学研究》2021年第3期。
③ 王万华：《我国行政法法典编纂的程序主义进路选择》，《中国法学》2021年第4期。
④ 王万华：《我国行政法法典编纂的程序主义进路选择》，《中国法学》2021年第4期。
⑤ 沈斌晨：《我国行政法法典化的内容构造分析》，《湖南行政学院学报》2022年第5期。

第三节　行政基本法典编纂内容

行政基本法典编纂内容主要涉及行政组织法、行政实体法、行政程序法和行政救济法。由于行政基本法典不可能完全涉及行政法所有领域，因此，这就需要考虑上述各部分在行政基本法典中的内容。

一、行政组织法

行政组织法在行政基本法典中通常表现为行政组织编的设立。从各国行政立法来看，虽然行政组织法在立法过程中曾被当作一个部分来认识，但是无论是在行政程序法中还是在行政基本法典中，其均很少单独成编。这说明行政组织法在行政基本法典中要进行准确定位。一种认识认为，应该设立行政组织编。有学者认为，行政组织编一级结构分为总则和分则，总则部分内容涉及行政组织运行的一般性规则，包括立法目的、指导组织建构和运行的原则、行政机关及相关组织形式、工作机制、组织之间的关系等；而分则部分内容涉及行政区划制度、国务院组织制度、地方政府组织制度、事业单位制度、编制制度、公职人员制度[1]。这种认识肯定行政组织编的设立，但将行政组织编再进一步分为总则和分则。这种做法的好处在于层次分明，但也带来一个有待于解决的问题，即行政基本法典总则编中是否涉及行政组织法内容。另一种认识认为，行政基本法典不应设立行政组织编。有学者认为："行政组织法是最不适宜纳入'行政基本法典'之中的，应以'行政主体'代替'行政组织'而入典。就一般行政法中的'四大块'（组织法、行为法、程序法和救济法或监督法）而言，行政组织法的入典是最不成熟的。"[2]行政组织法之所以不能纳入其中，主要在于中央行政组织和地方行政组织较多，难以在一部法典之中规定。值得注意的是，由于我国行政组织法既有综合法，如地方人大和地方政府组织法；也有单行法，如国务院组织法。如果行政基本法典将上述立法相关部分纳入其中，那么就必然打破原有

---

[1] 杨欣：《行政组织编的编纂方向：功能与结构——兼议行政组织编对整体型行政的回应》，《现代法学》2022年第5期。
[2] 杨解君：《中国行政法的法典化：如何从可能变为现实》，《北方法学》2022年第5期。

立法体系。因此,行政基本法典对行政组织法的规定大致可以分为两种方案:一种方案是设立行政组织编,以体现行政基本法典的完整性,若采用这种方案,行政组织一般性规定可以纳入行政基本法典总则编,而行政组织编可以规定行政组织和公务人员两章;另一种方案是不设立行政组织编,但是将行政组织法一般性规定纳入行政基本法典总则编之中。

二、行政实体法

"所谓行政实体法即是调整行政主体在实施行政管理活动中,与行政相对人之间产生的实体性关系的法律规范的总称"①。行政实体法通常在部门行政法中规定,因此,其通常在部门行政法典中予以规定。在这种情况下,行政基本法典难以对行政实体法作出统一规定。"行政实体法没有统一、完整的法典"②。那么,行政实体法在行政基本法典中如何定位?由于行政实体法关系到行政主体和行政相对人之间的关系,因此,行政实体法在行政基本法典各编中均会有所体现,特别是在行政活动编或者行政行为编。所以有学者认为:"在行政活动编部分,宜分设为权力性活动与非权力性活动以及行政程序制度三个分编加以规定""在权力性活动分编下再设若干章:行政立法活动(如果将行政立法活动置于'行政基本法典'之中则面临着与《立法法》关系的理顺)与行政规范性文件活动、行政决策与行政规划(或计划)、行政许可、行政强制、行政处罚、行政检查与调查、行政奖励等主要权力性活动方式;在非权力性活动分编下则可设章节规范行政协议、行政指导等主要非权力性活动方式。"③由于权力性活动和非权力性活动均涉及职权责任、权利义务,因此其必然会涉及行政实体法。所以,在行政基本法典编纂过程中,对于相关行政实体法内容必须要根据各编内容分别考量。

三、行政程序法

尽管行政程序法和行政基本法典关系密切,但是行政程序立法并不等于行

---

① 仪喜峰:《行政实体法初论》,《山西高等学校社会科学学报》2014年第1期。
② 仪喜峰:《行政实体法初论》,《山西高等学校社会科学学报》2014年第1期。
③ 杨解君:《中国行政法的法典化:如何从可能变为现实》,《北方法学》2022年第5期。

政程序法,因为行政程序立法不仅仅涉及行政程序问题。行政基本法典通常会单独设立行政程序编,专门规定行政程序问题。不过,也有学者认为,在行政基本法典中不用单独设立行政程序编:"为保持行政活动的实体与程序的一体性并突出行政程序的重要性,宜在行政活动编下单设行政程序分编就基本或者主要的行政程序制度作出规定。"①虽然其认识到行政活动自身也有需要遵循的程序,但是这种程序并不是行政程序法所关注的行政程序。所以,如何安排行政程序内容则需要进一步研究。由于行政程序立法既对一般行政程序进行规定,也会对特殊行政程序进行规定,因此,行政程序编大体上将遵循一般行政程序和特殊行政程序予以安排,以实现对以往行政程序单行法的超越。同时,行政立法和行政行为等所需要遵循的程序则应该在各编中规定,而不能作为行政程序编的内容。这样,或许能够准确把握行政程序法在行政基本法典中的定位。

四、行政救济法

行政救济涉及行政申诉、行政复议、行政仲裁、行政调解和行政诉讼等方式。行政救济法在行政基本法典中通常会设立行政救济编。但是应将哪些行政救济种类纳入行政基本法典之中,则需要进一步研究。

一种认识认为,应该设立行政救济编,将所有行政救济种类纳入其中。有学者认为,可包含行政申诉、行政复议和行政诉讼三部分,通过统一立法助力多元化行政争议解决体系的形成②。还有学者认为:"在行政救济或监督编部分,宜以规定行政救济为主同时兼顾监督""有关公民权利的救济制度,主要包括行政复议、行政诉讼、行政赔偿、行政补偿等制度,在这方面已有充分的法律基础,可以将现有的法律包括行政复议法、行政诉讼法和国家赔偿法的相关规定整合于本编之中。同时,兼顾解决行政主体是否依法行政的问题,规定相关的监督机制和责任机制。"③这种做法无疑扩大了行政救济在行政基本法典中的范围。

另一种认识认为,不应设立行政救济编。有学者认为将行政救济法纳入行

---

① 杨解君:《中国行政法的法典化:如何从可能变为现实》,《北方法学》2022 年第 5 期。
② 杨伟东:《基本行政法典的确立、定位与架构》,《法学研究》2021 年第 6 期。
③ 杨解君:《中国行政法的法典化:如何从可能变为现实》,《北方法学》2022 年第 5 期。

政法典意义不大,提出:"将行政救济法规范与行政行为法规范共同纳入行政法法典中,只能是在汇编意义上实现体系的完整,而非法典编纂意义上的体系整合。"①其显然认识到行政救济和行政行为的差异性。

那么,行政基本法典是否应设立行政救济编?从行政立法发展来看,行政救济法在行政基本法典中应当予以规定,因为行政诉讼虽然可以视为广义行政救济之一,但是其属于司法救济形式,与行政性质的救济方式仍然有差异。所以,行政基本法典可以对除行政诉讼之外的行政救济种类进行规定,这样,行政基本法典各编结构也较为合理。不过,由于有些行政救济种类已经有相应的专门法,因此,行政救济法在行政基本法典编纂过程中应注重原则性规定。

第四节 行政基本法典编纂技术

行政基本法典编纂技术是指行政基本法典编纂的立法技术。其关系到行政基本法典编、章、节之间的关系,以及行政基本法典和其他行政立法之间的关系。由于各国法典编纂技术存在一定的差异,因此,有必要对行政基本法典编纂技术进行专门研究。

一、行政基本法典编目方式

所谓行政基本法典编目方式,是指行政基本法典对篇、章、节的编排。从各国行政基本法典来看,编目方式各有差异,大致有分编和不分编两种方式。前者如1931年符腾堡州行政法典草案、蒙古国一般行政法、罗马尼亚的行政法典草案等;后者如1999年格鲁吉亚一般行政法典、《荷兰行政法通则》等。行政基本法典在各国采用分编或者不分编,通常由立法习惯来决定,很大程度上取决于条文数量。需要注意的是,法国行政法典编目方式比较特殊。"法国法典可分为三级或四级结构:三级结构由编、卷、章构成,如《公众与行政机关之关系法典》《行政诉讼法典》即为此类;四级结构则由部分、编、卷、章所构成,如《公共采购法典》即为此类"②。这种做法在各种法典编纂中比较少见。由于我国法典或

---

① 王万华:《我国行政法法典编纂的程序主义进路选择》,《中国法学》2021年第4期。
② 陈天昊:《法国行政法的法典化:起源、探索与借鉴》,《比较法研究》2021年第5期。

者具有法典性质的法律通常采用分编模式,因此,行政基本法典也将采用分编方式。"这样,我国行政法典就可以很方便采用分块立法的方式进行合成"①。尽管有学者建议采用法国的编目模式,但是法国模式主要是针对不同法律形式进行编纂时所采用的编目方式,由于其不是行政基本法典内部编目问题,因此,我国难以采用法国模式。我国的行政基本法典编目方式大致为编、章、节。

二、行政基本法典与单行法

随着法典形式的出现,法典与单行法之间关系的处理问题也浮出水面。由于民法典在编纂过程中采用先制定单行法再进行整合编纂的方式,因此,行政基本法典与单行法之间的关系也成为行政基本法典编纂需要考虑的问题。对此,有学者认为:"并非所有的单项行政法律都会纳入行政法典。按照总法模式,只有少数单项行政法律才会纳入行政法典。决定一项行政法律是否能够被纳入行政法典的标准,在于该项法律是属于一般行政法还是部门行政法,具体说来,在于该法是规范一般行政部门的行政活动还是个别行政部门的行政活动——前者即纳入行政法典,而后者则保留在行政法典之外。"②还有学者认为:"在行政基本法典与单行法的关系上,行政基本法典应当包含绝大部分一般行政法规范,同时在法典外保留少量特殊单行法。对于已颁布实施的行政法规则,只要符合法典的'基本'定位,原则上都应当编入法典。编入的具体形式有三种:其一是修改后编入,即对现有立法如'行政三法'等进行修改完善后编入法典;其二是提升位阶后编入,即对具有相当重要性、有必要上升到法律的行政法规如《政府信息公开条例》等,可上升为法律并编入法典;其三是拆分后编入,即对于内容较为复杂的法律,可在拆分后将符合行政基本法典定位的部分编入,如可将《地方各级人民代表大会和地方各级人民政府组织法》进行拆分,将地方各级人民政府组织法部分编入法典。"③这种认识意识到行政基本法典编纂不可能面面俱到。在我国行政立法日益增多的情况下,行政基本法典应该处理好以下单行法的关系:一是行政组织立法。目前,我国行政组织立法主要有

---

① 刘太刚:《中国行政法法典化的障碍、模式及立法技术》,《甘肃行政学院学报》2008年第1期。
② 刘太刚:《中国行政法法典化的障碍、模式及立法技术》,《甘肃行政学院学报》2008年第1期。
③ 马怀德:《中国行政法典的时代需求与制度供给》,《中外法学》2022年第4期。

国务院组织法和地方政府组织法。考虑到这两部立法的重要性,在行政基本法典编纂过程中,虽然可以设立行政组织编,但是并没有必要废止上述行政组织立法。二是行政程序立法。目前,我国行政程序立法主要有行政处罚法、行政许可法、行政强制法、行政决策程序以及一般行政程序法。在行政基本法典编纂之后,应当对以往中央行政程序立法和地方行政程序立法予以废止。三是行政活动立法。目前,我国行政活动立法主要存在部门行政立法之中,同时在行政处罚法、行政许可法和行政强制法中亦存在相应规定。在行政基本法典编纂中,虽然行政程序编和行政活动编的设立可能需要废止上述"行政三法",但是需要注意行政基本法典和部门行政单行法的关系。四是行政救济立法。目前,我国行政救济立法主要涉及国家赔偿法、行政复议法、行政诉讼法等。由于行政救济立法对公民权利救济具有重要意义,因此行政基本法典编纂需要专门规定;但是由于行政救济立法内容较多,行政基本法典可作原则性规定,同时保留上述行政救济立法。

第二编
教育法法典化研究

随着教育法典编纂被列入立法机关的议事日程,教育法法典化就成为教育立法研究的重要课题。我国自古以来就有发达的官学和私学体系,并制定了大量的教育法令,在此基础上形成了《学政全书》之类的教育法令汇编。近代以来,我国因西法东渐而采用新的教育制度,并颁布了新的教育法令。新中国成立以来,教育事业不断发展,教育立法也不断出现,为教育法法典化奠定了基础。这就需要深入研究教育法法典化问题。

第五章 教育法法典化的缘起

教育法法典化是教育立法发展到一定阶段的产物。由于各国教育立法发展存在一定差异,因此,教育法法典化程度也各不相同。这就需要首先探讨教育法法典化的缘起问题。综合来看,教育法法典化需要一定的思想条件、法律条件、政治条件、组织条件。

第一节 教育法法典化的思想条件

教育法法典化的思想条件是指对教育法领域法典观念的认同。这种观念认同对教育法法典化进程具有一定的影响。自近代以来,出现了现代意义上的法典,并逐渐为各国所接受,形成了法典化意识,编纂法典成为各国立法的重要目标。教育法领域法典化进程虽然出现较晚,但是这种法典意识始终存在。然而,教育立法为什么要走向法典化?其很大程度上取决于法典传统的形成。例如,法国教育立法法典化的条件之一是"有着悠久的法典传统"[①]。当然,法典传统虽然对教育法法典化具有催化作用,但是这并不意味着具有法典传统的国家必然会推动教育法典编纂。但是,法典传统在某种意义上实际上会使人们对教育法典编纂产生一定的认同感。这种认同感往往并不局限于国内,有时也会受到国际影响。例如,独联体国家教育法典编纂很大程度上受到独联体示范教育法典编纂的影响。"示范教育法典的重要任务是协助独联体成员国制定教育法

---

① 李世刚:《简析法国教育立法法典化的进程与条件》,《复旦大学法律评论》2019年第6期。

典,主要目标是利用独联体成员国的潜力,满足公民在教育方面的需求,促进独联体成员国统一(共同)教育空间的形成"①。由于我国历史上具有悠久的法典传统,因此,法典制定始终是我国立法的重要组成部分。特别是民法典的编纂在一定程度上激发了教育法法典化的思潮。这就为教育法法典化提供了思想基础。

第二节　教育法法典化的法律条件

教育法法典化的法律条件是教育立法。没有教育立法的展开,教育法法典化也难以展开。纵观人类法治文明发展历程,法典或者法典化的出现,都是长期积累的过程,是一个由习惯法到成文法、再到法典化的法律制度完善过程。换言之,一部法典是在对特定法域内现有的关联制度资料搜集整理的基础上编纂而成的,制定法典不能闭门造车,不能脱离本国的制度基础和立法现状,不能照搬他国经验。只有"从大量的法律资料中寻找到一般性的法的原则和概念,并合乎逻辑地把它们建构成一个严谨的法律体系"②,才可能形成法典。

教育法典编纂应当有相对完善的法律体系支撑。正因为如此,教育立法走向法典化,其本身也是教育立法体系化的过程。在某种意义上,各国编纂教育法典,在很大程度上是对教育立法的体系化。例如,法国教育立法法典化的条件之一是"立法达到一定规模,但法律适用已有所不便"③。又如,俄罗斯教育法法典化也存在"顺应教育法领域系统化和体系化的需求"④。我国长期以来一直存在对教育法的体系化要求。对此,有学者认为,我国教育法体系化可以从以下方面入手:一是以教育法核心范畴构建教育法内部体系;二是以位阶为核心构建教育法外部体系;三是以逻辑与价值融贯性为标准确保体系严谨;四是以总分模式构建教育法的体系框架⑤。正因为教育立法存在体系化的必要性,在

---

① 黄翔:《法典化进程中的俄罗斯教育立法》,《湖南师范大学教育科学学报》2022年第1期。
② 严存生:《对法典和法典化的几点哲理思考》,《北方法学》2008年第1期。
③ 李世刚:《简析法国教育立法法典化的进程与条件》,《复旦大学法律评论》2019年第6期。
④ 黄翔:《法典化进程中的俄罗斯教育立法》,《湖南师范大学教育科学学报》2022年第1期。
⑤ 任海涛:《论教育法体系化是法典化的前提基础》,《湖南师范大学教育科学学报》2020年第6期。

一定程度上为教育法法典化提供了法律条件。

第三节 教育法法典化的政治条件

教育法法典化的政治条件是指开展教育法典编纂的政治环境。由于教育在国家和社会生活中具有重要地位,因此,各国无不重视教育问题。各国对教育问题的高度重视在一定程度上为教育法法典化奠定了基础。例如,法国教育法法典化的条件之一是"举国对教育的重视"[1]。我国长期以来重视教育事业,制定了大量的教育事业规划和政策,从政治上确立了教育强国的目标。全国人大常委会于 2021 年 4 月 21 日在中国人大网上公布其 2021 年度立法工作计划,其中规定,"研究启动环境法典、教育法典、行政基本法典等条件成熟的行政立法领域的法典编纂工作"[2]。同年,《教育部政策法规司 2021 年工作要点》也明确提出,为进一步打造教育法治工作高质量发展,加快推进教育立法,将"研究启动教育法典编纂工作"作为工作要点之一[3]。随着立法机关和行政机关对教育法典编纂工作的启动,教育法法典化就具备了政治基础。

第四节 教育法法典化的组织条件

要实现教育法法典化目标,还需要具备充分的组织条件。这些组织条件主要包括法典化机构、参加人员、物质保障等方面。尽管我国全国人大常委会准备启动教育法典编纂工作,但是对于教育法典编纂的准备工作却似乎关注不多。即使有些学者在研究过程中提到"教育法法典化的实现是一个系统的长期性工程,必然离不开前期调研、立法研讨和相关论证工作等支撑"[4],但是对教育法典编纂的组织方式却关注甚少。这就需要我们进一步关注教育法法典化的

---

[1] 李世刚:《简析法国教育立法法典化的进程与条件》,《复旦大学法律评论》2019 年第 6 期。
[2] 《全国人大常委会 2021 年立法工作计划》,中国人大网。
[3] 《教育部政策法规司 2021 年工作要点》,中华人民共和国教育部网。
[4] 马焕灵:《教育法法典化:可为、难为与应为》,《青少年犯罪问题》2021 年第 6 期。

组织条件。首先,教育法典编纂应当设立专门责任主体。不论是专门工作组,还是编纂委员会,只有存在责任特定化的组织体,才能顺畅调配人财物,推进调研、论证以及民主化立法程序等。其次,教育法典编纂机构的构成人员应该多元化。由于教育法属于跨学科领域,应当组织教育专家、法律专家等人员参与教育法典编纂工作。最后,教育法典编纂需要有力的物质保障。教育法典编纂是一项复杂的系统工程,要保证教育法典编纂的可持续性,必须为其提供有力的人力、物力、财力保障。

第六章　国外教育法法典化研究

尽管各国教育立法普遍存在,但是教育法法典化的时间却并不长,专门编纂教育法典的国家更少。这就需要对世界各国教育法法典化规律进行深入探讨。一般认为,"在教育法典的实现形式上,具有代表性的立法模式主要有三种:一种是以法国、摩尔多瓦和俄罗斯为代表的'统一立法模式',一种是以美国为代表的'法律汇编立法模式',还有一种是以日本为代表的'总则立法模式'"①。尽管这种归纳方式具有一定的合理性,但是真正有教育法典的国家主要采用的还是第一种立法模式。不过,上述立法模式在某种意义上反映了教育法法典化的若干规律。为了便于探讨,本章主要选取美国、俄罗斯、日本、法国四个国家进行研究。

第一节　美国教育法法典化研究

美国建国之初,其宪法中没有规定教育条款,教育立法的开展相对于其他国家而言较晚,教育立法的法典化程度并不高,但是美国经常开展法律汇编工作,体现了其自身的法典化规律。

一、美国教育法法典化的进程

由于宪法没有规定教育权力的归属,因此,美国联邦和州均有教育管理的权限。在这种情况下,美国教育法法典化进程既有联邦层面的,也有州层面的,从而表现出差异性。

---

① 龚向和、李安琪:《教育法法典化的国际实践与启示》,《湖南师范大学教育科学学报》2022年第2期。

从联邦层面来看,随着联邦对教育事务的权限不断扩大,联邦教育立法数量也在不断增加。如今,其教育法律体系规模庞大,多达数百部。从立法形式角度来看,联邦教育法律体系中主要包含三种类型的法律形式:第一种类型可称为是"纯粹的教育法律",即法律名称中含有"教育"(含学院、学校、学生、校舍等),如1946年《乔治-巴登职业教育法》,1965年《中小学教育法》,2018年《加强21世纪生涯与技术教育法》等;第二种类型的法律名称中未直接标明"教育",但法案的内容直接规范教育,如1944年《退伍军人优待法》,1991年《国民素养法》,2007年《美国竞争法》等;第三种类型的教育立法,是在法案内容中含有教育条款的其他法律,如1967年《地区再开发法》,1988年《技术与多种收入法》[①]。在此基础上,美国将一些重要的教育法律编入《美国法典》之中,从而形成一种特殊形式的教育法典。

从州层面来看,州教育法法典化的开展相对较早。美国各州在各自教育立法基础上均进行了汇编。最初,"各州的教育法一般收录在各州的《学校法典》中,它所包括的范围大致有:公立的学前教育、小学、中学、初级学院、特殊儿童的教育,广泛的中学后的技术及职业教育,成人教育,没有学分的社区服务活动等"[②]。此后,逐渐以教育法典名称替代之,例如,美国加州教育法典、美国得克萨斯州教育法典等,各州教育法典的汇编体例不尽相同。其中,美国加州教育法典"是美国加利福尼亚州所有关于教育的现行有效的法律总称""其内容非常庞杂,包括不同年代和名称的教育法律或法律条文"[③],法典含三卷内容,分别为总体条款、初等与中等基础教育、高中后教育,大致按教育位阶排序汇编,除制定于1976年的最初的条款外,之后不断有新的立法加入法典中,"在解释权威上不排斥其他法律渊源,在体系编排上也不强调严丝合缝"。2021年版的美国得克萨斯州教育法典,尽管也是汇编式法典,但形式上则按一定的逻辑进行了分类和编排,包含六篇,即一般规定、公共教育、高等教育、综合、其他教育、利益集团,规范内容"都是非常具体的规定,如学区的划分,入学、转学和留级的规定,教学课程的设置,教育惩戒等"[④]。有的州则将教育法律汇编入本州的法典汇编中,如亚拉巴马州将"教育"法作为与"商法典"和"刑法典"并立的一卷置于

---

① 叶强:《美国教育法典的构成特点与启示》,《湖南师范大学教育科学学报》2022年第1期。
② 张维平、马立武:《美国教育法研究》,中国法制出版社2004年版,第52页。
③ 申素平、汤洋:《美国加州教育法典中的性别议题研究》,《中国人民大学教育学刊》2016年第4期。
④ 叶强:《美国教育法典的构成特点与启示》,《湖南师范大学教育科学学报》2022年第1期。

州法典中;阿拉斯加州则将教育法律置于"教育、图书馆与博物馆"卷中,并与"民事诉讼法典"卷和"刑事诉讼法典"卷并列①。总的来看,美国各州的教育法典编纂方式和《美国法典》大致相似,都不从理性高度专门设计结构,也并不注重系统性和逻辑性,各类法典主要在分类主题上有所差异。

二、《美国法典》中教育篇的编排体例和内容

美国联邦并没有如有的州那样汇编独立的教育法典,通常将《美国法典》中的教育篇称为美国教育法典。《美国法典》是汇编式的,按50个主题分类编排,教育篇位列第二十个主题。截至目前,该法典共分为80章,10 013条。通常研究者比较关注其结构。例如,有学者专门列举了18章名称,即教育办公室;农业、贸易、家政和工业学科的教学;史密斯森研究协会、国家博物馆和艺术画廊;国家动物园;政府及相关机构可提供的教育资源;美国盲文出版社;盲人自动售货机;关于酒精饮料和麻醉品性质和效果的说明;霍华德大学;国家男子培训学校;国家植物园;外国留学生和交换生;为当地教育机构提供财政援助;受联邦活动影响地区的学校建设;教育问题研究;公共图书馆服务及建设;国防教育计划;残疾儿童教育教学补助金②。又如,有学者列举了前20章名称:教育局;农业、贸易、家政和工业学科的教学;史密森学会、国家博物馆和美术馆;美国国家动物园;用于研究的政府收藏和政府机构,以及用于教育机构的材料;美国盲文出版社(6A联邦建筑物中的盲人自动售货机);酒精饮料和麻醉品的性质和功能说明;霍华德大学;全国男孩训练学校;全国女孩训练学校;美国国家植物园;留学生和交换生;对地方教育机构的财政援助;受联邦活动影响地区的学校建设;教育问题研究;公共图书馆服务与建设;国防教育计划;残疾儿童教育教学补助金(18A残疾儿童早教计划);受联邦活动影响地区的学校建设;聋人教育教学补助金(20A国家聋人技术研究院,20B盖劳德大学)③。还有学者进一步列举了全部的80章标题:教育局(废止);农业、贸易、家政和工业教学科目(废止);史密森学会、国家博物馆和美术馆;国家动物园;政府收藏和研究机构以及教育机构的材料;美国盲人印刷厂(下含"联邦大楼的盲人自动售货

---

① 秦惠民、王俊:《比较与借鉴:我国教育法法典化的基本功能与基本路径》,《华东师范大学学报(教育科学版)》2022年第5期。
② 龚向和、李安琪:《教育法法典化的国际实践与启示》,《湖南师范大学教育科学学报》2022年第2期。
③ 叶强:《美国教育法典的构成特点与启示》,《湖南师范大学教育科学学报》2022年第1期。

设施");关于酒精饮料和麻醉品的性质和作用的说明;霍华德大学;国家男子训练学校;国家女子训练学校;国家植物园;外国学生和交换生;对地方教育机构的财政援助(废止);受联邦活动影响地区的学校建设(转至第十九章);教育问题研究(废止);公共图书馆服务和建设(废止);国防教育计划(废止);残疾儿童教育教学补助金(废止)(下含"残疾儿童早期教育项目",废止);受联邦政府活动影响地区的学校建设(废止);聋人教育教学补助金(下含"国家聋人技术学院"和"加劳德特学院",废止或转移);高等教育设施(废止);国家艺术委员会(废止);社区发展培训和奖学金项目;教育材料、设施、服务和加强教育机构的拨款(废止或转移);外籍教师薪酬与人事项目(下含"海外国防家属教育");人文艺术方面的支持和奖学金、博物馆服务(下含"艺术品和手工艺品展览的赔偿");职业学生国家贷款保险;高等教育资源和学生援助;国际研究(废止);成人基础教育(废止);教育总则;职业教育(废止);残疾人教育;国家图书馆和信息科学委员会(废止);环境教育;紧急学校援助;学生的分配或交通;基于性别或失明的歧视;平等教育机会与学生交通;教育项目的合并(废止或转移);全国阅读改进计划(废止);哈里杜鲁门纪念奖学金;美国民俗保护;职业与技术教育;职业教育与职业发展;职业教育奖励;加强和改进中小学(转移或废止);教育部;石棉学校危害检测与控制;美国黑人历史和文化国家研究中心;中小学教育津贴;经济安全教育;紧急移民教育援助(废止);教育领导与行政(废止);聋人教育;美国印第安人、阿拉斯加原住民、夏威夷原住民文化与艺术发展;詹姆斯麦迪逊纪念奖学金项目;无毒品学校和社区(废止或转移);巴里·戈德沃特奖学金和卓越教育计划;学校教学改进和改革基金(废止);夏威夷原住民教育(废止);提高美国竞争力的教育和培训(废止);艾森豪威尔交流奖学金项目;卓越的数学、科学和工程教育(废止);全国环境教育;莫里斯·乌达尔与斯图尔特·乌达尔基金;克里斯托弗·哥伦布研究基金(废止);国家教育改革;从学校到工作的机会;加强和改善中小学教育;全国教育统计(废止或转移);博物馆和图书馆服务;成人扫盲教育(废止);部队转教师项目;早期学习机会;教育研究、统计、评估、信息和传播;提高金融素养和教育水平;科学、技术、工程、数学和批判性外语教育;STEM-培训资助项目;国家财政稳定基金[1]。需要注意的是,这

---

[1] 段斌斌:《教育法典的体例结构:域外模式与中国方案》,《华东师范大学学报(教育科学版)》2022年第5期。

些章在法典汇编过程中会被转移、删除或者废止,从而使教育篇体例发生一定的变动。其在章下设节,节下设条,从而构成了汇编体例。

从各章标题可见,《美国法典》教育篇内容规定非常广泛。其主要内容涉及教育部的职能及联邦财政对教育的拨款;博物馆、美术馆、国家动物园、国家植物园和基金会;奖学金;残疾人教育;美洲土著和有色人种教育;学生教育平等;民俗保护;职业生涯和技术教育;儿童早期教育;学生交流;改善和提高中小学教育;海外教师;环境和金融教育;科学、技术、工程、数学和批判性外语教育;教育研究、统计、评估、信息和传播等①。实际上,其不仅涵盖了纯粹教育事务,也包括了许多涉及教育领域的其他内容,如文化艺术发展、特殊阅读物印刷等。

对于《美国法典》中的教育篇,由于其没有采用通常法典形式,所以有学者将其编排方式称为平行法,"所谓平行法即指法典的体例编排无总分样式,也无上下位样式,所有的条款按照章顺序或者条顺序统一平行排列"②。这种做法虽然能够囊括不同时期的教育法律,但是其在编纂方式上较为复杂。

第二节　俄罗斯教育法法典化研究

俄罗斯法律体系承袭苏联法律体系,教育法亦不例外。随着俄罗斯联邦的独立,俄罗斯联邦教育立法纷纷出台,教育法法典化亦不断展开。

一、俄罗斯教育法法典化进程

独立后的俄罗斯联邦非常重视教育问题,出台了一系列教育政策。其教育法律的发展则与国家政策相呼应。1991 年 7 月,在苏联解体前,叶利钦颁布了总统令《关于俄罗斯苏维埃社会主义联邦共和国教育发展的紧急措施》,承继苏联时期的国家教育政策。在此基础上,1992 年,俄罗斯联邦独立后的第一部教育基本法《俄罗斯联邦教育法》颁布,后经多次修订。自 2010 年起,俄罗斯在全国范围内再次展开讨论并征求意见,对《俄罗斯联邦教育法》启动新一轮修订工作。2013 年 9 月,俄罗斯联邦新版的《俄罗斯联邦教育法》正式施行,取代了

---

① 叶强:《美国教育法典的构成特点与启示》,《湖南师范大学教育科学学报》2022 年第 1 期。
② 龚向和、李安琪:《教育法法典化的国际实践与启示》,《湖南师范大学教育科学学报》,2022 年第 2 期。

1992年《俄罗斯联邦教育法》和1996年《俄罗斯联邦高等和大学后职业教育法》等多个教育法规,该法也是我国学者研究俄罗斯教育法时主要关注的法律文本①。

同时,俄罗斯教育法法典化进程与其履行的国际法义务同步推进。1997年初,俄罗斯签署《关于形成独联体单一(公共)教育空间的合作协议》《独联体成员国教育领域合作理事会条例》。1998年,独联体成立为独联体成员国编写示范教育法典的专门工作组。2000年,独联体通过《独立国家联合体成员国的示范教育法典纲要》。2003年,俄罗斯公布《俄罗斯教育法典草案(总则)》,该文件"是世界上《法国教育法典》之外的第二部公布的成文教育法典文件,也是独联体国家第一部成文教育法典草案,对独联体和独联体成员国的教育法典化立法具有重大示范和指导作用"②。2006年,独联体颁布《独立国家联合体成员国的示范教育法典(总则)》,并于2013年11月进行了修订。受此影响,白俄罗斯、摩尔多瓦等先后出台教育法典。

二、《俄罗斯教育法典草案(总则)》和《俄罗斯联邦教育法》的内容

俄罗斯虽未正式出台教育法典,但2003年对外公布的《俄罗斯教育法典草案(总则)》为该国的教育立法奠定了立法基础,指明了立法方向。2013年9月出台的《俄罗斯联邦教育法》充分吸收了该法典草案的架构及重要内容。对此,有必要介绍《俄罗斯教育法典草案(总则)》和《俄罗斯联邦教育法》的内容。

(一)《俄罗斯教育法典草案(总则)》

尽管《俄罗斯教育法典草案(总则)》没有正式公布,但是其对俄罗斯教育立法具有重要影响。从制定过程来看,"《俄罗斯联邦教育法典草案(总则)》方案由俄罗斯教育部、联邦委员会、国家杜马(俄罗斯议会)以及国内主要科研教育机构的专家共同完成。参与高校包括罗蒙诺索夫莫斯科国立大学、俄罗斯人民友谊大学、俄罗斯司法学院、劳动与社会关系学院、俄罗斯教育学院、高等经济学院等数十所。该法典草案总则部分共5编、21章、231条"③。从立法特点来看,其包括以下方面:一是法典草案的理念基于国际普遍认可的现代民主、法治

---

① 肖甦、朋腾:《俄罗斯教育制度与政策研究》,人民出版社2020年版,第59页。
② 黄翔:《法典化进程中的俄罗斯教育立法》,《湖南师范大学教育科学学报》2022年第1期。
③ 黄翔:《法典化进程中的俄罗斯教育立法》,《湖南师范大学教育科学学报》2022年第1期。

和进步原则,符合世界教育法治发展的方向;二是充分考量现代教育理论与学说;三是违纪处分填补俄罗斯教育立法空白;四是教育关系参与者的法律地位贯穿草案始终;五是关注教育类社会组织①。需要注意的是,该草案主要局限于总则部分,而没有涉及分则部分。

(二)《俄罗斯联邦教育法》

《俄罗斯联邦教育法》是俄罗斯联邦所制定的教育基本法。根据2012年12月29日第273号联邦法令公布、2017年12月29日修正的《俄罗斯联邦教育法》,共15章、111条,主要包括以下内容。

第一章总则,主要规定法律适用对象,使用的基本概念,国家教育政策和教育法律关系协调的基本原则,教育法律关系协调,教育权,联邦国家教育权力机关的职能,经俄罗斯联邦授权、联邦主体国家权力机关履行教育职能,地方区域和城市周边地区自治机构的教育职能等。

第二章教育体系,主要规定教育体系结构、联邦国家教育标准和要求、教育大纲、实施教育大纲的总体要求、教学语言、实现教育大纲要求的网络形式、利用电化教学和远程教学技术实现教育大纲要求、受教育形式和教学模式、印刷和电子教育信息资源、教育体系的科学方法和资源保障、教育实验与创新活动等。

第三章开展教育活动的人,主要规定教育活动,教育组织的设立、变更和终止,教育组织的类型、章程、管理、结构、职能、权利、义务和责任,以及信息公开,包含调整教育关系规范的地方性法规、教学组织、开展教育活动的个体企业家等。

第四章受教育者及其法定监护人,主要规定受教育者,受教育者的基本权利及社会支持和激励措施,教科书、教学参考书和教学教育设备的使用,奖学金和其他补助,为受教育者提供膳食,受教育者的服装——学生制服和其他物品,提供宿舍住宿,交通保障,受教育者的健康保障,对基础教育大纲学习感到困难、个性发展和社会适应方面出现问题的受教育者的心理教育、医疗和社会帮助,受教育者的义务与责任,未成年受教育者的家长(法定监护人)的权利、义务和责任,受教育者及未成年受教育者家长(法定监护人)权利的保护等。

第五章教师、领导及其他教育组织工作者,主要规定从事教学活动的权利、

---

① 黄翔:《法典化进程中的俄罗斯教育立法》,《湖南师范大学教育科学学报》2022年第1期。

教育工作者的法律地位——教育工作者权利与自由的保障和实现、教育工作者的职责和义务、教育工作者的考核、科学和教育工作者、高等教育组织主席——教育组织负责人的法律地位、教育组织的其他工作者。

第六章教育关系产生、变更与终止的依据，主要规定教育关系的产生、教育合同、教育组织招生的总体要求、定向招生——定向招生合同和定向教育合同、教育关系的变更、受教育者的中期考核、最终考核、教育和（或）资格证书、教学证书、教育关系的终止、（被开除的受教育者）重返教育组织。

第七章普通教育，主要规定普通教育，学前教育，学前教育组织向家长（法定监护人）收取监督照看儿童等教育活动费用，初等普通教育、基础普通教育和和中等普通教育，依据基础教育大纲开展教学的组织。

第八章职业教育，主要规定中等职业教育、高等教育、对根据学士学位教育大纲和专业人才教育大纲开展招生的组织的一般要求、对依据学士学位教育大纲和专业人才教育大纲开展招生的特殊要求、高等教育科教（科研）活动的一体化形式。

第九章职业培训，主要规定职业教育组织和技能测试。

第十章补充教育，主要规定儿童和成人的补充教育、补充职业教育。

第十一章特殊类别学生教育和教育大纲实施的特点，主要规定具有杰出才能的人员接受教育的组织，俄罗斯教育组织中无国籍人士以及外国公民受教育的组织，组织有身心障碍的受教育者接受教育，向被判处剥夺自由的人、被强迫劳动的人、嫌疑人、被告人以及被关押的人提供教育的组织，实施培养国防、国家安全、法制人才职业教育大纲的联邦国家机关教育组织活动的特点，医学和药剂学职业教育大纲的特点，实施艺术领域教育大纲的特点，实施体育运动领域教育大纲的特点，在培训符合国家标准的民用航空人员、船舰船员领域以及培训与列车运行和车辆调度工作相关的铁路员工领域教育大纲的实施特点，在负责保障运输安全的人员培训领域实施的教育大纲的特点，在普通教育组织和职业教育组织中依据旨在培训未成年受教育者参军或从事其他国家机关服务工作的补充普通发展教育大纲从事教学活动、学习俄罗斯联邦民族精神与道德文化基础知识的特点，在俄罗斯联邦外交部驻外机构中实施基础教育大纲的特点等。

第十二章教育体系的管理和教育活动的国家规范，主要规定教育体系的管理、国家对教育活动的管理、教育活动的许可、教育活动的国家认证、国家在教育领域的管理(监督)、教学评定、教育质量的独立评估、受教育者培训质量的独立评估、教育组织教育活动质量的独立评估、教育组织的公共认证——教育大纲的职业公共认证、教育监督——教育信息公开、教育信息系统。

第十三章教育领域的经济活动和财政支持,主要规定国家和地方在教育领域财政保障的特点,借助联邦预算、俄罗斯联邦各主体预算、地方预算拨款接受教育的受教育者招生计划,借助个人和法人实体资金开展的教育活动,教育组织的财产,由高等教育组织成立的商业公司和商业合资企业、其活动是智力成果的实际应用(运用),教育贷款。

第十四章教育领域的国际合作,主要规定教育领域国际合作的形式和方向、认证教育和(或)资格证书、承认在国外接受的教育或技能水平。

第十五章最终条款,主要规定结语、关于苏联的若干法令在俄罗斯联邦领土无效的说明、对俄罗斯苏维埃联邦社会主义共和国和俄罗斯联邦的若干法令(法令条款)无效的说明、该法的生效程序等[①]。

从其立法内容来看,《俄罗斯联邦教育法》虽然没有采用法典名义,但是已经具有法典性质。其第一至六章为总则部分,规定了教育法的一般规定、教育体系、教育主体、教育关系等;第七至第十一章为第二部分,规定了不同类型的教育;第十二至十五章为第三部分,主要规定教育领域的行政管理等内容[②]。其对于其他国家教育法典编纂具有借鉴意义。

第三节 日本教育法法典化研究

近代以来,日本法律体系大体上先吸收大陆法系,后借鉴英美法系。尽管大陆法系国家法典传统仍然存在,但是其教育法领域法典化程度并不高,也没有展开教育法典编纂工作。

一、日本教育法法典化的历程

从历史来看,日本教育立法"从日本整个社会的大变动角度上看,可分为二次大战前以《教育敕语》为主导的和二次大战后以《教育基本法》为主导的两大

---

① 张德祥、李枭鹰:《俄罗斯、蒙古教育政策法规》,大连理工大学出版社 2020 年版,第 3-114 页。
② 黄翔:《法典化进程中的俄罗斯教育立法》,《湖南师范大学教育科学学报》2022 年第 1 期。

立法阶段;若从其自身发展的演变过程上看,可分为《学制》《教育令》《学校令》《教育基本法》《终生学习振兴法》五个时期"①。从体系上来看,日本教育立法模式大致为以教育基本法为引领,下设学校教育类法律、社会教育类法律、教育行政财政类法律、教职员工类法律。其中,关于学校教育类法律,主要包括学校教育法、国立学校设置法、私立学校法、学校图书馆法、教育振兴法等;关于社会教育类法律,包括社会教育法、图书馆法、博物馆法等;关于教育行政财政类法律,包括关于地方教育之组织及应用类法律、义务教育费国库负担法、义务教育诸学校设施费国库负担法等;有关教职员的法律,包括教育公务员特例法、教育职员免许法等②。这种做法虽然没有采用法典形式,但是不同立法之间相互配合,仍然具有较强的体系性。对此,日本官方对教育立法的汇编也体现了其特点。"2021年的《文部科学法令要览》按照'教育基本原则''终身学习''学校教育''社会教育''体育运动''教职员''教育财政''科学技术与学术''文化、宗教、国际关系''行政组织、独立行政法人''其他'共11编,汇编相关教育法律。对于法律规范较多的主题,遵循从一般到特殊、从总则到分则的体系化原则,在编目之下再做分章编排,如第三编'学校教育'就分别编排了'一般原则''学校基准''教科书''保健、安全、供餐''学校教育振兴及其他''私立学校''广播大学'7章。《文部科学法令要览》对教育单行法的统合汇编不是法典化意义上的汇编,每项法律仍然独立存在,但它具有相对完整的体系化逻辑结构"③。

二、日本《教育基本法》

目前,日本最为重要的教育立法是《教育基本法》。由于该基本法具有统率各单行教育法的作用,因此,有必要对其进行分析。

(一)《教育基本法》的制定

1947年,日本制定《教育基本法》的背景主要如下:一是1945年日本战败后,开始推行社会民主化改革,教育民主化改革是其中一个重要组成部分,颁布《教育基本法》则是此轮改革的一项重大成果;二是《日本国宪法》的"主权在民"、和平主义、自由平等、平等的教育权思想,为《教育基本法》奠定了法理基

---

① 李永连:《日本教育立法发展述要》,《外国教育研究》1994年第1期。
② 龚向和、李安琪:《教育法法典化的国际实践与启示》,《湖南师范大学教育科学学报》2022年第2期。
③ 秦惠民、王俊:《比较与借鉴:我国教育法法典化的基本功能与基本路径》,《华东师范大学学报(教育科学版)》2022年第5期。

础;三是制定《教育基本法》顺应了新日本的时代潮流①。1946年6月至7月,日本宪法修订会议上,有关方面提出教育基本法的立法构想。1946年8月,日本成立内阁总理大臣的教育事项咨询机关——教育刷新委员会,即后来的中央教育审议会,该委员会主要工作为帮助起草日本教育基本法及其他教育改革立法草案,后日本政府又设置特别委员会,主要审议教育的根本理念。1946年12月,拟定教育基本法草案。1947年3月4日,内阁会议通过草案。同年3月31日,日本《教育基本法》正式颁布施行②。《教育基本法》由前文、正文11条和附则组成,"其整个文本都体现出了战后新教育的根本精神和宗旨,即为了实现'建设民主的文化的国家,为世界和平和人类福祉做出贡献'"的理想,"培养尊重个人尊严、追求真理和希望和平的人"成为日本新教育的总目标③。

(二)《教育基本法》的修订

日本1947年《教育基本法》出台近60年以来,没有进行修订。但该法案出台不久,即遭到了保守阵营批判,认为该法案"缺乏对国家意识的培养"。从1955年前后,日本政府开始注重爱国主义教育内容,并试图修改《教育基本法》,之后日本多位首相尝试过修改该部法律,但均未有实质性进展。进入21世纪以后,2000年12月,"森喜朗首相的私人咨询机构教育改革国民会议从培养新时代的日本人、继承和发展传统与文化、开展符合新时代的教育活动等观点出发,第一次明确地提出了对《教育基本法》进行修改的报告"④。由此,修改1947年《教育基本法》的讨论进入新的阶段。2006年,自民党与公明党经过多年讨论,终于就《教育基本法》修正案达成一致意见。2006年4月28日,日本政府通过修正案并提交国会,同年11月16日,众议院通过了修正案。

(三)2006年《教育基本法》的内容

2006年《教育基本法》由序言、正文4章18条和附则3条构成。与1947年《教育基本法》相比较,2006年《教育基本法》序言部分主要规定立法指导思想与目的:在指导思想方面,提出"在进一步发展经过坚持不懈的努力而构筑起来的民主的、文化的国家的同时,为世界的和平和人类福祉的提高而做出贡献";在立法目的方面,提出"培养尊重个人尊严、追求真理和正义、尊重公共精神、具有

---

① 王晓茜、张德伟:《日本教育基本法的修改与教育基本理念的转变》,《外国教育研究》2007年第7期。
② 罗朝猛:《寻变:与域外教育面对面》,福建教育出版社2017年版,第8—9页。
③ 王晓茜、张德伟:《日本教育基本法的修改与教育基本理念的转变》,《外国教育研究》2007年第7期。
④ 团中央国际联络部:《国外青年与青年工作2007》,外文出版社2007年版,第26页。

丰富的人性和创造性的人,同时,推进以继承传统和创造新文化为目标的教育"①。同时,2006年《教育基本法》在原则上也不断完善。其在原有的"尊重个人尊严"的基础上,加了"尊重公共精神""丰富的人性和创造性的人"等内容。这标志着在尊重"个性"的同时,其也开始重视"公共"精神。该法还提及尊重传统和创造新文化问题。2006年《教育基本法》各部分内容主要如下:

第一章"教育的目的和理念",分设4条,分别规定了教育目的、目标以及终身学习理念和教育平等原则。教育目的主要提及"完善人格""身心健康"等关键词。教育目标规定,要在尊重学术自由的基础上,实现五种目标,即培养有丰富道德情操和情感,以及身体健康的人;培养有创造性、有自主自律精神,尊重劳动的人;培养积极参与社会建设并为其发展做出贡献的人;培养尊重生命、爱护自然、为环境保护做贡献的人;培养尊重传统和文化,有爱国心,尊重其他国家,有为国际社会的和平与发展做贡献的精神的人。第三条对国民提出终身学习要求,即"每一个国民为了能够磨炼自己的人格,度过丰富的人生,必须在一生中,利用所有的机会,在所有的场所,进行学习,谋求实现能适当发挥其学习成果的社会"。第四条规定,除规定教育平等外,还对国家和地方公共团体提出了具体保障措施。

第二章"关于教育实施的基本事项",主要对各种教育类型提出了目标和要求,包括义务教育、学校教育、大学、私立学校、家庭教育、幼儿期教育、社会教育、政治教育、宗教教育。此外,第九条规定,"教师必须深刻认识到自己的崇高使命,不断地刻苦研究和提高修养,努力履行自己的职责",同时规定了要尊重教师,给予教师公正待遇,并不断加强培养、充实教师。第13条要求学校、家庭和社区居民等要认识各自在教育上的作用和责任,相互要联合和协作。

第三章"教育行政",共2条,主要规定教育行政的原则,即教育应依法推进,不服从不正当支配,教育行政应在其他主体适当分担职责和相互合作下公正适当推进;教育振兴基本计划,即政府应就教育振兴对策的基本方针、应采取的措施以及其他必要事项,制定基本计划,其他主体则应参照政府计划,结合本区域具体情况,制定配套计划。

第四章为第十八条,规定"为了实施本法所规定的各项条款,需要配套制定必要的法令"。这为日本的教育法制体系化提供了上位法规定。

---

① 张德伟译:《日本新〈教育基本法〉(全文)》,《外国教育研究》2009年第3期。

附则第一条规定施行时间,第二条、第三条规定了相关法案的"一揽子"修订问题,即规定《社会教育法》《产业教育振兴法》《理科教育振兴法》《高级中学定时制教育和函授教育振兴法》《关于确保义务教育诸学校教育的政治中立的临时措施法》《国立大学法人法》《独立行政法人国立高等专门学校机构法》《放送大学学园法》《结构改革特别区域法》等法案中,涉及旧《教育基本法》的内容,一律改为新《教育基本法》。由此也说明,日本《教育基本法》为其教育领域单行立法提供了依据。

第四节 法国教育法法典化研究

尽管法国近代以来制定了许多法典,但是教育法法典化的开展却相对较晚。随着法国单行教育法的增加,法国启动并完成了教育法典编纂工作。

一、法国教育法法典化的进程

法国教育法法典化的启动大致在第二次世界大战之后。"在法国立法史上,长期以来教育领域未成为法典化的对象。1956年法国政府曾通过行政法规的形式制定并公布了一部所谓的《技术教育法典》,但并未获得立法机构的认可。法国真正意义上的教育立法法典化始于20世纪90年代"[①]。不过,由于法国法典编纂采用法律和行政法规合编的方式,因此,其教育法典编纂步骤也是分别展开的,先进行法律编纂,后进行法规编纂。

1989年7月10日,法国议会正式通过《法国教育指导法》,该教育指导法是一部面向21世纪的教育改革法案,其对法国长期教育发展过程中形成的有效规范进行了系统梳理,是法国教育法走向体系化、法典化的重要法案。《法国教育指导法》共6编,30条,第一条规定未列编,主要规定了法国教育之基本原则、基本制度等,之后6编分别规定了学校生活、教职工、教学机构、咨询机构、教育评估制度等,其中很多内容体现在了《法国教育法典》中。随后,1991年,法国教育部设立了法国教育法典编纂委员会,教育法典编纂工作正式启动,委员会系统整合各类教育法律法令。1996年,教育法典草案编纂完成。1999年,法国第99—1071号法律(第一条)授权法国政府以"政府(法令)"形式编纂和通过教

[①] 李世刚:《简析法国教育立法法典化的进程与条件》,《复旦大学法律评论》2019年第6期。

育法典的法律单元。2000年6月15日，法国政府颁布第2000—549号法令，完成《法国教育法典》的编纂工作，同年6月22日，该法典在官方公报公布后生效。但因为该法令还需要通过议会的事后审查，故《法国教育法典》法律单元部分直至2003年法国议会通过第2003—339号法律后才获批准。之后，自2004年起，在法国政府主导下，又分批次陆续完成了《法国教育法典》的"法规单元"的编纂工作[①]。

二、《法国教育法典》的内容

《法国教育法典》的编纂特点是议会所立的法律单元和政府所立的法规单元相互呼应，共成一体，两大单元均分4大部分9卷。第一部分为总则及共同条款，包括2卷：第一卷主要规定教育基本原则，包括公民的受教育权利、公立教育机构的目标与任务、中小学义务教育、公立教育的非宗教性教育，以及教育自由等；第二卷是有关教育行政管理的规定，主要规定有国家与地方政府的职权分配、教育行政管理机构的组织、国家和地方集体管理机构，以及教育督导与评估等。第二部分主要规定了学校教育（不包含高等教育），包含3卷，为第三至第五卷：第三卷规定了学校教育的组织形式，包括教育的一般组织，以及初级教育、中等教育、农业和海产教育、儿童与成年残疾人教育、艺术和体育职业教育等；第四卷规定了初级学校、初高级中学、学徒培训中心、私立教育机构、海外教育机构、艺术和体育职业教育机构等的具体组织；第五卷规定了学校生活，包括学生的权利和义务、学校内时间与空间的组织、帮助入学、学校卫生、课外及体育文化活动等。第三部分集中规定高等教育，包含3卷，为第六到第八卷：第六卷主要规定高等教育的教学组织，包括教育的总体组织、普通大学教育、健康教育、技术教育、大学外学院与学校教育、高等师范与大学校教育、大学科学研究，以及其他高等教育机构的教育等；第七卷主要规定高等教育机构，包括教育文化职业性公立学校、大学师资培训学校、私立高等教育机构、高等教育部直属管理性高等学校，以及专业高等教育机构；第八卷规定大学生生活，主要规定了公立高等教育服务对象的权利和义务、帮助大学生和大学生后勤服务、大学生健康与社会保险、校园生活与文体活动等。第四部分主要规定人事制度，即目前的第九卷，主要规定教育人事的普通条款、小学教育人事、中学教育人事、督

---

① 李世刚：《简析法国教育立法法典化的进程与条件》，《复旦大学法律评论》2019年第6期。

导与领导人员、高等教育人员、专业教育机构人员等①。在该卷中对教育领域各类人员的资格、入职、职责、福利、奖惩等都作了规定。

由于《法国教育法典》采用了比较特殊的编纂方式,因此,其做法在各国教育法典编纂过程中独树一帜。对此,有学者认为:"从法国教育立法体系化的技术经验来看,体系化的重点在于围绕教育法律体系中的主客体——主体即教育行政部门、学校、教师和学生,客体即法律法规所调整的各类主体的(受)教育行为,主要包括教育行政行为、学校治理行为以及专业评价行为——归纳出具体的法律规制路径,在此基础上构建出具有统一性的内外部体系,从而为教育法典的编纂工作打下较好的前提基础。"②

---

① 龚向和、李安琪:《教育法法典化的国际实践与启示》,《湖南师范大学教育科学学报》2022年第2期。
② 龚向和、李安琪:《教育法法典化的国际实践与启示》,《湖南师范大学教育科学学报》2022年第2期。

第七章　我国教育法法典化研究

随着教育法典编纂被提上议事日程,我国教育立法正式进入法典编纂阶段。从历史来看,我国自古以来就有完备的教育立法,并且进行了教育立法的编纂工作。这就有必要探讨一下我国不同历史时期教育立法情况,以期为教育法典编纂提供历史经验。

第一节　古代教育法法典化

中国古代有悠久的教育传统,建立了较为完善的教育制度,其大致分为私学和官学两大体系。特别是官学领域,其官学制度日益完善。夏商周时期,官学已经开始发展,首先是中央官学,创建了高等教育机构"辟雍",之后又发展成太学、国子监等。唐宋以后,地方官学也得到发展和完善。至明清时期,我国从中央到地方已经形成完备的官学教育体制。以唐代为例,中央有国子监,所掌"六学",即主要招收三品以上官员子弟,学习经史文的"国子学";主要招收五品以上子弟,学习经史文的"太学";主要招收七品以上子弟和庶人之俊异者,学习经史间学时务策的"四门学";招收八品以下子弟及庶人通学者的"书学",以及"算学""律学"。地方则有按区划所设的京都学、都督府学、州学、县学、市镇学、里学等①。随着学校体系的建立,古代也颁布了许多教育法令。尽管古代教育法令主要是因事因人因地而制定,但是随着教育法令数量的增加,也出现了对教育法令的汇编和整理。特别是在清代,教育法令大多收录在大清会典之中,同时还有《钦定礼部则例》。值得注意的是,清代纂修的《钦定学政全书》,尽管

---

① 许结:《观乎人文:中国古代教育制度(一)》,《古典文学知识》2000年第4期。

为政书类别,但是其收录了大量清代教育法令,因此,其实际上具有了教育法律汇编的性质,在一定意义上体现了法典化特点。《钦定学政全书》主要内容包括"学宫事宜、学校条规、颁发书籍、崇尚实学、厘正文体、书坊禁例、学政事宜、考试场规、生童试卷、考试题目、阅卷关防、考核教官、优恤士子、整饬士习、清厘籍贯、帮补虞增、贡监事例、学额总例、各省事例、乡饮酒礼、承袭奉祀等"各个方面①。其目的在于方便各省学政和各级各类学校遵照执行。其编纂方式和内容对于我国教育法典编纂具有参考价值。

第二节 近代教育法法典化

清末变法时期至民国时期,时局动荡,政权更迭,中国教育法法典化的实践呈现出鲜明时代特征。随着近代教育制度的转型,我国开始仿照西方教育制度建立新的教育制度体系。为了保证这种新式教育制度的推行,不同政权制定了许多教育法律,发布了大量教育法令。教育法开始形成一个相对独立的法律体系。

一、清末教育立法

清末教育制度改革起源于新式学堂。新式学堂肇始于19世纪60年代的洋务运动。洋务派在创办实业过程中,日渐认识到教育的重要性,开始通过创办新式学堂、派遣留学生等多种途径培养新式人才。洋务派开办的新式学堂,包括外国语言学堂、军事学堂、技术学堂、科技学堂、医学学堂等。19世纪90年代以后,"中国近代在新式学堂创办方面发生了一个重大的变化,这便是一改洋务派运动时期一味重视实用人才培养急功近利的做法,开始关注普通教育以及为普通教育发展服务的师范学堂的设立"②。随着近代新式学堂的不断多元化,其初步构建了新的近代学校教育制度。1901年,清政府迫于国内外压力,开始推行"新政",陆续发布改革政令,其中之一便是建构全国统一的近代新学制。为了推行新学制,清政府制定了许多学堂章程。

---

① [清]素尔讷等纂修,霍有明、郭海文校注:《钦定学政全书校注》,武汉大学出版社2009年版,前言第1页。
② 胡金平:《中外教育史纲》,南京师范大学出版社2010年版,第173页。

（一）1902 年学堂章程

1902 年，中国近代相对系统完备的学制产生，即《钦定学堂章程》，也称"壬寅学制"，包括《钦定蒙学堂章程》《钦定小学堂章程》《钦定中学堂章程》《钦定高等学堂章程》《钦定京师大学堂章程》《考选入学章程》6 个章程。这是我国近代第一次由政府正式颁布的新学制，但未及实施便被废止。"壬寅学制"系仿习日本学制，学校系统分为 3 段 7 级，第一阶段为初等教育，分蒙学堂 4 年、寻常小学堂 3 年、高等小学堂 3 年；第二阶段为中等教育，设 4 年中学堂；第三阶段为高等教育，分为高等学堂或大学预科 3 年、大学堂 3 年以及年限不定的大学院。与高等小学堂平行设简易实业学堂，与中学堂平行设中等实业学堂和师范学堂，与高等学堂平行设高等实业学堂和师范馆等。

（二）1904 年学堂章程

1904 年，清政府颁布《奏定学堂章程》，也称"癸卯学制"，章程整体贯彻"中体西用"指导思想，内含《学务纲要》《初等小学堂章程》《高等小学堂章程》《中学堂章程》《高等学堂章程》《大学堂章程》《蒙养院章程》《家庭教育法》《初级师范学堂章程》《优级师范学堂章程》《任用教员章程》《初等农工商实业学堂章程》《中等农工商实业学堂章程》《高等农工商实业学堂章程》《实业教员讲习所章程》《实业学堂通则》《译学馆章程》《进士馆章程》《各学堂管理通则》《各学堂奖励章程》《各学堂考试章程》等，学类齐全、条目细密、课程完备。其中《学务纲要》是总纲，对其他各类学堂的办学宗旨、课程设置、学生入学条件、修业年限等均作了规定，同时，对教育组织、学校管理、教师选用、学生考试与奖励等也作了规定。其规定儿童 7 岁入学，初等教育分初等小学堂 5 年，高等小学堂 4 年；中等教育 5 年；高等教育分高等学堂或大学预科 3 年、分科大学 3～4 年，通儒学院 5 年。设有师范学堂和实业学堂，其中师范学堂分为初级和优级两个等第，实业学堂分初、中、高三个等第。该章程学制系统完整，且符合近代教育的性质，具有相当的科学性、进步性；对学校制度系统和教育行政系统做了明确分离；对师范教育和实业教育给予了高度关注。教学内容方面特别注重修身和伦理经学教育。在章程颁布后，清政府又多次修订完善，渐次规定了女子教育问题、缩短小学年限以及读经时长、中学进行文实分科、增加教员短训机构等。《奏定学堂章程》是由政府公布并在全国范围内实施的第一个学制，"对学校教育课程设置、教育行政及学校管理等做了明确规定，而且作为中国近代第一个以教育法令公布并在全国实施的学制，对中国近代教育产生了重大影响"，也奠定了中国现代教育的基础,"打破了儒家经典一统天下的局面,建立了统一的教育行政体系,并为结束科举制创造了条件"[①]。

二、民国前期教育立法

辛亥革命以后,南京临时政府存续期间,曾发布教育通令,改革教育。1912年1月19日,教育部颁布《普通教育暂行办法通令》和《普通教育暂行课程之标准》。南京临时政府北迁之后,北洋政府时期,继续推行教育改革,发布了许多教育法令。1912年9月3日,教育部公布《学校系统令》。此后,还先后颁布了《小学校令》《中学校令》《大学令》《师范教育令》《实业学校令》。1922年,教育部通过《学校系统改革案》,该改革案对1912年《学校系统令》进行了重大改革。其大致分为初等教育、中等教育、高等教育、社会教育。初等教育由7年改为6年,更符合未成年人教育特点,也有利于初等教育的普及化;中等教育由4年制改为"3+3"两段制,并且推行分科、选科等,兼顾了教育的多元化需要,增强了适应性;高等教育则取消预科,推行选科制,并且突出了师范类高等教育的重要性,为师资力量的提升建立了较好机制。

此外,这一时期,社会教育立法颇有建树,先后制定《通俗教育研究会章程》《图书馆章程》《通俗图书馆规程》《通俗教育讲演所规程》《通俗教育讲演规则》《露天学校暂行规则》《通俗教育讲演传习所办法》等。这些立法"促进了当时社会教育的规范和兴盛,使社会教育成为与普通教育并行不悖的重要教化途径"[②]。

三、民国后期教育立法

民国后期,南京国民政府时期教育立法数量比以往更多。数量庞大的教育立法总体上形成了较完善的教育法律体系。

第一,具有相对稳定的指导思想及教育立法基本原则。这一时期,多部宪法性法律均设教育专章,规定教育的指导思想及教育立法的基本原则等。例如,1936年《中华民国宪法草案》,其中第七章为教育专章,共8条,主要规定教育宗旨为"发扬民族精神,培养国民道德,训练自治能力,增进生活知能,以造成

---

① 李赐平:《我国近现代教育立法的探索与实践》,中国社会科学出版社2013年版,第29-32页。
② 李赐平:《我国近现代教育立法的探索与实践》,中国社会科学出版社2013年版,第71-72页。

健全国民";人民受教育机会,一律平等;教育机关受国家监督;基本教育免费;超龄未受基本教育者一律接受免费补习教育。其还规定了国立大学及国立专科学校设立要求及教育经费保障、教育奖励或补助等。

第二,私立学校立法系统发展。南京国民政府时期,先后颁布《私立大学及专门学校立案条例》《私立中等学校及小学立案条例》《大学组织法》《私立专科以上学校补助经费分配办法大纲》《私立专科以上学校补助费支给办法》《处置已停办或封闭之私立学校办法》《司法院特许私立政法学校设立规程》《未立案及已停闭之私立专科以上学校毕业生肄业生甄别试验委员会章程》《未立案及已停闭之私立专科以上学校毕业生肄业生甄别试验章程》《私立专科以上学校立案前毕业生追认资格办理标准》等。这样,"将社会办学纳入国家教育权的控制范围,对私立教育机构实行规范化管理"[①]。

第三,规范外国人办学行为。南京国民政府时期,先后颁布《修正外人捐资设立学校请求认可办法》《取缔宗教团体私立各学校办法》《宗教团体与兴办教育事业办法》《限制宗教团体设立学校训令》等,规范外国人及外国机构、组织在我国的办学行为。

第四,试行"大学区制"。1927年,出台《大学院组织法》,规定教育部为中华民国大学院,作为全国最高学术教育机构,管理全国学术及教育行政事务。与此同时,《大学院行政处组织条例》《秘书处组织条例》《办事规则》等一系列有关大学院法规一起出台,这样,就初步形成了比较健全的大学院法规体系。1929年,大学区制试行结束,随后通过《大学院组织法》《教育部组织法》《修正省政府组织法》和《县政府组织法》等,"教育行政机关的组织和职能不断健全,最终确立了以教育部为中央教育行政管理机关、以省教育厅和县教育局为地方教育行政管理机关的中央集权式教育行政管理体制"[②]。

第五,完善了考试立法。南京国民政府时期,围绕考试立法,先后制定了《考试法》《考试委员会组织法》《典试委员会组织法》《修正考选委员会组织法》《襄试法》《监试法》《考试复核条例》《检定考试规程》《典试规程》《考试法施行细则》《特种考试法》等。这样,逐渐形成了相当严密的考试立法体系。

第六,完备师范教育立法。南京国民政府时期,师范教育类立法体系不断

[①] 李赐平:《我国近现代教育立法的探索与实践》,中国社会科学出版社2013年版,第91页。
[②] 李赐平:《我国近现代教育立法的探索与实践》,中国社会科学出版社2013年版,第94页。

完备。1932年出台的《师范学校法》,承继民国前期的做法,推行师范学生免费的惯例,关注基础教育师资培育,对师范学校学生的入学资格作了严格规定,要求学生在高中或高职毕业的同时,还要经入学考试合格。1935年出台的《师范学校学生毕业会考规程》,则严把毕业关,以确保师范毕业生的质量。此外,在抗战前还出台有《师范教育制度》《师范学校规程》《中学及师范学校教员检定暂行规程》《中学及师范学校教员检定委员会组织规程》等一批有关师范教育的法规,使当时的中小学教育师资条件得到了较好保障。抗战中后期,国民政府行政院和教育部先后出台《师范学校辅导中等教育办法》《师范学校辅导地方教育办法》《各省市师范学校毕业生免试保送升学办法》《全国师范学校学生公费待遇实施办法》等40余部师范教育类法律法规。

第七,重视教育机构组织立法。南京国民政府时期,对教育机构组织立法高度重视。1927年至1937年期间,《大学组织法》《专科学校组织法》《中学法》《小学法》《小学教育条例》《实施义务教育暂行办法大纲》渐次出台,对各级各类教育机构的组织架构作了基本规范。1938年后,又陆续出台《幼稚园规程》《幼稚园设置办法》《国民教育实施纲要》及《乡镇中心学校保国民学校设施要则》《保国民学校及乡镇中心学校基金筹集办法》《国民学校及中心小学校小学部各科课程标准》等多部配套法规,进一步完善了教育机构组织立法。

第三节 新中国时期教育法法典化

新中国时期,随着我国教育体制的调整,教育立法也不断发展。其大致可以分为三个时期:中华人民共和国成立初期,以《共同纲领》及1954年《宪法》为依据,教育部颁布了一系列教育法规;20世纪60年代,教育部根据中共中央的指示,颁布了《教育部直属高等学校暂行工作条例》《全日制中学暂行工作条例》《全日制小学暂行工作条例》,影响较大;20世纪70年代末到80年代初,制定以《学位条例》为代表的教育立法[①]。此后,随着改革开放的展开,教育制度不断完善,教育立法日益增多,初步满足了教育法法典化条件。此外,考虑到新中国时期教育立法是在革命根据地时期基础上逐渐发展起来的,因此,有必要对革命根据地时期教育立法进行分析。

---

① 黄厚明:《教育法学》,江西高校出版社2014年版,第3页。

一、革命根据地时期教育立法

在中国共产党建立革命根据地期间,在建立教育制度的同时,制定了许多教育立法。土地革命时期,教育立法主要有:规范教育行政组织和施教主体类立法,如《教育行政纲要》(原名《教育工作纲要》);规范成人教育类立法,如《识字班办法》《业余补习学校办法》《夜学校及半日学校办法》等;规范儿童教育类立法,如《小学校制度暂行条例》《小学课程教则大纲》《托儿所组织条例》;规范教职员工待遇类立法,如《小学教员优待条例》。抗日战争时期,教育立法主要涉及各级各类教育机构类规定,如《小学教育暂行条例草案》《陕甘宁边区小学法》《陕甘宁边区小学规程》《陕甘宁边区暂行中学规程》《陕甘宁边区暂行师范学校规程草案》《民众学校暂行规程》等。解放战争时期,教育制度类型趋于多样化,也更规范化,其教育立法主要有:有关国防战争的立法,如《关于国防教育的指示》《战时教育方针》;有关教育工作的政策指示,如《关于教育工作的指示》《关于整顿高等教育的决定》;有关各级各类学校组织立法,如《华北区小学教育暂行实施办法》《华北区普通中学暂行实施办法(草案)》《华北区师范学校暂行实施办法(草案)》等。

综合来看,革命根据地时期教育立法总体上体系化不足,内容也无法逻辑周延,且制度适用区域有限,制度影响也有限。不过,其规范内容多针对性、操作性较强,比如 1934 年中央人民教育委员部制定的《识字班办法》,即规定就近原则,3~10 人编成识字班,每班每日经过认字的人当教员,随时随地,采用灵活形式,教认生字等[①]。由此,革命根据地时期教育立法为新中国时期教育立法提供了基础。

二、新中国初期教育立法

为了建立新中国教育制度,1949 年 12 月,教育部召开了第一次全国教育工作会议,确定"以老解放区教育经验为基础吸收旧中国教育的有用经验,学习苏联教育的先进经验"的教育发展方向[②]。嗣后颁布了大量的教育法规,其中有《关于处理接收美国津贴的文化教育救济机关及宗教团体的方针的决定》《高等

---

① 关世雄:《成人教育辞典》,职工教育出版社 1990 年版,第 291 页。
② 余雅风:《新编教育法》,华东师范大学出版社 2008 年版,第 22 页。

学校暂行规程》《专科学校暂行规程》《关于改革学制的决定》《关于接办私立中小学的指示》,以及幼儿园、小学、中学、中等专业学校的暂行规程等。这些教育法规对当时的学制改革、院系调整等各项教育工作起了积极作用。

1951年国庆发布的《关于改革学制的决定》是这期间最为重要的教育立法,该决定的目的在于对学制进行全面改革,重点解决以下问题:我国原有学制未将工农干部学校和补习教育纳入学制系统;六年制初等教育分初级、高级两段的做法不利于劳动人民子女接受完整的初等教育;技术学校难以适应培养国家建设人才要求等。该决定规定:第一,幼儿园实施幼儿教育,收3足岁到7足岁幼儿,目的是帮幼儿获得健全发育。第二,初等教育为小学,修业年限为5年一贯制,7足岁入学,横向开办工农速成初等学校、业余初等学校和识字学校。第三,中等教育包括普通中学、工农速成中学、业余中学、中等专业学校。工农速成中学满足条件可升各种高等学校。业余中学满足条件可升各种高中及高等学校。中等专业学校包括技术学校、师范学校、医药及其他中等专业学校,其中,技术学校对应招收初中、小学毕业生或同等学力者,毕业后完成规定服务期限可考试升学;师范学校对应招收初中毕业生或同等学力者。第四,高等教育包括大学、专门学院和专科学校,均招收高级中等学校毕业生或同等学力者;高等学校须附设专修科;大学及专门学院可设立研究部,招收大学及专门学院毕业生或同等学力者;各高校可附设专修班和补习班,方便工农干部、少数民族学生、华侨子女入学;高校毕业生由政府分配工作。另设各级政治学校和政治培训班,各级各类补习学校和函授学习,以及特种学校等。这些规定"既依据了当时的教育方针政策,又服从了国家的基本需求,还参照了已有教育经验,尤其是老解放区的教育工作经验"[①],保障了全国人民,尤其是工农劳动人民和工农干部的受教育机会;明确了技术学校、专门学院、专科学校和专修科的地位;保证了青年知识分子和旧知识分子接受革命政治教育的机会;学制实现统一性与灵活性结合[②]。

三、1954年宪法时期教育立法

20世纪60年代,为了纠正学习苏联经验中出现的各种问题,贯彻新的国家

---

① 李赐平:《我国近现代教育立法的探索与实践》,中国社会科学出版社2013年版,第167-168页。
② 李赐平:《我国近现代教育立法的探索与实践》,中国社会科学出版社2013年版,第168页。

教育方针,1961年9月,由教育部根据中共中央指示,依托1954年宪法,起草《教育部直属高等学校暂行工作条例》《全日制中学暂行工作条例》《全日制小学暂行工作条例》。上述三个重要教育法规,理论界和实务界分别称之为"高教60条""中教50条""小教40条"。这些条例"总结了新中国成立以来正反两方面的经验与教训,同时为各级各类学校制定了明确的工作方针,从而推动了当时教育工作的向前发展"①。

(一)"高教60条"

"高教60条"的条款分为:"总则"7条、"教学工作"7条、"生产劳动"6条、"研究生培养工作"3条、"科学研究工作"5条、"教师和学生"8条、"物质设备和生活管理"7条、"思想政治工作"7条、"领导制度和行政组织"3条、"党的组织和党的工作"7条,共10章60条。第一章"总则",主要规定高校基本任务、培养目标、教学为主基本原则、党的领导、贯彻双百方针、学风、勤俭办学、党政隶属关系等。其中一些规定具有前瞻性,如"生产劳动、科学研究、社会活动的时间应该安排得当,以利教学""不许用行政命令的方法、少数服从多数的方法来解决世界观问题和学术问题""高等学校的规模不宜过大"等。第二章"教学工作",主要规定教学时长、专业设置与教学方案、政治理论教学、理论联系实际、教师主导与学生钻研、大纲要求与教学自主等。有些规定至今仍有先进性,如第12条规定"教师可以讲授自己的学术见解,但是应该保证完成教学大纲的要求""集体备课是为了集思广益,不对教师按照何种学术观点讲课作出规定"等。第四章"研究生培养工作"中,规定了招生对象、学习年限、导师要求等。其中,第21条第2款规定培养研究生,必须"严格保证质量,宁缺毋滥"。第五章"科学研究工作",第25条规定"社会科学应该兼顾理论、历史、现状三个方面",应"把教科书和教学参考书的编著作为重要的科研工作";第26条规定"鼓励不同学派和不同学术见解的自由探讨",应"支持教师根据本人的特长、志趣和学术见解自由选题"。第十章"党的组织和党的工作",第54条规定"高等学校中,党的领导权力应该集中在学校党委员会一级,不应该分散",学校党组织应"善于发挥学校行政组织和行政负责人的作用,不要包办代替",等等。"高教60条"的体例和内容,较全面地总结了前期高等教育的经验教训,纠正了"教育革命"期间的偏差,"作为新中国高等教育史上第一个规范化工作条例",在一定时期内,发

---

① 黄欣:《教育法学》,上海教育出版社2011年版,第10页。

挥了"准高等教育法"的作用①。

(二)"中教50条"

1963年印发的"中教50条"共8章,即"总则""教学工作""思想政治教育""生产劳动""体育卫生和生活管理""教师""行政工作""党的工作和其他组织工作"。其主要规定以下内容:第一,中学教育的任务是为培养社会主义建设事业的劳动后备力量,以及为高一级学校培养合格新生。第二,中学教育的培养目标是培养掌握语数外基础知识和技能、有一定生产知识、身心正常发展、体质健康、生活习惯良好等的学生。第三,确立了教育为主的学校工作原则,规定必须妥善安排教学、劳动、放假和社会活动的时间,保持学校正常的教学秩序。第四,对思想政治工作提出明确要求,规定要培养中学生的无产阶级革命意志,为树立马克思主义世界观打基础。第五,对体育卫生工作提出要求,对卫生常识,特别是女性卫生常识教育、环境卫生、疾病防治、视力保护、餐食安全、学生安全等工作均作了规定。第六,对师资队伍发展提出基本要求,规定教师应热爱教育事业,完成教育任务,教好功课、努力提高教育质量、爱护学生、为人师表,不断学习以提高业务水平,还对教师的表彰、提升、薪酬等问题作了规定。总之,"中教50条"所秉持的精神"既有现实性,也体现出对中等教育规律的准确把握""教学为主""双基要求""高中适度选修""升学和就业的双重目标""强化体卫工作"等原则,"至今对于中等教育还很有价值,有些原则还在为今天的教育教学改革所实施,可见其规律性与前瞻性都相当突出"②。

(三)"小教40条"

1963年印发的"小教40条",适用于全年有九个半月教学时间的全日制小学,条例共8章,即"总则""教学工作""思想品德教育""生产劳动""生活保健""教师""行政工作""党的工作和其他组织工作"。其主要内容如下:第一,规定小学教育应培养学生具有爱祖国、爱人民、爱劳动、爱科学、爱护公共财物等品德,并具有初步的读、写、算能力,身心健康,有良好的学习、生活和劳动习惯。第二,根据教育对象的特点,确定以教学为主,同时应促使学生掌握基本文化工具和科学知识技能的基本原则。课程设置包括语文、算术、自然、历史、地理、生产常识、体育、音乐、图画、手工、劳动等。第三,确定了适宜的小学思想品德教

---

① 李赐平:《我国近现代教育立法的探索与实践》,中国社会科学出版社2013年版,第176-178页。
② 李赐平:《我国近现代教育立法的探索与实践》,中国社会科学出版社2013年版,第180页。

育的要求。如规定教育学生学习劳动人民的优良品质,做遵守纪律、爱护集体、尊敬师长、有礼貌,以及对同学、兄弟姐妹团结友爱的学生等。第四,规定了教师的基本素质,即要不断提高各方面水平,以教好功课、能爱护学生、为人师表等。"小教40条"的实施,"把小学生从那种没有多大价值、耽误太多学习时间的社会活动和生产劳动中解放出来,在保持必要的社会实践和生产活动的同时,极大地保障了教育教学的基本秩序,小学教育质量得以恢复和逐步提升"[①]。

1954年宪法施行期间,这些条例的出台系统地规范了各类教育,但由于"文化大革命"爆发,这一时期教育立法并未得到有效实施。

四、改革开放以来教育立法

"文化大革命"后期,为解决教育工作的迫切问题,教育部于1978年发布《全日制中学暂行工作条例(试行草案)》《全日制小学暂行工作条例(试行草案)》《全国重点高等学校暂行工作条例(试行草案)》。随着改革开放的展开,我国教育立法进入快车道。对此,有学者认为:"我国自改革开放以来,经过30年的教育法制建设工作,当前形成了由《中华人民共和国教育法》、教育单行法律、教育行政法规、地方性教育法规(含地方性法规、自治条例、单行条例)、政府规章所组成的纵向五层次、横向六部门的教育法律体系。"[②]

（一）综合性教育立法

改革开放以来,综合性教育立法主要有《中华人民共和国教育法》,该法1995年3月18日通过,2009年、2015年、2021年分别作了修正。该法目前共10章86条。其中,第一章"总则",共16条,确定了教育的性质、方针、基本原则、管理体制等问题。第二章"教育基本制度",共9条,规定国家实行学前教育、初等教育、中等教育、高等教育的学校教育制度,义务教育制度,职业教育制度和继续教育制度,国家教育考试制度,学业证书制度,学位制度,扫盲教育制度,教育督导制度和学校及其他教育机构教育评估制度。第三章"学校及其他教育机构",共7条,主要规定教育机构的组织问题及权利义务。第四章"教师和其他教育工作者",共4条,主要确定国家实行教育资格、职务、聘任制度及教育职员制度。第五章"受教育者",共9条,较详细地规定了受教育者的权利义

[①] 李赐平:《我国近现代教育立法的探索与实践》,中国社会科学出版社2013年版,第181页。
[②] 劳凯声、蒋建华:《教育政策与法律概论》,北京师范大学出版社2015年版,第7页。

务。第六章"教育与社会",共8条,规定了社会相关主体对教育的责任,教育主体对社会的责任,以及未成年人的父母或监护人的教育责任等。第七章"教育投入与条件保障",共13条,重点为对教育经费的来源、使用等作出规定。第八章"教育对外交流与合作",共4条,主要规定了对外交流与合作的原则。第九章"法律责任",共13条。第十章"附则",共3条。

从历次修法内容来看,其主要涉及教育目标、教育指导思想、教育规划、教育内容、教育语言、教育性质、教育违法行为等方面的内容。例如,2021年主要修改以下内容:第一,强调党对教育工作的全面领导,增加规定"坚持中国共产党的领导"。第二,丰富指导思想,规定马列主义、毛泽东思想、邓小平理论、"三个代表"重要思想、科学发展观、习近平新时代中国特色社会主义思想均为我国教育工作指导思想。第三,强化教育作用,在"教育是社会主义现代化建设的基础"之外,进一步明确规定教育"对提高人民综合素质、促进人的全面发展、增强中华民族创新创造活力、实现中华民族伟大复兴具有决定性意义"。第四,完善教育目标,规定教育要"培养德智体美劳全面发展"的人。第五,充实教育内容,规定教育应"继承和弘扬中华优秀传统文化、革命文化、社会主义先进文化,吸收人类文明发展的一切优秀成果"。第六,强化法律责任,对冒名顶替入学,以及招生中滥用职权、玩忽职守、徇私舞弊等违法行为的法律责任作出补充和修改。

综合来看,该法作为我国教育法律体系中的基本法,长期以来对不同位阶的教育立法起到了指导作用。现行教育类立法都系根据该法而制定,同时,每一次教育法修改都会引起教育立法的一揽子修订问题。但从具体内容来看,无论教育法基本规范的质量还是数量都有较大的提升空间。

(二)学校教育立法

学校教育立法,主要是指国家针对不同教育阶段而制定的立法。其大致包括学前教育、义务教育和高等教育。

1. 学前教育立法

我国学前教育现有立法位阶较低,法律层面的立法还未出台。目前,规范学前教育的中央立法主要是1989年国务院批准的《幼儿园管理条例》和2015年教育部制定的《幼儿园工作规程》。《幼儿园管理条例》共6章,32条,分为第一章"总则"、第二章"举办幼儿园的基本条件和审批程序"、第三章"幼儿园的保育和教育工作"、第四章"幼儿园的行政事务"、第五章"奖励与处罚"、第六章"附则"。2015年《幼儿园工作规程》是在1996年《幼儿园工作规程》基础上重新制定的部委规章。其内容与《幼儿园管理条例》相较，较为丰富、全面。该条例共11章，66条。第一章"总则"，主要规定幼儿园教育的性质、任务、目标，以及幼儿园教师的工作原则、幼儿园的形式等。第二章"幼儿入园和编班"，主要规定幼儿的入园条件，以及幼儿园的规模等。第三章"幼儿园的安全"，规定了园舍、设施、教具、食品、药品等的安全要求，以及安全意识与校方责任险等问题。第四章"幼儿园的卫生保健"，主要规定幼儿园的作息制度、保健制度、卫生制度、膳食制度等。第五章"幼儿园的教育"，主要规定幼儿园教育的原则和要求、教育活动和教育形式、幼小衔接问题等。第六章"幼儿园的园舍、设备"，对幼儿园的游戏和活动空间、户外区域、用品教具等提出具体要求。第七章"幼儿园的教职工"，主要规定幼儿园的教职工配备、各类教职工任职条件和主要职责。第八章"幼儿园的经费"，主要规定幼儿园的经费来源、收费制度、经费使用、财务制度等。第九章"幼儿园、家庭和社区"，主要规定幼儿园与幼儿家庭和社区的联系制度，以及家长委员会制度。第十章"幼儿园的管理"，规定幼儿园实行园长负责制。第十一章"附则"，规定该规程的适用范围、细则制定等问题。

除此之外，许多地方出台了以"学前教育"命名的地方性法规或地方政府规章，如《天津市学前教育条例》《上海市学前教育与托育服务条例》《南京市学前教育管理办法》等。

2. 义务教育立法

该类立法主要有1986年4月12日通过的《中华人民共和国义务教育法》，该法在2006年修订，2015年、2018年又分别作了修正。我国义务教育法主要规范九年义务教育，即一般年满6周岁的儿童，应当送其入学接受并完成九年义务教育。现行义务教育法共8章63条。第一章"总则"，规定义务教育的基本原则、教育目标、管理体制等。第二章"学生"，规定学生入学要求、条件，以及政府等主体的入学管理、协助责任等。第三章"学校"，规定学校设置、学校建设、学校安全、学校收费，以及校长负责制等学校管理制度。第四章"教师"，规定教师权利义务、基本素养、职业发展、任职资格、薪酬待遇，以及对待学生的行为规范等。第五章"教育教学"，规定教育教学的基本要求、教学方法、教学内容，以及有关教科书的编写、审定、价格、循环使用等制度。第六至八章分别为"经费保障""法律责任"和"附则"。

综合来看，我国当前的义务教育立法相较1986年立法已经有了长足的发务。第六章"教育与社会",共 8 条,规定了社会相关主体对教育的责任,教育主体对社会的责任,以及未成年人的父母或监护人的教育责任等。第七章"教育投入与条件保障",共 13 条,重点为对教育经费的来源、使用等作出规定。第八章"教育对外交流与合作",共 4 条,主要规定了对外交流与合作的原则。第九章"法律责任",共 13 条。第十章"附则",共 3 条。

从历次修法内容来看,其主要涉及教育目标、教育指导思想、教育规划、教育内容、教育语言、教育性质、教育违法行为等方面的内容。例如,2021 年主要修改以下内容:第一,强调党对教育工作的全面领导,增加规定"坚持中国共产党的领导"。第二,丰富指导思想,规定马列主义、毛泽东思想、邓小平理论、"三个代表"重要思想、科学发展观、习近平新时代中国特色社会主义思想均为我国教育工作指导思想。第三,强化教育作用,在"教育是社会主义现代化建设的基础"之外,进一步明确规定教育"对提高人民综合素质、促进人的全面发展、增强中华民族创新创造活力、实现中华民族伟大复兴具有决定性意义"。第四,完善教育目标,规定教育要"培养德智体美劳全面发展"的人。第五,充实教育内容,规定教育应"继承和弘扬中华优秀传统文化、革命文化、社会主义先进文化,吸收人类文明发展的一切优秀成果"。第六,强化法律责任,对冒名顶替入学,以及招生中滥用职权、玩忽职守、徇私舞弊等违法行为的法律责任作出补充和修改。

综合来看,该法作为我国教育法律体系中的基本法,长期以来对不同位阶的教育立法起到了指导作用。现行教育类立法都系根据该法而制定,同时,每一次教育法修改都会引起教育立法的一揽子修订问题。但从具体内容来看,无论教育法基本规范的质量还是数量都有较大的提升空间。

(二) 学校教育立法

学校教育立法,主要是指国家针对不同教育阶段而制定的立法。其大致包括学前教育、义务教育和高等教育。

1. 学前教育立法

我国学前教育现有立法位阶较低,法律层面的立法还未出台。目前,规范学前教育的中央立法主要是 1989 年国务院批准的《幼儿园管理条例》和 2015 年教育部制定的《幼儿园工作规程》。《幼儿园管理条例》共 6 章,32 条,分为第一章"总则"、第二章"举办幼儿园的基本条件和审批程序"、第三章"幼儿园的保育和教育工作"、第四章"幼儿园的行政事务"、第五章"奖励与处罚"、第六章"附则"。2015年《幼儿园工作规程》是在1996年《幼儿园工作规程》基础上重新制定的部委规章。其内容与《幼儿园管理条例》相较,较为丰富、全面。该条例共11章,66条。第一章"总则",主要规定幼儿园教育的性质、任务、目标,以及幼儿园教师的工作原则、幼儿园的形式等。第二章"幼儿入园和编班",主要规定幼儿的入园条件,以及幼儿园的规模等。第三章"幼儿园的安全",规定了园舍、设施、教具、食品、药品等的安全要求,以及安全意识与校方责任险等问题。第四章"幼儿园的卫生保健",主要规定幼儿园的作息制度、保健制度、卫生制度、膳食制度等。第五章"幼儿园的教育",主要规定幼儿园教育的原则和要求、教育活动和教育形式、幼小衔接问题等。第六章"幼儿园的园舍、设备",对幼儿园的游戏和活动空间、户外区域、用品教具等提出具体要求。第七章"幼儿园的教职工",主要规定幼儿园的教职工配备、各类教职工任职条件和主要职责。第八章"幼儿园的经费",主要规定幼儿园的经费来源、收费制度、经费使用、财务制度等。第九章"幼儿园、家庭和社区",主要规定幼儿园与幼儿家庭和社区的联系制度,以及家长委员会制度。第十章"幼儿园的管理",规定幼儿园实行园长负责制。第十一章"附则",规定该规程的适用范围、细则制定等问题。

除此之外,许多地方出台了以"学前教育"命名的地方性法规或地方政府规章,如《天津市学前教育条例》《上海市学前教育与托育服务条例》《南京市学前教育管理办法》等。

2. 义务教育立法

该类立法主要有1986年4月12日通过的《中华人民共和国义务教育法》,该法在2006年修订,2015年、2018年又分别作了修正。我国义务教育法主要规范九年义务教育,即一般年满6周岁的儿童,应当送其入学接受并完成九年义务教育。现行义务教育法共8章63条。第一章"总则",规定义务教育的基本原则、教育目标、管理体制等。第二章"学生",规定学生入学要求、条件,以及政府等主体的入学管理、协助责任等。第三章"学校",规定学校设置、学校建设、学校安全、学校收费,以及校长负责制等学校管理制度。第四章"教师",规定教师权利义务、基本素养、职业发展、任职资格、薪酬待遇,以及对待学生的行为规范等。第五章"教育教学",规定教育教学的基本要求、教学方法、教学内容,以及有关教科书的编写、审定、价格、循环使用等制度。第六至八章分别为"经费保障""法律责任"和"附则"。

综合来看,我国当前的义务教育立法相较1986年立法已经有了长足的发展。1986年版义务教育法,未设章节,只有18条,主要对义务教育的性质、目的、时间、经费、设备等作了原则性规定。2006年义务教育法修订是全面修法,整合了1992年国务院批准的《中华人民共和国义务教育法实施细则》内容,增加了素质教育、问责制、学校安全、禁止开除等规定。除法律外,针对义务教育,还有大量的实施性地方立法。贵州、山西、青海、江苏、湖南等地方先后制定或者修正其有关实施义务教育法的地方性法规。

3. 高等教育立法

现行《中华人民共和国高等教育法》(以下简称《高等教育法》)于1998年出台,共8章,69条。第一章"总则",规定了我国高等教育的指导思想、基本原则、目标任务、管理体制等。第二章"高等教育基本制度",主要规定了有关专科、本科、硕士和博士研究生的学业标准、教育形式、入学条件、学业证书,以及学位制度等。第三章"高等学校的设立",在明确规定高等学校的基本原则后,该章详细规定了高等学校的设立条件、名称使用、申请设立提交的材料、章程规定事项,以及审批制度等。第四章"高等学校的组织和活动",规定了学校的法人管理机制,以及招生、专业设置、教学科研等。第五章"高等学校教师和其他教育工作者",主要规定高校教师的权利义务、任职资格、教师职务制度、聘任制度,以及教师培训、考核等。第六章"高等学校的学生",规定了学生的基本行为规范,学费缴纳、奖助学金、勤工助学、毕业就业,以及学生的社团活动、社会服务等。第七章"高等教育投入和条件保障",规定了高校的经费制度、设备及校办产业、财务制度等。第八章为"附则"。《高等教育法》对于规范、促进、保障我国的高等教育发挥了重要作用,但也存在规范混乱、内容失衡等问题。比如其第二条规定了法的适用范围,并界定了高等教育,但第六十八条同样是术语界定与适用范围规定。又如,其对高校设立的申请材料、章程内容都作了详细规定,但却对与高等教育有密切关系的科研机构规定甚少。除《高等教育法》之外,还有一些规范高等教育工作的行政性立法,如《高等教育管理职责暂行规定》《普通高等学校设置暂行条例》《高等教育自学考试暂行条例》《新时代高等学校思想政治理论课教师队伍建设规定》等。

综合来看,我国当前针对从学前教育到高等教育不同阶段的教育立法,存在不完整、不平衡等问题。比如教育法与义务教育法均由全国人大制定,学前教育立法位阶低,高中阶段教育立法缺失。又如,教育规范内容整体性、关联性不足,存在"一事多条""多事同条"等问题。

（三）专项教育立法

专项教育立法，是指针对某一类型教育的专项立法。目前，专项教育立法主要有以下几类。

1. 职业教育立法

1996年，《中华人民共和国职业教育法》出台，2022年作了修订。该法是规范我国职业教育的专项法律，共8章69条。第一章"总则"，主要规定了职业教育的定义、地位、指导思想、基本原则、教育目标、管理机制等。第二章"职业教育体系"，除规定了职业教育的体系目标外，还规定了职业学校分类、职业培训、职业教育国家学分银行、残疾人职业教育等。第三章"职业教育的实施"，规定了各类主体的职业教育责任，以及职业教育的途径、机构设立和职责等。第四章"职业学校和职业培训机构"，规定了设立职业学校和职业培训机构的基本条件、管理体制、办学活动、招生制度、校企合作、财务制度、监管评价等。第五章"职业教育的教师与受教育者"，分别规定了职业教育教师的权利地位、培养培训体系、岗位设置和职务评聘、配备标准，职校学生的行为规范、实习实训、学业证书、学位申请、奖励资助、公平就业等。第六章"职业教育的保障"，就职业教育的经费、教研资源、公益宣传等保障制度作了规定。第七章为"法律责任"。第八章为"附则"。

针对职业教育，地方多有配套法规出台。例如，上海市在2004年出台《上海市职业教育条例》。又如，辽宁、河南、湖北、江苏、安徽等地方先后出台配套实施办法。此外，有些地方针对职业教育中的一些特别事务出台地方性法规。例如，衢州市、宁波市等针对校企合作问题作了专项规定。

2. 国防教育立法

《中华人民共和国国防教育法》于2001年通过，2018年修正，共6章38条。第一章"总则"，特别规定"公民都有接受国防教育的权利和义务"，并对国防教育的组织架构作了规定。第二章和第三章分别对学校与社会如何开展国防教育作了规定。第四规定了国防教育的经费、场所、教材、师资等的保障问题。第五章和第六章分别为"法律责任"和"附则"。此外，陕西、北京、山西、湖南、宁夏、西藏等地方出台了实施性地方性法规。

3. 民办教育立法

民办教育在我国的教育体系中有重要地位。为促进民办教育规范发展，这一时期有关民办教育的立法活动较为活跃。现行《中华人民共和国民办教育促进法》，是基于国务院《社会力量办学条例》而制定，2002年出台，历经三次修正，共10章67条。第一章"总则"，规定了民办学校的地位、办学原则、管理体系等。第二章"设立"，规定了举办者资格、法人设立制度等。第三章"学校的组织与活动"，规定了民办学校的管理架构及管理者任职条件、证书颁发、民主管理等。第四章"教师与受教育者"，内容与其他立法相似，特别强调规定民办学校师生与公办学校的平等问题。第五章"学校资产与财务管理"，规范管理收费，也注意保护民办学校的资产。第六章"管理与监督"，规定了管理部门的指导职责与督导评估工作，以及招生简章和广告备案制度等。第七章"扶持与奖励"，规定了政府的扶持、优惠政策，其中，最初规定的"取得合理回报"，在修正时被删除。第八章、第九章、第十章分别为"变更与终止""法律责任""附则"。

除此之外，国务院根据上述立法出台了实施条例。内蒙古、北京、湖南、广东、四川、青岛等地方先后出台了实施性地方性法规。总体来看，我国民办教育立法体系相对完善。

4. 家庭教育立法

家庭教育立法是一项较新的教育立法类型。我国于2021年通过《中华人民共和国家庭教育促进法》，开启了家庭教育治理的新篇章，也丰富了我国教育立法内容。该法共6章55条。第一章"总则"，界定了家庭教育概念，规定了家庭教育的根本任务、责任主体、基本要求、管理机制等。第二、三、四章，分别规定了家庭、国家、社会在推进家庭教育中的分工责任、内容方法等。第五章与第六章分别为"法律责任"与"附则"。

除上述专项教育立法外，我国还出台了许多针对其他专项教育的立法。例如，国务院制定了《中华人民共和国残疾人教育条例》《中华人民共和国中外合作办学条例》等。在地方立法中，各种专项教育立法不断涌现。例如，贵州、安徽、山东出台了"老年教育"条例；甘肃出台了《甘肃省农民教育培训条例》；江苏、江西等地方出台了"继续教育"相关条例；内蒙古、西藏、广西出台了有关"法制宣传教育"的条例；天津、江苏通过了"生态文明教育促进条例"。此外，福建、上海、河北出台了"终身教育"类条例。

（四）教育工作者立法

该类立法主要有《中华人民共和国教师法》。该法于1993年出台，2009年修正，共9章43条。第一章"总则"，主要规定了教师定位、职责、管理机制，以及教师节等。第二章"权利和义务"，分别规定了教师的权利、义务，以及其他主体对教师工作的保障职责。第三章"资格和任用",详细规定了教师资格制度。第四章"培养和培训",规定了培养培训机构、内容和保障条件等。第五章"考核",规定了考核主体、考核要求以及考核结果运用问题。第六章"待遇",除规定工资、津贴、医疗、退休等待遇问题外,特别规定了同工同酬原则。第七章"奖励",既规定了奖励条件和主体,又规定了奖金来源。第八章和第九章分别为"法律责任"和"附则"。该法的出台对于加强教师行业管理、规范约束教师行为起到较好的规范作用,但有关教师权益保障的规范内容略显薄弱。

此外,有关教育工作者的立法还分散于各类法律、行政立法、党内法规中,如1995年国务院出台的《中华人民共和国教师资格条例》、2017年中共中央组织部和教育部印发的《中小学校领导人员管理暂行办法》等。在一些专门教育立法中,多将"教师或其他教育工作者"作为专章予以规定。地方立法针对教育工作者的创制性立法相对较少,多数是配套《中华人民共和国教师法》的实施性地方立法。此外,还有一些是针对教师的教育培训以及职称评审类立法。

(五)学位立法

现行《中华人民共和国学位条例》虽称为"条例",却是由我国中央立法机关所制定的第一部教育法律,在新中国教育立法史中具有重要意义。该法1980年出台,后2004年作了修正。该法共20条,未设章,主要规定了学位分级、学位申请基本条件、学位管理机制、授予主体和程序等。根据该条例,国务院1981年制定了《中华人民共和国学位条例暂行实施办法》,细化了学位门类,分别对学士学位、硕士学位、博士学位、名誉博士学位等的授予机构和程序、考试课程和要求、批准与备案等作了规定,对学位评定委员的职责、组成、备案等也作了规定。

除了上述五个方面立法之外,为切实履行教育行政管理职能,国务院及中央教育相关事务行政主管部门还制定了大量与教育相关的专门事项的行政法规与部门规章,如《全国中小学勤工俭学暂行工作条例》《征收教育费附加的暂行规定》《扫除文盲工作条例》《学校体育工作条例》《学校卫生工作条例》《校车安全管理条例》《教育督导条例》等。这些行政立法事项范围,包括普通话水平测试、学校艺术教育、各类校园安全管理、学生伤害事故处理、教育行政处罚等各方面。这些教育行政立法的大量出台,一方面体现了教育法与行政法的密切关联性,另一方面也体现出了行政机关对教育工作的高度重视。

第四节 教育法典编纂工作的启动

改革开放以来的教育立法,除在立法内容方面不断拓展,为教育法法典化奠定了较好的规范基础外,在立法技术方面也为教育法典编纂的实质推进作了有益尝试。其最具典型意义的做法是"一揽子修订"模式。2013年9月5日,国务院法制办公室发布《关于〈教育法律一揽子修订草案(征求意见稿)〉的说明》。这是一份用于征求意见的部门规范性文件。该文件指出,为了贯彻落实《国家中长期教育改革和发展规划纲要(2010—2020)》,解决教育改革与发展中存在的问题,教育部报请国务院审议《教育法律一揽子修订建议草案(送审稿)》,建议一揽子对《教育法》《高等教育法》《教师法》《民办教育促进法》四部法律相关条款进行修订。国务院法制办公室在广泛征求有关方面意见的基础上,会同教育部对送审稿反复研究、修改,形成了《教育法律一揽子修订草案(征求意见稿)》。2015年8月,全国人大常委会初次审议了《教育法律一揽子修正案(草案)》,也将审议后的《教育法律一揽子修正案(草案)》在中国人大网公布,向社会公开征求意见。"一揽子立法模式"的提出,"开启了教育领域立法理念的现代化变革,是教育立法技术将得以创新和提升的重要机遇"[①]。这种包裹式立法技术,应用在教育立法中,"除了提高立法效率之外,还可以避免各个单行法律不同步修订导致的法条冲突",而该次教育法律一揽子修订的成功"意味着多部教育法律同步起草、修订、审议、通过,在理论和实践上都是可行的,也有利于教育法律内部的统一性和协调性",这为教育法法典的制定"提供了良好的立法实践经验"[②]。

随着我国《民法典》的制定和实施,教育法法典化问题也受到理论界和实务界关注。全国人大常委会对教育法典编纂工作的部署,意味着我国正式启动教育法典编纂工作。这就为未来教育法典出台提供了有利的契机。

---

① 邵宏润、裴兆斌、夏彤阳:《体系构建视角下教育法法典化研究》,《上海法学研究》集刊2021年第16卷。
② 马雷军:《论我国教育法的法典化》,《教育研究》2020年第6期。

第八章　教育法法典化研究展望

教育法典编纂是教育法法典化的基本课题。本章主要对教育法典的立法模式、基本原则、主要内容以及技术进路等进行初步分析,以便为教育法典编纂提供借鉴。

第一节　教育法典编纂的立法模式

教育法典的立法模式主要解决教育法典的体系定位、形式选择等问题。科学定位教育法典的体系,选定最适合我国国情的教育法典立法模式,设计科学的法典结构框架,只有将诸多教育法规范置于恰当模块,使法典形式科学,内容和谐,才能最大化地实现法典化价值目标。

一、我国教育法典编纂的逻辑定位

由于教育法典涉及面广,与行政法在逻辑与内容方面都存在千丝万缕的联系,因此在开展教育法典编纂工作前,需要厘清教育法典与行政法典的关系。关于两类法典的关系,不外属种、并列、交叉等几种逻辑关系。较多学者认同属种关系,认为教育法典在行政法法典化中具有重要地位,教育法典是行政法典的下位法典。例如,有学者提出"教育法典制定中应当由行政法理主导并将其嵌入其中"这一主题,认为"应当把行政法理作为教育法典化的法理基础,教育法典要在行政法理念和原则指导下整体构型,以行政法理的视角整合教育法典的若干元素,将行政法典总则作为教育法典的逻辑前提。同时在教育法典中将行政法相关机制嵌入,包括教育行政主体与教育行政相对人之间的法律关系定位、法律保留与法律优先原则的确立、正当行政程序机制的构建和权利救济司法最终化的遵从"①。笔者认为,行政法与教育法密切关联毋庸置疑,在推进教育法法典化过程中,涉及教育行政管理等规范制定时,行政法基本理论与基本原则等位列其中,这是保证整个国家法治体系内在和谐的应有之义,但也不必过多纠结于两者逻辑关系。如果将教育法典作为行政法典的下位法典去构建,可能不利于教育法典的完整性与独立性。

二、我国教育法典编纂的模式选择

由于各国教育法典编纂具有不同的模式,因此,我国教育法典编纂也面临着立法模式的选择问题。对此,有学者认为,"借鉴域外经验难度大",以美国为代表的汇编式模式和以法国为代表的以教育法典为主包含部分教育单行法的模式,因我国目前教育法律体系存在诸多问题,故不适合我国;以德国、俄罗斯为代表的编纂式模式,因我国教育法律体系的革新与这些国家存在较大差异,如借鉴此类模式,我国教育法律体系化需加大力度;以日本为代表的类教育法典模式,要求教育单行法较为齐备,而我国立法实际决定该模式亦不适合我国,我国教育立法应采用"统一立法模式"②。有学者构想的立法模式是"实质性法典"模式,该模式"要求在编纂之前有一个相当成熟的成文法存在,作为法典基本规则制定或特定精神阐发的灵感,即是为特定部门的法律法规演进提供一个近永久性的逻辑体系框架",认为我国目前的教育法领域,已经形成了"以《教育法》为核心,以《教师法》《义务教育法》《高等教育法》《职业教育法》《民办教育促进法》《未成年人保护法》《学位条例》等为周边的法律体系雏形,以及教育行政法规、教育部门规章、司法解释等为支撑的法规体系""作为法典编纂的前提条件,教育立法领域已具备一部成熟的成文法,其他颇具规模的立法也为法典化思维的塑造提供了规范的内容支撑"③。

笔者认为,我国教育法法典的立法模式可以最大程度地参考我国民法典的模式。一方面,我国立法机关已有这种立法模式的推进经验,在没有其他障碍的情况下,继续采用相似的立法模式,体现了中国特色法治建设的模式。另一方面,我国教育法律体系的发展状况,与我国民法的发展有一定的相似性,只是民法的法律关系类型多元,而教育法的教育类型多元,且教育法有明显的行政

---

① 关博豪:《教育法典制定中行政法理的主导与嵌入》,《江汉论坛》2022年第9期。
② 马焕灵:《教育法法典化:可为、难为与应为》,《青少年犯罪问题》2021年第6期。
③ 龚向和、李安琪:《教育法法典化的国际实践与启示》,《湖南师范大学教育科学学报》2022年第2期。

法因素,但这些差异并不影响宏观模式的选择。类似地,有学者主张"编纂整合模式是我国编纂《教育法典》应当选择的模式",因为这种模式能确保法典体例编排高度统一,能从逻辑上统一相关概念、核心内容和基本制度,能有效避免立法重复和矛盾冲突等现象的出现,能够促进我国教育法的体系化发展①。当然,这种模式推进过程中,"纂"的力度要加大,不能简单将《教育法》的一些现有规范提升为总则规范,也不应过分依赖"提取公因式"的立法技术,而应以通盘重新构建我国教育制度体系的理念,最大化顾及现有立法内容,借鉴其他法域的合理立法规范、承继我国的优秀教育制度传统,站在中国特色社会主义现代化建设新时代的视角,去构建一部体系科学、结构合理、内容融洽、实施便利的中国特色教育法典。此外,还有学者提出"体系型编纂模式"②,这一模式术语所反映的立法理念更具现代性。"体系型编纂模式"是相对于"汇编型编纂模式"而言的,一般指通过系统的立法规划和科学的立法技巧,把法律后果明确的规则和价值特定的原则,整合为规范体系严密、内容完整和谐的法典。如此,其与前述学者提出的"统一立法模式""实质性法典"模式等本质诉求是一致的,这也体现了我国学界对构建中国特色教育法典的自觉意识和比较立法理念的成熟度。

三、我国教育法典编纂的技术进路

教育法法典化是一项系统、长期的工程,也是一项可持续发展的工程,启动法典化工作需要具备相当程度的法律制度基础和理论研究,这是法典化的客观条件,此处所说的技术进路更多是指教育法法典化的推进步骤。总的来说,教育法法典化的立法步骤要遵循法典化编纂的一般节奏,分阶段循序渐进。不少学者在进行教育法法典化研究过程中,提及民法典立法对我国教育立法实践的启示,认为"从立法功能的角度看,《民法典》对我国教育立法的启示主要体现在法典的中国特色、法典化立法模式和立法策略三个方面"③。同时,教育法法典化的技术进路确定,与一国的立法条件、立法习惯、立法能力等相关,也与法典的模式选择与架构设计有密切联系。鉴于前述我国教育法典编纂的模式选择,其推进步骤可类同于民法典的步骤,因为《民法典》的规则体系是在我国类法

---

① 王琦:《我国教育法法典化的证成与构想》,《高教探索》2022年第1期。
② 徐振铭:《论我国教育法典的分则体例》,《衡阳师范学院学报》2022年第4期。
③ 孙霄兵、刘兰兰:《〈民法典〉背景下我国教育法的法典化》,《复旦教育论坛》2021年第1期。

典化的松散民法的基础上进行编纂和创新完成的"①。学者们在探讨教育法法典化的推进步骤时,认为应当补齐类法典化,即教育法法典化分三步走:第一步达成教育法类法典化条件,第二步制定教育法典总则类法案,第三步总则与各分则整合编纂。我国学者选择的教育法法典化技术进路,无疑合理稳妥,符合中国法典化推进惯例。不过,笔者认为,从古今中外的制度建设史来看,中国当前以较快节奏推进教育法法典化,也并非不可行。首先,立法技术可行。信息时代的立法条件,使得立法技术的运用成本低、速度快,可以节省大量立法调研时间和精力。其次,立法方法可行。诸多类法典化立法案的形成过程,使得中国教育法法典化快速推进有例可循。比如1997年初,俄罗斯独联体成员国编制示范教育法典、日本战后制定《教育基本法》都是在国家支持推动下,短时间内形成内容颇具现代性的法案。再如1904年,清政府颁布的《奏定学堂章程》,在总则性的《学务纲要》外,配套出台了20余部相关章程,形成了一个整体上门类齐全、条目细密、课程完备的制度体系。民国时期,在一些教育家的支持、推动下,当时的私立学校立法、大学区制立法,以及师范教育类立法等,都是以"制度群"形貌,体系化推出的。我国20世纪60年代集中出台的"高教60条""中教50条""小教40条",体系化特征也较明显。最后,立法基础可行。当前我国推进教育法法典化工作,有政策支持,有立法经验,同时我国当下诸多教育政策、法律、法规、规章以及规范性文件也形成了较好的制度基础。近几年来,学界一大批学者投入关于教育法法典化的研究工作中,也储备了一定量的智库人才。

第二节 教育法典基本结构

教育法典编纂结构主要解决教育法典内容的体系安排问题。目前,教育法典采用总分框架结构是学者共识,但是在教育法典编纂结构具体安排上仍然存在一定差异。例如,有学者认为,除对《民法典》框架结构的借鉴与响应外,更多是因为这种"结构作为法典体系化之后的完整逻辑结构,能够通过总则和分则间的有序互动实现教育法典内部的协调统一,使得教育理念和原则能够统筹各分编的制定,而各分编的具体制度成为教育法典总则的支撑"②。又如,有学者

---

① 杨立新:《我国民法典对类法典化立法的规则创新》,《中外法学》2020年第4期。
② 徐振铭:《论我国教育法典的分则体例》,《衡阳师范学院学报》2022年第4期。

认为,教育法典的体系化结构,可采用"抽象性规定＋解释＋修正案"结构模式,以解决教育法典在运行过程中的规范设置、细化、完善方面问题①。有学者首先分析了教育法法典化推进中的原则,指出教育法典编纂应遵循"体系化"和"科学化"原则,根据"体系化"原则,我国教育法法典化"总则编应确立教育法律关系的主客体、义务责任等诸要素;教育法典的分则编应规范教育法律关系的具体内容,按照教育法律关系主体的三方构造'教育行政机关—学校—学生'分别进行具体内容的规定";"科学性"原则则主要是指"尊重教育发展规律和人的身心发展特点"②。

对此,应该分别探讨教育法典总则和分则的结构问题,因为不同的立法模式选择会影响教育法典总分则框架。我国教育法法典化有两个模式,一是独立的教育法典模式,二是隶属于行政法典的教育法典模式。前者推进教育法典编纂,并未特别关注行政法典问题,多主张我国教育法典采用"总分结构",总则可包括教育基本原则、教育法律主体、教育权利和义务、教育类别、教育与社会、法律责任,分则可分学前教育编、义务教育编、高级中等教育编、高等教育编、职业教育编、继续教育编、民办教育编、其他教育编、学位编、国家考试编、教育对外交流与合作编、教育投入编;教育法典编纂进程则分三步走,即实现教育法的类法典化、制定《中华人民共和国教育法总则》、形成统一的教育法典或教育法③。后者关注教育法典是行政法典的下分法典问题,强调"编纂教育法典应当以教育类法律和部分教育类行政法规为基础。在结构上,教育法典可以由通则、学前教育、义务教育、高等教育、民办教育、职业教育、国防教育以及学校工作等分编组成。通则相当于教育法典的总则,其他各分编相当于分则。教育法典通则分编的内容以教育法和教师法为基础"④。

笔者认为,我国教育法典应当按照总则和分则两个部分处理。总则部分可规定以下内容:立法目的与依据、基本概念、基本原则、调整对象等基本规定;教育行政主体、教育工作者、受教育者、教育机构等教育法律关系主体的基本规范;教育权利与义务规范;教育与国家和社会基本关系规范;法律责任规范等。分则部分可规定以下内容:学校教育编,即规定各级各类学校教育的年限和递

---

① 童云峰、欧阳本祺:《我国教育法法典化之提倡》,《国家教育行政学院学报》2021年第3期。
② 龚向和、李安琪:《教育法法典化的国际实践与启示》,《湖南师范大学教育科学学报》2022年第2期。
③ 刘旭东:《教育法法典化:规范意涵、时代诉求及编纂路径——基于民法典编纂经验的理论研究》,《湖南师范大学教育科学学报》2022年第2期。
④ 湛中乐:《论教育法典的地位与形态》,《东方法学》2021年第6期。

进关系等,包括学前教育、小学教育、中学教育、大学教育;补充教育编,即把各级各类校外教育进行规范化和系统化,整合目前的继续教育、成人教育、职业教育、教培兴趣班等;特别教育编,规定无法归类到学校教育和补充教育中的其他特别教育类型,包括家庭教育、民办教育、特殊教育、国防教育等;考试编,整合规定高考、职业资格类考试、公职人员考试等重要国家考试制度;教师编,主要规定教师的聘任与辞退、资格与培训、教学与科研、薪酬与奖惩、休假与退休等;行政管理编,对教育行政管理类规范集中规定,包括学历学位、评估督导、财政保障、仲裁复议等。

第三节　教育法典基本原则

教育法典的基本原则,必然体现在教育法典的总则部分,并在其他体系性规范中予以贯彻执行。对此,不少学者对教育法典基本原则进行了探讨。有学者从基本原则狭义内涵出发,认为"基本原则是其他规则的指引性准则,维系着法典特定的价值内涵",基于现行立法,提炼出"尊师重教""服务社会""立德树人""文化传承""教育平等"等基本原则。也有学者结合我国其他法律基本原则,认为教育法典基本原则包括"立德树人原则、为社会主义现代化建设服务原则、符合国家和社会公共利益原则、权利与义务相统一原则、受教育机会平等等原则"①。从这些原则构想来看,学者们注重整合我国现行教育制度中的原则性规定,无疑是合理的,因为现行有效的制度都是在施行中经过实践检验的,对于其原则性内容是否有价值,是否为教育法的基本原则,是否可为教育法典的基本原则,在一定程度上可以作出综合评判。不过,笔者认为,未来我国确定教育法典基本原则时,应当把握以下原则。

首先,应兼顾有关教育的国际法基本原则。囿于条约必须遵守的基本国际法原则,以及我国教育法法典化应当与世界接轨的考量,在教育法编纂时,必须考量国际条约的基本内容。2001年2月28日,全国人大常委会批准的《经济、社会及文化权利国际公约》,2001年6月27日对中国生效。我国声明与保留主要涉及该条约的第八条第一款(甲)项,未涉及规定教育问题的第十三条。该条主要规定如下:第一,公约缔约国承认,人人有受教育的权利,教育应鼓励人的

---

① 王琦:《我国教育法法典化的证成与构想》,《高教探索》2022年第1期。

个性、尊严充分发展,加强对人权和基本自由的尊重,促使人们能有效参加自由社会,促进各民族之间和各种族、人种或宗教团体之间的了解、容忍和友谊,和促进联合国维护和平的各项活动。第二,公约缔约各国认为,为了充分实现教育权利,初等教育应属义务性质并一律免费;中等技术和职业教育等中等教育,应以一切适当方法,普遍设立,并对一切人开放,特别要逐渐做到免费;高等教育应根据成绩,以一切适当方法,对一切人平等开放,特别要逐渐做到免费;对未受到或未完成初等教育的人的基础教育,应尽可能鼓励或推进;应积极发展各级学校的制度;应设置适当的奖学金制度;应不断改善教员的物质条件。第三,公约缔约国承担,尊重父母、法定监护人的下列自由:为孩子选择非公立的但符合国家规定或批准的最低教育标准的学校,并保证孩子能按照他们自己的信仰接受宗教和道德教育[1]。同时,1991年12月29日,全国人大常委会批准的《儿童权利公约》,其中第二十八条也规定缔约国确认儿童有受教育的权利,为在机会均等的基础上逐步实现此项权利,缔约国尤应:实现全面的免费义务小学教育;鼓励发展不同形式的中学教育,包括普通和职业教育,使所有儿童均能享有和接受这种教育,并采取适当措施,诸如实行免费教育和对有需要的人提供津贴;根据能力以一切适当方式使所有人均有受高等教育的机会;使所有儿童均能得到教育和职业方面的资料和指导;采取措施鼓励学生按时出勤和降低辍学率。该条还规定,缔约国应采取一切适当措施,确保学校执行纪律的方式符合儿童的人格尊严及公约规定;应促进和鼓励有关教育事项方面的国际合作,特别着眼于在全世界消灭愚昧与文盲,并便利获得科技知识和现代教学方法[2]。从我国宪法以及其他国内立法来看,一直以来我国的教育法律始终关注国际条约义务的履行,因此未来教育法典的基本原则,无论是原则内容还是原则表述应尽可能与条约的内容相适应。

其次,教育法典基本原则应与宪法的基本原则相呼应。因为宪法是国家的根本大法,教育立法不得与宪法相抵触,应当在宪法规定的基本原则和基本制度下,进行相应立法,以确保教育法律的合宪性,并确保国家法治体系的内在和谐。我国《宪法(2018年修正)》序言中,在总结中华人民共和国成立以后的发展成绩时,写到"教育、科学、文化等事业有了很大的发展,社会主义思想教育取得了明显的成效"。由此可知,教育是与科学、文化共同发展的一项事业,也是与

---

[1] 《经济、社会及文化权利国际公约》,联合国网。
[2] 《儿童权利公约》,联合国网。

政权稳固、国家安全、经济发展等同样重要的事业。其中,在根本法中被特别提及的"社会主义思想教育",在确定教育法典基本原则时应特别加以考虑。《宪法(2018年修正)》第十九条对我国教育事业的性质和目的、分层分类、教育条件与方式、办学模式及教育语言等问题作了规定:第一款规定,我国的教育事业是"社会主义的教育事业",旨在"提高全国人民的科学文化水平"。第三款中特别提及,国家要"扫除文盲",要对多元主体开展多样化教育,同时,充分尊重教育自主、能动特点,"鼓励自学成才"。《宪法(2018年修正)》第三十六条规定宗教与教育分离,国家保护正常的宗教活动,但任何人不得利用宗教活动妨碍国家教育制度运行。第二十四条规定"国家通过普及理想教育、道德教育、文化教育、纪律和法制教育,通过在城乡不同范围的群众中制定和执行各种守则、公约,加强社会主义精神文明的建设。国家倡导社会主义核心价值观,提倡爱祖国、爱人民、爱劳动、爱科学、爱社会主义的公德,在人民中进行爱国主义、集体主义和国际主义、共产主义的教育,进行辩证唯物主义和历史唯物主义的教育,反对资本主义的、封建主义的和其他的腐朽思想"。从该条可以看到国家对社会主义精神文明和核心价值观的重视,以及特定教育内容对精神文明的提升与价值观养成的重要性。从这些宪法具体规范中也可提炼出教育法典基本原则。

最后,教育法典基本原则的确定应最大化顾及中国教育法律现有基本原则。强调兼顾现行立法基本原则,目的在于保证中国法律体系的协调性。教育法典编纂应对现有教育法的基本原则作能动取舍。其中,有些并非教育法特有的、属于宪法和行政法的基本原则,可以不作为教育法典基本原则。

第四节 教育法典基本内容

教育法典内容是指教育法典所要纳入的教育事项。尽管目前教育法典尚无草案,但是许多学者对其内容进行了初步探讨。如有学者主张"在教育类法律以及部分教育类行政法规的基础上编纂教育法典",由此其构建的教育法典内容大致为:"教育类法律必定是编纂教育法典的基础,具体包括教育法、义务教育法、高等教育法、国防教育法、民办教育促进法、职业教育法、教师法、学位条例""可以将地方性法规、自治条例和单行条例、地方政府规章中的教育法规范排除出去,无须对其参照、吸收""教育类行政法规和部门规章也可以被排除出去",其中,"为了填补法律空白而制定的学校卫生工作条例、学校体育工作条例、高等教育自学考试暂行条例则应纳入教育法典"①。这一推进策略是不做更多模式框架纠结,直接进入具体法条整合打磨中,这无疑是必要且非常有价值的,但教育法法典化必然是一个再创造的、能动生成的过程,其必然需要整合更多规范内容,如地方性立法有合理的内容亦可整合。当然,对古今中外的优秀立法内容进行整合也是题中之义。

另有学者主张,我国可借鉴同为大陆法系国家的法国、俄罗斯的篇章结构和具体内容,进而选择总分结构立法模式,并设定内容为:总则应汇总教育领域的一般性原则,将现《教育法》打造成为具有高度概括性的教育法典总则,包含教育基本原则、教育法律主体、教育权利与义务、教育类别、教育与社会、法律责任等内容;分则"具体编目的划分应当主要以教育类别而非教育主体为标准",编目顺序为学前教育编、义务教育编、高级中等教育编、高等教育编、职业教育编、继续教育编、民办教育编、其他教育编、学位编、国家考试编、教育对外交流与合作编、教育投入编②。该学者所设置的内容框架,系在综合我国现有立法内容基础上进行列举。不过,有些问题可以进一步探讨,比如在分编中,各类教育类型是并列的,但其他教育事务需要明确,如学位、考试、对外交流、教育评价与监督、教育投入等的归置。

值得注意的是,国务院法制办公室、法律出版社法规中心等都汇编教育法律工具书,并采用了法典名称,如《中华人民共和国教育法典》《中华人民共和国教育法典(应用版)》等③。在这些法律工具书中,编者对法律法规进行了处理,比如对重点法律附加"导读""参见"以及"条文注释"等,而内容则根据编者的理解,涵盖了基础教育、职业技术教育、高等教育、学位管理与研究生教育、成人教育、特殊教育、留学教育,以及学校文体、卫生、安全工作,民办教育与合作办学、教师队伍建设等方面。从教育法典编纂的角度来看,这些教育法律的汇编成果,对研究、确定教育法典的内容也有很大助益。

从上述学者构想和实务部门汇编来看,我国现行教育法律体系必然是未来教育法典的内容基础,但现有规范内容并不完备,还需要进一步补充完善。从

---

① 湛中乐:《论教育法典的地位与形态》,《东方法学》2021年第6期。
② 刘旭东:《教育法法典化:规范意涵、时代诉求及编纂路径——基于民法典编纂经验的理论研究》,《湖南师范大学教育科学学报》2022年第2期。
③ 国务院法制办公室编的《中华人民共和国教育法典》,主要由中国法制出版社出版;法律出版社法规中心编的《中华人民共和国教育科技法典(应用版)》在第4版时,更名为《中华人民共和国教育法典(应用版)》,由法律出版社出版。

第八章
教育法法典化研究展望

国内外教育立法来看,教育法典内容应该始终围绕教育这一主题问题展开,而不必追求面面俱到。教育法典的编纂并不意味着教育立法的终结,而是表明教育立法体系化发展进入一个有法典引领的阶段,教育单行立法必然继续存在。同时,现有教育立法也不一定全部纳入教育法典中,有些内容可以保留单行立法形式。基于上述分析,我国教育法典至少应包括以下基本内容。

1. 教育基本法编

这部分内容应整合现有各部教育立法总则内容,借鉴其他法域先进教育理念,深入贯彻党的教育政策,呼应其他法典立法内容,规定与教育相关的基本内容,倡导具有先进的教育理念。其具体条款可以包括立法目的与依据、基本概念、基本原则、调整对象、教育行政主体、教育工作者、受教育者、教育机构、教育权利与义务、教育与国家和社会基本关系、法律责任等。

2. 学校教育编

这部分内容应整合现有《义务教育法》《高等教育法》的立法内容,同时完善学前教育立法与高中阶段教育立法。该编内容应清晰地把学前教育、小学教育、初级中学教育、高级中学教育、大学专本硕博教育等各级各类学校的年限和递进关系作明确规定。

3. 补充教育编

该编内容除整合我国目前继续教育、成人教育、职业教育、教培兴趣班等规范内容外,可特别借鉴俄罗斯的补充教育规范。俄罗斯在1992年联邦教育法中新添加了一个教育模块,即补充教育,其是结合终身教育理念,将各级各类校外教育规范化、系统化的教育类型。根据联邦教育法,补充教育的宗旨和任务,在于"全面满足公民、社会和国家对教育方面的各种需求;在职业教育阶段配合各级教育标准的提高而逐步提高各类专业人员的业务水平"[①]。特别是在其补充教育机制下的儿童补充教育机构,从归属到命名都有统一安排。其补充教育机构的特殊命名法体现了沿袭苏联时期类型多样化的特征,包括学校活动中心、活动之家、活动站、青少年宫等[②]。其补充教育内容与我国当下校外培训机构培训内容有一定重合。我国已建立一些继续教育、成人教育、自学考试、职业技术类制度,与补充教育类型有关联,但体系化不足。因此,未来教育法典编纂可以借鉴俄罗斯教育法中有关补充教育的规定,整合现有规范内容。

---

① 肖甦、朋腾:《俄罗斯教育制度与政策》,人民出版社2020年版,第28页。
② 肖甦、朋腾:《俄罗斯教育制度与政策》,人民出版社2020年版,第186-187页。

4. 特别教育编

在长期教育法制建设过程中,中国教育法制体系中有一些特别类型的教育规范,这些特别教育规范有的非常成熟,如家庭教育、民办教育、特殊教育、国防教育等。在教育法典编纂过程中,可考虑将已经实施多年、操作成熟的一些专门教育立法纳入其中,也可以考虑将专门教育立法纳入教育法典,如近年出现的生态环境教育、法治宣传教育等。尚需进一步探索的特别教育立法则可考虑在未来成熟时通过单行法进行立法,不一定纳入教育法典之中。

5. 考试编

该编内容一方面是整合现行关于高考、职业资格类考试、公职人员考试等各类重要国家考试制度,另一方面应借鉴、承继更多有关考试规范内容。我国目前涉及考试的规定主要有《高等教育自学考试暂行条例》《中等专业教育自学考试暂行规定》《高等教育自学考试命题工作规定》《中国汉语水平考试(HSK)办法》等,考试法相关规范较为缺失。我国古代科举制度本质上是一种考试制度,而孙中山先生包括"考试权"在内的"五权宪法"理论,也是有特色的理论创见。而中国当下关于考试类型、程序、条件、要求、监考、教材等已经有了丰富的实践样本,存在需要规范的对象。教育与考试密切关联,在推进教育法法典化过程中建构中国特色考试规范体系无疑很有必要。

6. 教师编

该编内容除整合现有教师法以及其他专门教育立法中有关教师专章的规定外,应大量充实规范内容。从现有教育立法来看,教师规范内容最为薄弱。教师是诸多教育法律关系中的重要主体,在每一种教育法律关系中,教师都有特定的权利义务。作为教育工作者,教师不但享有宪法规定的公民权利和劳动法规定的劳动者权利,还享有基于教育类法律法规规定的科学研究权、教学权、指导评价权、校务民主参与权、培训进修权、申诉救济权等。但当前教师的这些权利并没有相应的良好保护机制,因此,有必要在编纂教育法典时,对教师权利保护问题作出特别规定。

7. 行政管理编

该编内容重点对教育行政管理类规范进行整合,包括目前已经相对成熟的有关学历学位、评估督导等规定。同时,还需要进一步完善教育财政保障、仲裁复议等教育救济制度内容。

第三编
环境法法典化研究

  2021年4月,全国人大常委会宣布启动环境法典编纂研究工作,我国步入环境法法典化阶段。环境法法典化运动兴起于20世纪90年代的欧洲大陆法系国家。由于"二战"后全球各国环境立法发展迅速、环境问题日趋严重、环境法律纷繁复杂,欧洲国家如瑞典、法国、德国等开始对本国主要环境法律进行系统化改造,这种系统化改造就是环境法法典化。目前世界范围内环境法法典化的成果大致以两种形式呈现,一是直接以法典命名的环境法典文本,二是未以环境法典命名但行环境法典之实的环境法律文本。本编侧重于研究第一种形式的环境法典。

第九章 环境法法典化的缘起

随着人类对"人与环境关系"的认识逐渐深化,环境立法思想也产生重大变革,"可持续发展"成为当今世界各国有关环境保护的对话基础。为了将"可持续发展"这一国际环境法基本原则转化为国内法,各国通过环境法体系化将其纳入本国环境法律之中,成为各国环境立法指导思想的主要内容之一。环境法典作为环境法体系化的最高表现形式,备受素有法典化传统的欧洲大陆法系国家推崇。随着欧洲环境法法典化运动的兴起,越来越多的国家加入环境法法典化运动。本章主要在全球视野之下,对环境法法典化的历史起源、理论成果、可行性分析等进行初步研究。

第一节 环境法法典化的历史背景

环境立法围绕环境问题展开,新兴的环境法学从传统的部门法学中分离而来,推动环境法的发展,环境法学与环境法在内容上相互关联、地位上相互对应[①]。

一、环境问题的演变

环境问题是环境法学、环境法研究的逻辑起点。环境问题是指由于人类活动或自然原因使环境条件发生不利于人类的变化,以致影响人类的生产和生活[②]。环境问题可分为原生环境问题与次生环境问题两类。原生环境问题又被称为第一环境问题,通常被称为自然灾害问题。次生环境问题又被称为第二环

---

① 汪劲:《环境法学(第四版)》,北京大学出版社2021年版,第10页。
② 汪劲:《环境法学(第四版)》,北京大学出版社2021年版,第5页。

境问题,主要是由于人类的生产、生活等活动造成的环境污染和资源破坏①。随着人类对于自然科学研究以及对环境问题本质的认识更加深入,曾经被视作由自然原因引起的原生环境问题也被发现与人类的活动有关联②。

近代以来,环境问题与人类社会发展息息相关。人类对环境的利用建立在对自然规律的认知基础上,在人类社会发展初期,由于人类对于自然环境的演变规律认识有限,"人类中心主义自然观"占据统治地位③。在这一时期,伴随着人类社会发展的环境问题主要分为两个阶段,第一阶段是18世纪工业革命以前的农业文明时期,即黄色环境问题阶段。由于当时生产力的落后以及科技水平低下,人类对环境产生的消极影响完全处在环境本身的承载能力范围之内,环境问题主要产生于人类活动区域内少量的林木砍伐、植被损毁、野生动植物减少等短期行为。随着工业革命的开始,近代环境问题进入第二阶段,即黑色环境问题阶段。在这一时期,人类借助工业设备的发明和推广开始进行大规模认识自然、改造自然的活动,因此对环境的作用力和影响力急剧增强,对于环境的污染与破坏远远超出大自然的承载能力,对生态环境、自然资源等方面均造成严重的破坏④。

进入黑色环境问题阶段之后,环境问题的发展又可分为三个时期。第一个时期在时间上大体从18世纪至20世纪60年代,这一时期环境问题表现出局部性、地域性特点。以英国为例,工业化时期,作为世界上第一个工业化国家,英国当局奉行亚当·斯密和大卫·李嘉图提出的"自由放任"理论,这种放任自流的治理态度直接导致牺牲环境发展经济的社会风气的形成,造成环境污染的产生与加剧,环境污染与生态破坏问题逐渐走入大众视野⑤。进入19世纪,英国作为世界上最早开始并实现城市化的国家,也率先进入对工业城市的环境改造阶段,经历了由局部到整体、由"自由放任"到"统一协调治理"的历史性转变,对工业化带来的日益严重的如废水排放、空气污染、垃圾处理等环境问题展开

---

① 周珂、莫菲、徐雅、林潇潇:《环境法》,中国人民大学出版社2021年版,第8页。
② 这是由于当人类活动对自然环境的影响达到一定程度时,就可能演变为自然灾害等,通常来说这种影响的进度较慢,在发生之初难以令人产生警觉,但随着时间积累这种影响堆叠转化到一定程度时就会引发原生环境问题。汪劲:《环境法学(第四版)》,北京大学出版社2021年版,第5页。
③ 韩立新:《如何看待马克思的自然概念——从环境保护的角度进行的一个探讨》,《上海财经大学学报》2000年第6期。
④ 周珂、莫菲、徐雅、林潇潇:《环境法》,中国人民大学出版社2021年版,第8页。
⑤ 刘金源:《工业化时期英国城市环境问题及其成因》,《史学月刊》2006年第10期。

第九章
环境法法典化的缘起

治理。其他进行工业化、城市化的国家也都遇到了此类问题,因此这一时期各国针对环境问题的对策总体上采用"头痛医头、脚痛医脚"的方式,主要采取对污染受害者进行事后救济的损害赔偿措施①。到了20世纪五六十年代,以工业区、开发区内局部环境污染损害和自然破坏为显著表现的环境问题在主要工业国家发展到了顶峰②。

黑色环境问题阶段的第二个时期约从20世纪60年代至80年代。"二战"后,和平与发展成为世界的主流,这一时期国际贸易往来、投资活动频繁,资源开发、原材料进出口、工业生产等活动带来的环境污染和破坏愈发严重,自然环境对于这些活动所产生的污染排放已经无法正常代谢③。随着污染物通过大气和水道向排污地以外的地区、国家流动,环境问题从一国内部延伸至国际法领域,呈现出从地域化走向国际化的特征,对于环境问题的管理也从传统的保守型或资源型转向综合型治理路径④。为应对环境问题国际化发展,联合国于1972年在斯德哥尔摩举办了人类环境会议并发表《斯德哥尔摩人类环境宣言》,指出环境问题并非局部问题而是全球问题,并非简单的技术问题而是社会经济工作的重要组成部分,并提出环境保护的科学概念,指出此处"保护"的内涵和外延处在不断扩展之中,已不仅局限于传统的保护(protection)环境免受污染,更包含了对生态的保育(conservation)和对自然资源的保存或保留(preservation)⑤。此次会议的参加代表来自世界一百多个国家和当时最主要的国际组织,被视作现代国际环境法的起点,从区域层面看,欧共体在这一时期开始进行环境立法;从国际层面看,环境问题开始引起全球关注⑥。此次会议之后,各国开始迅速展开环境保护工作并加强国际合作,环境法在国内法、国际法层面都取得了迅速发展。

黑色环境问题阶段的第三个时期是20世纪80年代至今,这一时期的环境问题完全呈现出全球化特点。世界经济一体化、全球化带来了更加严重的环境

---

① 汪劲:《环境法学(第四版)》,北京大学出版社2021年版,第6页。
② 汪劲:《环境法学(第四版)》,北京大学出版社2021年版,第6页。
③ 汪劲:《环境法学(第四版)》,北京大学出版社2021年版,第6页。
④ [法]皮埃尔·玛丽·杜普(Pierre-Marie Dupuy)、[英]豪尔赫·E. 维努阿莱斯(Jorge E. Viñuales),胡斌、马亮译:《国际环境法》,中国社会科学出版社2021年版,第3页。
⑤ 周珂、莫菲、徐雅、林潇潇:《环境法》,中国人民大学出版社2021年版,第11页。
⑥ [法]皮埃尔·玛丽·杜普(Pierre-Marie Dupuy)、[英]豪尔赫·E. 维努阿莱斯(Jorge E. Viñuales),胡斌、马亮译:《国际环境法》,中国社会科学出版社2021年版,第9—12页。

污染和生态破坏,表现在气候变化、臭氧层破坏、生物多样性破坏、海洋污染、危险废物越境转移、人类共同遗产与国际公域破坏等方面①。首先,由于过去几百年发达国家在工业化发展过程中造成的环境污染和生态破坏远未修复,环境问题并未得到有效改善。其次,发展中国家在"二战"后为实现经济快速发展,对自然资源进行大量的开发和利用导致环境污染进一步加剧。最后,发达国家为改善本国环境质量向发展中国家转移污染产业、销售有毒产品、转移有害废弃物等无度的"生态侵略"行为②也使全球环境问题进一步恶化。

二、环境法学的发展

现代环境法学肇始于西方工业发达国家。20世纪60年代,由于世界范围内出现了数起重大环境污染事件,人们开始真正关注环境问题。这一时期发达国家开始"生态复兴运动",在此过程中环境教育萌发并兴起,各国开始对国民进行环境教育③。随着"二战"后环境问题严重恶化,全新的世界格局之下各国都有强化环境管理、增强环境权益的保护等需求,环境立法迅速开展,极大地促进了环境法学的发展。在美国、日本、欧洲等国家和地区,环境领域的学者和立法者对此前产生的环境保护法律制度进行研究,从传统的部门法学中分离出一门新兴学科,于20世纪70年代建立起环境法学学科,并在此后出版了大量学术著作④。环境法学科经历几十年的发展,是法学领域最活跃的新兴学科,但也仍是法学领域较为弱势的学科。环境法学的学科呈现出动态发展性、交叉性、边缘化以及以问题为导向等特点⑤。

三、环境法体系化

现代环境法始于20世纪60年代的西方发达国家,如日本在20世纪60年代先行颁布了一系列环境保护单行法,如《水污染控制法》《大气污染控制法》等,在此基础上于1967年颁布环境保护基本法《公害对策基本法》。又如美国

---

① 汪劲:《环境法学(第四版)》,北京大学出版社2021年版,第6页。
② 陶锡良:《略论当代国际关系中的环境殖民主义》,《国际安全研究》1996年第3期。
③ 汪劲:《环境法学(第四版)》,北京大学出版社2021年版,第94页。
④ 汪劲:《环境法学的中国现象:由来与前程——源自环境法和法学学科发展史的考察》,《清华法学》2018年第5期。
⑤ 高利红:《环境法学的核心理念——可持续发展》,《法商研究》2005年第1期。

20世纪60年代末颁布《1969年国家环境政策法》,针对一些特定的环境问题进行了专门立法,涉及水污染治理、空气污染治理等方面。总的来说,西方发达国家环境法发展具有起步较早、发展快速的特点,其发展大致经过"单行法—基本法—体系化"的历程①。20世纪90年代,一方面,由于此前国际环境法领域取得的进展②和世界各国对于可持续发展理念达成的共识,全球范围内环境立法开始出现趋同化特征。在各国国内环境立法横向对比之下,环境立法的目标、原则、措施、手段等内容出现同一化发展的现象。在国内法与国际法层面上,国内环境法与国际环境法在结构和内容设置上亦表现出趋同化特征③。另一方面,世界各国开始进入环境法律体系化阶段。随着环境单行法开始呈现出数量庞杂、技术水平参差不齐、法律重叠或相互矛盾、规制内容存在严重滞后性等问题,环境法越来越难以得到有效实施。环境法律体系化是世界各国的共同追求,在两大法系中,无论是英美法系抑或是大陆法系,都走上了环境法体系化的道路。

四、环境法法典化

"法典(codex)"一词,在以《法国民法典》为代表的传统大陆法系国家通常作狭义理解,一般具备"内容完整、结构清晰、逻辑严密"④等特点;在以《美国法典》为代表的英美法系国家则采用更为广义的解释,认为"法典"还包括早期系统性较弱的如古巴比伦王国颁布的《汉谟拉比法典》(The Code of Hammurabi)以及英美法系中法律汇编型法典,在内容上不似大陆法系理解的"法典"那样结构完整、逻辑严密,主要是对特定领域制定法的汇集、整理⑤。随着世界各国的立法进程和法律发展,两大法系都在针对特定领域或部门法律进行体系化的过程中出现了立法整合等法典化迹象⑥。对于"法典化(codification)"一词,百余

---

① 陈仁:《环境保护法制产生与发展的比较——关于环境保护法制的回顾与比较之三》,《环境》1994年第2期。
② 如1972年通过《人类环境宣言》、1982年通过《内罗毕宣言》和《世界自然宪章》、1982年提交《我们共同的未来》等国际会议与国际组织发表的重要宣言或通过的决议;又如1974年缔结的区域性多边条约《保护波罗的海区域海洋环境公约》、1978年签订的双边条约《美国和加拿大关于大湖水质的协议》等国际条约。
③ 汪劲:《论全球环境立法的趋同化》,《中外法学》1998年第2期。
④ 王灿发、陈世寅:《中国环境法法典化的证成与构想》,《中国人民大学学报》2019年第2期。
⑤ [美]埃尔曼,贺卫方、高鸿钧译:《比较法律文化》,清华大学出版社2002年版,第39页。
⑥ 李艳芳、田时雨:《比较法视野中的我国环境法法典化》,《中国人民大学学报》2019年第2期。

年来并未有统一的界定标准①,大致可概括为:针对某一特定的领域或部门,对涉及其中的法律规范或法律文件按照一定的体例进行编纂,力求最终可以形成该领域或部门内部具有法典特征的全局性、基础性、骨干性法律。

近代以来,随着混合所有制经济的产生与发展以及新自由主义的蔓延,法学基本理论也发生了变化和创新,公、私法出现融合之势②。两大法系在法典化的过程中也呈现出靠拢、趋合的态势,在环境法领域,表现出推动环境法律体系化发展的趋同化特征。环境法法典化是环境法体系化的高级阶段,有助于一国环境法实现更高标准的体系化。在体系化过程中,具有法典编纂传统的大陆法系国家以环境法典作为环境法法典化发展的目标形态。英美法系国家虽不以追求成文法典为目标,但亦出现对环境立法整合等法典化趋势③。经过20世纪90年代的环境(生态)法法典化浪潮,世界上一些国家已经出台或草拟完成环境法典,如哥伦比亚、菲律宾、瑞典、法国、意大利、德国等。也有部分国家和地区虽未以"法典"为此类环境立法成果命名,但其经历法典化运动取得的环境立法成果具有环境法典之实,如荷兰、新西兰、加拿大等④。

第二节 环境法法典化的理论基础

随着环境法学与环境法的发展,对于环境领域的学理研讨逐渐丰富和深入,在环境法学界产生了环境法体系化的共识。各国环境领域活跃的环境立法活动、环境法学者积极开展研究、国际社会的大力推动,为环境法法典化奠定了理论基础。

一、当代环境保护理念演化

1962年,蕾切尔·卡逊发表《寂静的春天》,着重论述了杀虫剂对环境带来的无法修复的损害,打开了人类对于自身活动为环境带来负面影响的反省之

---

① Gunther A. Weiss. The Enchantment of Codification in the Common-Law World, 25 YALE J. INT'l L. 435 (2000).
② 徐孟洲、徐阳光:《论公法私法融合与公私融合法——兼论"十一五"规划纲要》中的公法私法融合现象》,《法学杂志》2007年第1期。
③ 李艳芳、田时雨:《比较法视野中的我国环境法法典化》,《中国人民大学学报》2019年第2期。
④ 刘洪岩:《域外环境法典编纂的实践与启示》,法律出版社2021年版,第10页。

门①。1968年4月罗马俱乐部成立,旨在研究科技革命造成的人类困境、提升公众的全球意识,对全球性问题进行分析和预测②。1972年,罗马俱乐部提交报告《增长的极限》,报告提出了"世界末日"和"零的增长"等观点,认为人类如果在有限世界进行无限索取,终将走向灭亡,为避免世界遭遇"灾难性崩溃",应对人类社会的经济发展采取全面限制。该观点在当时饱受争议,为表达对该观点的反对,H.卡恩于1976年出版了《今后二百年》,认为地球上的土地和资源足够承担起人类发展所需,应采取乐观的看法对待当时出现的环境问题。这种争论直接推动了可持续发展理论的产生③。

二、可持续发展理论

1972年的《人类环境宣言》中提出,"为了这一代和将来的世世代代的利益,地球上的自然资源必须通过周密计划或者适当管理加以保护"④。1980年3月,联合国呼吁全世界在利用自然资源过程中应"确保全球持续发展"。1981年,美国世界观察所所长布朗出版《建设一个可持续发展的社会》⑤。1982年的《世界自然宪章》中认识到自然资源是有可能因人类活动而耗尽的,需要对人类利用"生态系统、有机体以及陆地、海洋和大气资源"进行规制以"维持最适宜的持续生产率"⑥。1983年,联合国成立世界环境与发展委员会(WECD)并任命挪威前首相布伦特兰夫人担任主席,WECD在联合国要求下以"持续发展"为基本纲领制订"全球变革日程"。1987年WECD向联合国大会提交报告《我们共同的未来》(Our Common Future),在报告中正式提出可持续发展的概念并对其进行定义:"既满足当代人的需要,又不对后代人满足其需要的能力构成危害。人类应享有以与自然相和谐的方式过健康而富有生产成果的生活的权利。为了公平地满足今世后代在发展与环境方面的需要,求取发展的权利必须实现。"可持续发展原则一经提出就被联合国所接受,此后作为国际环境法的一项原则逐渐被其他组织所接受,并在一些极其重要的国际法律文件上被使用或出现在

---

① R. Carson, Slilent Spring, Boston: Houghton Mifflin, 1962.
② 金燕:《〈增长的极限〉和可持续发展》,《社会科学家》2005年第2期。
③ 周珂、莫菲、徐雅、林潇潇:《环境法》,中国人民大学出版社2021年版,第12页。
④ 《人类环境宣言》原则二。
⑤ 周珂、莫菲、徐雅、林潇潇:《环境法》,中国人民大学出版社2021年版,第12页。
⑥ 汪劲:《环境法学(第四版)》,北京大学出版社2021年版,第364页。

一些重要的国际组织决议和宣言等文件中[①]。

第三节 环境法法典化的可行条件

除前述历史背景、理论基础外,讨论环境法法典化时机是否成熟还应从组织机构、人员安排、政治保障、技术支持等方面进行考察。

一、环境法法典化的组织机构

参考目前全球范围内已经完成或正在发生的环境法法典化运动,不难看出对于进行环境法法典化或环境法典编纂需要成立专门的组织机构。有的国家为环境法法典化或环境法典编纂设立了专门且独立于现有立法机构的部门,如法国为起草环境法典成立了专门的法典编纂高级委员会。还有的国家依托既存立法机构进行环境法法典化或环境法典编纂,如德国先后两次都通过环境领域的教授、专家等起草草案的方式推动环境法法典化运动。在进行法典化的组织机构安排上,无论采取何种做法,必须从国家自身的国情和实际出发,才能提高草案通过的可能性并最终保证法典的可执行性。

二、环境法法典化的人员安排

纵观环境法法典化国家的立法进程,可以看出由于环境问题跨学科跨部门的特点,环境法也具有科技水平要求高、适用方法复杂、保护法益的共同性[②]等特征,因而参与法典编纂的人通常来自社会的各行各业,人员构成具有来源多元化、部门融合化、专业多样化的特征。参照环境法法典化国家的编纂经验,参与法典编纂或法案草拟的人员在组织来源上一般来自立法机关、行政机关、司法机关及法学界等。在法律部门中,除了环境法部门,还有来自如民法、刑法、诉讼法等其他部门法的立法者或法律工作人员。在专业领域方面,除法学外,还包含伦理学、哲学、历史学、统计学、工程技术学、经济学、生态学、行政学等领域的专业人才。这种具有开放性的人员安排可以保证法典编纂的民主性、科学

[①] 例如1992年的《生物多样性公约》在序言部分对"可持续发展"进行了重申。又如,1992年《关于环境与发展的里约宣言》的原则部分多次提到可持续发展。
[②] 汪劲:《环境法学(第四版)》,北京大学出版社2021年版,第23-25页。

性和协调性。

三、环境法法典化的政治保障

法典化的成功需要有力的政治保障,政治支撑不足的法典化运动难以取得最终的胜利。例如,爱沙尼亚在法典化运动中坚定"重返欧洲"的强烈政治决心,为爱沙尼亚加快法典编纂以及取得阶段性成功提供了有力的政治支撑。又如,德国的两次环境法法典化运动中,联邦与州之间立法权限冲突以及政府相关部门之间利益未能得到有效协调,致使两次环境法法典化尝试均以失败告终。如今,基于全球范围内对于生态环境保护的共识和对可持续发展观的认同,环境法法典化成为各国环境法治的主要目标,官方的支持作为强大的政治推动力对于法典编纂直至最终获得成功起着至关重要的作用。

四、环境法法典化的技术支持

环境法法典化需要先进的技术支持,这种技术可以从两个方面去考虑,一是科学技术的发展,二是立法技术的提升。从科学技术发展层面来看,人类认识世界、改造世界的深度和广度取决于科学技术发展水平。人对自然环境的认识是不断深化、发展、向前推移的,第三次科技革命之后,科学技术领域有了惊人的突破,迅速转化为直接生产力,人类也因此深化了对环境问题的认识,对于环境(生态)保护的理念从"人类中心主义"走向"生态中心主义"并最终转向"可持续发展"。科学技术尤其是环境科学技术的发展和创新有利于科学安排污染预防工作、高效解决环境问题、快速评估环境影响等,有助于提高环境立法的科学性及合理性。从立法技术提升层面看,环境法典是立法技术的最终呈现。环境法作为新兴法律部门,兼具公法和私法属性,内容有跨部门、跨学科等特点,因而环境立法对于立法技术要求极高。现代环境立法历经五十多年的高速发展,积累了较为成熟的立法经验,立法技术业已得到很大提升,各国环境立法综合化、体系化的经验可以为环境法法典化提供有益参考[①]。

---

① 李挚萍:《中国环境法典化的一个可能路径——以环境基本法为基础的适度法典化》,《中国政法大学学报》2022年第5期。

第十章　国外环境法法典化研究

在世界范围内,推动环境法律体系化是各国共同的目标,无论是崇尚法典的大陆法系国家,抑或是以判例法为主的英美法系国家,在环境法领域都出现了立法整合等法典化迹象[①]。目前,国外一些国家已经通过环境法法典化运动成功编纂出环境法典或环境法典草案,其中最具代表性的国家是瑞典、法国和德国,此外,哥伦比亚、菲律宾、意大利、哈萨克斯坦、爱沙尼亚等国环境法典也相继生效实施。对这些国家环境法法典化历程、法典结构、文本内容等进行研究,对我国开展环境法典编纂工作具有重要参考价值。

第一节　瑞典环境法法典化研究

一、瑞典环境法法典化历程

瑞典环境立法的第一个发展阶段是 19 世纪末至 20 世纪 70 年代。瑞典环境立法始于 19 世纪末,作为工业发达的资本主义国家,瑞典在工业化初期以发展经济为主要目标,忽视了由此产生的环境问题,人们对于环境问题的认知仅限于地方性污染可能对人类的健康造成威胁。1874 年瑞典通过人类健康保护法《公共卫生条例》。20 世纪上半叶,随着经济飞速发展,人类的生产和消费致使环境问题愈发严重,瑞典的自然资源遭受了严重破坏,主要表现为国内水、空气等环境要素遭受严重污染。瑞典自 1903 年开始相继颁布《森林法》《水法》《渔业法》等自然资源保护法。"二战"后,瑞典国内重工业的迅速发展使环境立

[①] 李艳芳、田时雨:《比较法视野中的我国环境法法典化》,《中国人民大学学报》2019 年第 2 期。

法由人类健康保护、自然资源利用转向污染防治。1969年瑞典颁布了以污染防治为主的《环境保护法》①。

瑞典环境立法的第二个阶段是1972年至20世纪90年代初期。1972年在瑞典斯德哥尔摩召开的联合国人类环境会议通过了《人类环境宣言》，环境保护与改善成为全世界各国的共同课题。瑞典在此次大会之后进入环境立法的繁荣时期，在这一时期，瑞典制定、通过了几十部环境法律，颁布了几百个政府条例，还对早期通过的环境法律进行修订和升级，于20世纪90年代初期形成了较为完整的环境法律体系②。

瑞典环境立法的第三个阶段始于1992年里约联合国环境与发展大会，之后，瑞典进入环境法法典化时期。早在20世纪80年代末，瑞典议会的一个委员会经任命对瑞典国内的环境法律进行审查，委员会认为瑞典的环境法数量太多，很多内容或重复或相互矛盾，不便于全面理解，需要对这些纷乱繁杂的环境法律进行协调与整合，因此着手起草一部综合的《环境法典》。1992年里约会议后，瑞典吸纳可持续发展的理念，致力于在生态可持续发展方面成为世界领先国家。至此，瑞典环境立法由单行法走向体系化最终迈进法典化时期。1995年，瑞典加入欧盟，环境政策及法律的一体化改革进一步推进了瑞典的环境法法典化。1997年11月4日政府内阁向议会提出一项《环境法典草案》，1998年6月议会通过该议案，瑞典《环境法典》自1999年1月1日起生效，被认为是"世界上第一部具有实质编撰意义的环境法典"③。

二、瑞典环境法典的体例与主要内容

瑞典《环境法典》整体分为总则与分则两个部分，组织形式分为编、章、条三级④。法典融合此前瑞典国内15部环境单行法，包括《自然资源法》《自然保护法》《动植物物种保护措施法》《环境保护法》《健康保护法》《水法》《农业用地管理法》《转基因生物法》《化学产品法》《生物杀虫剂法》《林地杀虫剂法》《公共清洁法》《含硫燃料法》《水体倾倒废物禁止法》《环境损害法》，整部法典分为7编，

---

① 夏凌、金晶：《瑞典环境法的法典化》，《环境保护》2009年第2期。
② 竺效、田时雨：《瑞典环境法典化的特点及启示》，《中国人大》2017年第15期。
③ 夏凌、金晶：《瑞典环境法的法典化》，《环境保护》2009年第2期。
④ 竺效等译：《瑞典环境法典》，法律出版社2018年版，第2页。

共计 33 章,条文总数近 500 个①。

法典第一编总则(General Provisions)部分共有 6 章。第一章环境法典的目的和适用范围,阐明该法典目的在于促进可持续发展,以确保当代与未来世代有一个健康和良好的环境,认为人类发展各类活动皆应据此展开,一切可能的危害环境的人类活动原则上都在该法典适用范围内②,但如水务作业、基因工程、化学品管理等部分特定领域在适用该法典时有所限制③。值得注意的是,该法典将此前针对水务作业和化学品管理等特殊领域的规则进行总结和提炼,拓展应用到其他一切涉及环境危害风险的活动与措施中④。第二章审查等一般原则是前述特殊领域规则应用泛化的具体体现,该章具体包括证明责任规则、必备知识规则、预防规则、最佳适用技术规则、合理选址规则、产品选择规则、资源管理和生态循环规则、成本合理规则、污染者负担规则与危险活动停止规则⑤。第三章土地和水域管理的基本规定、第四章有关瑞典特定区域土地和水资源管理的特别规定是关于土地和水资源管理的相关规定,要求除了根据现有需求谨慎确定土地和水资源的用途以外,在某些特定区域开发、使用土地和水资源时还应考虑到公共利益、国家利益、国家安全等因素。瑞典环境法典的一大突破是将环境质量标准纳入总则,作为该编第五章,围绕环境质量标准的内涵、标准的遵守与审查等内容进行说明,政府可依据此标准为人体健康或环境提供持久的保护。第六章环境影响报告和其他决策指导数据,对报告何时需要、如何出具、内容标准及其批准与审查等相关内容进行了规定⑥。

第二编是自然保护(Protection of Nature)。第七章区域保护,区域包括如

---

① Government Office of Sweden (Regeringskansliet). The Environmental Code: a Summary of the Government Bill, 1998, p1.
② Government Office of Sweden (Regeringskansliet). The Environmental Code: a Summary of the Government Bill, 1998, p2.
③ Government Office of Sweden (Regeringskansliet). The Environmental Code: a Summary of the Government Bill, 1998, p3.
④ Government Office of Sweden (Regeringskansliet). The Environmental Code: a Summary of the Government Bill, 1998, p3.
⑤ Government Office of Sweden (Regeringskansliet). The Environmental Code: a Summary of the Government Bill, 1998, p3;李挚萍:《可持续发展原则基石上的环境法法典化——瑞典〈环境法典〉评析》,《学术研究》2006 年第 12 期。
⑥ 竺效等译:《瑞典环境法典》,法律出版社 2018 年版,第 4 页。

私人土地、国家公园、自然保护区、文化保护区、自然以及动植物栖息地保护区域、野生动物和植物禁猎禁伐区、沿岸保护区、环境保护区、水域保护区、特别保护区和特别保留区等。第八章保护动植物物种的特殊规定，规定了禁止杀害或捕获野生动物、对野生植物采取有效保护措施等内容。

第三编是关于特定活动的特殊规定（Special Provisions Concerning Certain Activities）。第九章环境危害活动和健康保护，对无法避免的环境危害活动提出事前获得许可或进行报告的强制性要求，并对防止对人体健康造成损害进行了一般性规定，并在之后章节中对特殊活动领域的相关规定进行展开，包括第十章污染区域，第十一章水务作业，第十二章采石业、农业和其他活动，第十三章基因工程，第十四章化学品和生物科技有机体，第十五章废物和生产者责任。

第四编是案件与事项的审查（Consideration of Cases and Matters）。第十六章关于案件与事项审查的一般规定，第十七章中央政府对审批事项的审查，第十八章中央政府对被提起上诉决定的审查，第十九章行政机构和市政当局对事项的审查，第二十章法庭，第二十一章环境法庭的案件，第二十二章环境法庭对申请案件适用的程序，第二十三章环境上诉法庭和最高法院的诉讼程序，第二十四章学科的效力和审查等，第二十五章诉讼费用和其他类似费用。法典中对瑞典先前的环境法庭制度进行革新，新创设地区环境法庭（regional environmental courts）取代了以前的国家环境保护许可委员会和水法庭。在斯维亚上诉法院（Svea Court of Appeal）内增设环境上诉法庭（Environmental Court of Appeal），并在瑞典最高法院内设立环境终审法庭，至此，在普通法院体系中嵌入独立的环境法庭审判制度[1]。

第五编是监督等（Supervision etc.）。为了保证法典的相关规定得到切实遵守，本编第二十六章监督，对监督体制内各级政府与相关部门的监督职责、指令颁布规则以及行为主体的自我监督机制等方面制定了规则。第二十七章收费，对如公共机构收取费用等进行规定。第二十八章准入等，规定了特定情形下的准入规则及对于所产生的损害、侵扰应承担赔偿。

第六编是处罚（Penalties）。第二十九章处罚规定和没收，加大了环境犯罪的处罚力度，与瑞典刑法典进行衔接的同时，也设置了很多独立罪名条款，如环

---

[1] 竺效等译：《瑞典环境法典》，法律出版社2018年版，第4页。

境犯罪(environmental offence)、环境侵害罪(causing environmental disturbance)、处理化学品危害环境罪(environmentally hazardous handling of chemicals)、非法从事未授权环境活动罪(unauthorized environmental activity)等。相较之前,法典对于环境犯罪的处罚力度有所提升,以及大部分情形下主观方面的入罪门槛也由重大疏忽降至一般程度上的疏忽[1]。第三十章环境处罚费,作为一项新型收费制度,替代了此前使用频率极低的环境保护费。当经营者实施了法典规定的侵害行为,即使主观上并非故意或存在过失,只要情形合理,都应当支付该费用,环境处罚费的区间在5 000瑞典克朗至1 000 000瑞典克朗之间。这一制度采取严格责任,并且其适用不排除刑事处罚[2]。

第七编是赔偿等(Compensation etc.)。第三十一章公共干预和水务作业许可申请程序等相关的赔偿,也包括因禁止捕鱼而遭受损失的赔偿规定。第三十二章对特定环境损害类型的赔偿以及其他私人索赔的基本规定,该章所指的赔偿是指应当支付的由于在不动产上从事一项活动而造成人身损害、物质损失和金钱损失,具体内容包括支付赔偿的条件、负有赔偿责任的人员、对不动产未来损害的赔偿以及强制购买不动产等相关规定。第三十三章环境损害保险和环境清理保险,规定从事必须取得许可或提交通知的环境危害活动的人员应当提前支付保险金,环境损害保险可用于人身损害和财产损失,环境清理保险则用于清理污染和恢复环境[3]。

第二节 法国环境法法典化研究

一、法国环境法法典化历程

19世纪初拿破仑颁布《法国民法典》,随后,其国内法典化运动自传统的民法、刑法领域延伸至环境、教育等新兴领域。法国的现代环境法律体系发端于20世纪70年代初期。1970年,由法国著名工程师、政治家阿尔芒(Louis Armand)牵头,以阿尔芒此前向总理提交的环境白皮书为基础,与加尼耶(Chris-

---

[1] 竺效等译:《瑞典环境法典》,法律出版社2018年版,第5页。
[2] 竺效等译:《瑞典环境法典》,法律出版社2018年版,第5页。
[3] 竺效等译:《瑞典环境法典》,法律出版社2018年版,第5页。

tian Garnier)、巴尔德(Jean-Philippe Barde)等人共同起草官方文件《为了环境的一百项措施》(100 Mesures Pour L'environnement)①以应对工业生产带来的环境污染和生态失衡等问题,并首次承认人类拥有获得健康环境的权利。在此文件基础上,1971年法国政府内阁设立法国环境部,但在当时,环境部部长仅有协调与劝诱的功能,并不具备实质性的管理权或命令权。

在此后的环境立法中,由于环境问题具有跨学科的特点,立法时存在历史背景不同、渊源各异等问题,法国国内的环境要素更为复杂②。1976年,当时的司法部部长指出环境领域存在立法膨胀和规范分散的问题,提出环境法法典化构想。

至20世纪80年代末期,囿于法国国内素有法典化的传统,以及法国国内环境领域急需对内部法律体系进行协调与统一,1989年,法国政府成立法典编纂高级委员会,着手重组环境法律,对其进行简化和体系化③。1990年10月,环境部通过国家环境计划公布环境法法典化的计划。1991年,法国环境法学会受环境部委托,提交了环境法法典化的可行性报告,指出当时法国环境法存在碎片化问题,主要表现为立法膨胀、规范冲突、权力扩张等。1992年,环境部内部建立法律小组跟进法典化工作,任命专家委员会负责起草法典,法国环境法法典化工作正式启动。

法国的环境法典编纂主要包括立法和行政法规两部分,先进行法律部分编纂,而后再推出行政法规部分。通过对此前分散的环境法律规范进行重组,1996年形成环境法典草案,先后两次提交至国民议会审议,但由于政治和法律基础原因直至1998年该草案仍未获得通过。1999年12月,法国议会通过法律授权政府以法令形式通过环境法典的立法部分(共六卷)。2003年,议会通过法律,在环境法典立法部分增加了第七卷有关南极环境保护的内容,形成完整的环境法典立法部分,总计七卷。随后,环境法典的行政法规部分相继提交并获得通过,至2007年,法国环境法法典化工作正式完成④。

---

① V. Robert Poujade. Le Ministère de l'impossible, Paris: Calmann-Lévy, 1975.
② 莫菲:《法国环境法典化的历程及启示》,《中国人大》2018年第3期。
③ 夏凌:《法国环境法的法典化及其对我国的启示》,《江西社会科学》2008年第4期。
④ 莫菲:《法国环境法典化的历程及启示》,《中国人大》2018年第3期。

二、法国环境法典的体例与主要内容

《法国环境法典》整体由三部分构成:法律部分(Partie Législative)、法规部分(Partie Réglementatire)、附录(Annexes)。其中法律部分采取"总—分"结构,共计7卷(Livre),第一卷总则,第二至七卷分则。每卷下设编(Titre)、章(Chapitre)、节(Section)、分节(Sous-section)、段(Para-graphe)、条(Article),在具体条文中,法律部分前缀为L,法规部分前缀为R或D①。

法典法律部分第一卷"共同规定"(Dispositions Communes),规定了环境法的基本概念、基本程序和基本制度。第一编"总则"L110-1条阐明陆地和海洋的自然空间、自然资源和自然环境,遗迹,昼夜景观,空气质量,生物及生物多样性属于全民族共同的遗产。对于该遗产的认知、保护、开发利用、修复、恢复原状和管理,以及对其进化能力及其提供的服务的维护应以可持续发展为目标,确保"满足当代人发展和健康需求的同时,不损害子孙后代回应其发展和健康需求的能力",应遵循九大原则,包括谨慎原则,预防行动与纠正原则,污染者付费原则,所有人都有权获取公共机关所掌握的环境信息的原则,参与原则,生态互助原则,可持续利用原则,环境、农业、水产业和森林可持续管理之间的互补性原则,不退化原则。在以可持续发展为目标的同时,应紧密结合五个方面的承诺:(1)为防止气候变化而努力;(2)对生物多样性、环境与资源及其产生的服务和相关使用实施保护;(3)实现社会凝聚力和各地方与各代人之间的互助;(4)使所有人都能得到充分发展;(5)实现向循环经济的转型。此外,L110-2条作为基本权利和义务条款,规定任何人在享有健康环境权利的同时也负有保护环境的义务(包括公法人与私法人)。第二编"信息与公民参与",规定了公众听证、环境评价、公众参与、地方咨询、环境相关信息知情权等内容。第三编"机构",规定了环境法相关的各类机构。第四编"环境保护协会与地方政府",规定了环境保护社会组织及其诉讼权利。第五编"财务规定",规定了环境法相关的基本财务制度。第六编"预防与补救对环境造成的部分损害"。第七编"与检查和处罚相关的共同规定",对与环境相关的行政和刑事程序及规定进行了衔接。第八编"行政程序",规定了有关环境许可的相关内容和程序②。

---

① 莫菲、刘彤、葛苏聃译:《法国环境法典(第一至三卷)》,法律出版社2018年版,第2页。
② 莫菲、刘彤、葛苏聃译:《法国环境法典(第一至三卷)》,法律出版社2018年版,第3页。

第二至第七卷是法典的分则部分。第二卷"自然环境"（Milieux Physiques），规定了水与海洋治理、空气与大气环境的相关内容。第三卷"自然空间"（Espaces Naturels），具体内容包括海岸带、公园和保护区、遗迹、景观、接触自然、绿色基础设施与蓝色基础设施。第四卷"自然遗产"（Patrimoine Naturel），包含自然遗产保护、狩猎、淡水渔业和渔业资源管理的相关法律制度。第五卷"污染、风险和损害的预防"（Prévention des Pollutions, des Risques Et des Nuisances）作为内容最为丰富的一个部分，具体包括了如环保分类设施的相关规定，以及化学品、生物灭杀剂与纳米材料，转基因组织，废弃物，关于某些工程或设施的特别规定。除此之外，还囊括了自然风险、噪声污染、生活环境方面的预防管理规定，以及核安保与基础核设施的相关规定，如管理、财政、责任认定规定。第六卷"适用于新喀里多尼亚、法属波利尼西亚、瓦利思和富图纳、法属南方和南极洲领地和马约特岛的规定"（Dispositions Applicables en Nouvelle-Calédonie, en Polynésie Française, à Wallis et Futuna, dans les Terres Australes et Antarctiques Françaises et à Mayotte），对于法国海外行政区域和海外属地的涉及如环保协会、海洋水域和海路、废水废物、噪声污染、大气污染等方面进行了特别规定。第七卷"南极环境保护"（Protection de Lénvironnement en Antarctique）是关于1991年10月4日于马德里签署的《关于环境保护的〈南极条约〉议定书》的实施问题，阐明了在南极活动时应遵循的一般原则和要求，并对有关行政和刑事处罚进行规定[①]。

第三节 德国环境法法典化研究

一、德国环境法法典化历程

"二战"后，为了走出战争的阴霾，德国大力发展工业及制造业，随之带来的环境问题如自然资源遭到严重破坏、环境质量急剧下降、人民健康状况恶化等逐渐受到关注，环境立法也发展成为独立的法律部门。在德国，环境规制渊源甚广，既包括德国各州，也包括联邦层面以及欧盟前身欧共体层面，庞杂烦冗的

---

① 莫菲、刘彤、葛苏聘译：《法国环境法典（第四至七卷）》，法律出版社2020年版，第3-5页。

环境法律体系使得德国国内开始探索环境法法典化。

1976年,德国联邦政府环境报告中首次出现环境法法典化的概念,报告认为当时德国环境保护领域存在法条数量庞杂、规范重复或重叠、规则矛盾或不一致、协调性与可执行性差等问题,需要进行统一制定,便于理解和执行①。1978年,德国环境署在此前基础上进一步讨论环境保护领域法律统一化的可行性。但在当时,受到萨维尼对民法典"完备性"要求的影响,德国学界认为讨论环境法法典化为时尚早,非常重要的因素之一就是环境法因其理论基础跨学科、出现的问题多样化且存在不确定性等特点,使该环境法法典化不具备"完备性"基础②。随着德国环境恶化日趋严重,大量因应急管理需要而出台的环境单行法进一步加剧了德国环境法律体系碎片化、复杂化的情况,重塑环境法律体系迫在眉睫。同时期,欧洲其他国家如法国、意大利、瑞典等相继颁布环境法典,德国学界开始认识到环境保护领域固然需要将内部的规则、规范进行统一,但在无法满足传统法典需要的"完备性"要求的情况下,可以尝试编纂一部相对稳定但保留一定修订空间的法典。他们希望通过环境法法典化的路径统一环境法律体系的内在逻辑,遵循化繁就简、完善统一的立法思路,采用汇总、增改、简化的方法提升环境法的协调性与可执行性③。

1992年在里约举办的联合国环境与发展大会上,可持续发展成为国际环境法的基本原则。自此,可持续发展和环境保护的理念深植人心,相应地,世界范围内环境法治水平有了巨大提升。在当时,德国环境法体系臃肿、层次混乱,法律条文逻辑不一、艰涩难懂,法律实施难度大、周期长、见效慢。为了克服这些问题,德国环境法法典化运动拉开帷幕。

德国环境法法典化运动自1988年开始,历经两次尝试,共涉及四个草案。第一次环境法法典化运动(1988—1999年)可分为三个阶段,相应编纂提出三个草案。第一阶段提出了"教授草案",1988年由德国教授委员会开始起草,于1994年完成;第二阶段提出了"专家委员会草案",该草案由德国专家委员会基于1992年教授委员会提出的"教授草案"总则部分进行编制,于1997年7月完

---

① 刘洪岩:《域外环境法典编纂的实践与启示》,法律出版社2021年版,第21页。
② 刘洪岩:《域外环境法典编纂的实践与启示》,法律出版社2021年版,第22页。
③ [德]Eckard Rehbinder,沈百鑫译:《欧洲国家的环境法法典化》,载徐祥民:《中国环境法学评论》总第9卷,科学出版社2013版。

成;第三阶段提出"工作草案",由德国联邦环境部(BMU)牵头并于1999年编纂完成,后因联邦各部门反对而未能成功。德国政府将第一次环境法法典化运动的失败归因于联邦立法权限受限,如联邦层面对水法和自然保护法立法权限不足。但德国部分学者则认为此次法典化失败是由于联邦部门间的利益之争,如草案中立法限制联邦交通部对于交通道路的建设规划、影响联邦内政部行政权力等①。

第二次环境法法典化运动是2006年至2009年。为重启环境法典编纂、排除第一次编纂运动中出现的阻碍,德国议会于2006年6月修改《德国基本法》,对德国联邦制进行改革,使联邦具备调整全国整体环境领域的立法权限,打破了此前德国联邦与州之间竞争性立法的状态,从而为环境法典编纂提供合法性基础。除此之外,此次修宪还引入"偏离立法权"(Abweichungsgesetzgebung)②概念,这种新型的立法权可以最大限度保留州一级的立法权限,促进联邦与州之间的协作。此后,联邦环境部联合联邦和州,再次启动德国环境法典编纂工作。建立在第一次环境法法典化的丰硕成果基础之上,第二次环境法典编纂还得到了执政党的大力支持,相较于第一次编纂,第二次法典化进程速度较快,三年间历经三个版本,最终于2008年11月提出最后一版"立法草案"③。在随后的部长级投票表决会后,德国国内出现了对环境法典的抵制声音,联邦环境部为法典得以推进作出了实质性的让步,如放弃法典中的"一体化许可审批制度"等,但这些妥协并未带来最终的一致通过,2019年2月1日,德国联邦环境部部长加布里尔宣布第二次环境法法典化失败④。

二、德国环境法典草案的体例及主要内容

(一)"教授草案"

"教授草案"采用德国传统的两分法思想,分为总则和分则两个部分,体例上参照《德国民法典》,从部门法角度看环境法调整对象所涉范围十分广泛。

---

① 沈百鑫:《两次受挫中前进的德国环境法典编纂》,《中国人大》2018年第5期。
② 《德国基本法》第72条第3款,指在联邦法律基础上,联邦政府授权州政府可以在特定领域(如环境领域中自然保护和景观维护、土壤分布、空间规划、水域)享有基于州内情况进行调整的权限。
③ 张璐璐:《德国环境法法典化失败原因探究》,《学术交流》2016年第6期。
④ 刘洪岩:《域外环境法典编纂的实践与启示》,法律出版社2021年版,第54页。

1990 年教授委员会先完成总则部分,分则部分于 1994 年完成。通过"提取公因式"的方式对当时现存环境法规范进行梳理和归纳,使草案内容相较以往的环境法律逻辑清晰、层次分明,而不仅是对当时法律的简单总结。总则部分共 11 章 169 条,分则共 8 章 598 条。

总则主要从宏观视角规定了环境法律的普遍性原则、目标、一般性规范、环境保护的手段和行政程序规定等指导性、框架性内容①。第一章"一般规定",第二章"环境义务和环境权利",第三章"规划",第四章"环境影响评价",第五章"直接监管",第六章"间接监管",第七章"环境信息",第八章"环境责任",第九章"社会团体和公众参与",第十章"法律执行",第十一章"组织和职权"。

分则对总则进行了补充,以环境保护的不同对象为出发点进行内容设置,囊括了自然保护、水域保护及水管理、土壤保护、原子能管理、污染防治与废物治理等方面。第一章"自然保护和景观维护",第二章"水域保护和水管理",第三章"土壤保护",第四章"污染影响",第五章"核能和辐射防护",第六章"危险物质",第七章"废物管理和废物处理",第八章"附则条款",其中第七章结合了当时欧共体的化学物质法进行相关规定。

从内容上看,"教授草案"主要集中在对传统的环境法问题作出回应,但与其他间接相关的领域如交通和能源等领域并未进行有效联结。

(二)"专家委员会草案"

1992 年,当时"教授草案"分则部分尚在编纂过程中,德国环境部已另外成立了独立的专家委员会,委员会人员构成具有多样性,专家职业包括法学教授、律师、工程师、法官、政府官员等。"专家委员会草案"在"教授草案"的基础上进行编纂,在《里约宣言》之后充分吸纳并贯彻了可持续发展原则,于 1997 年完成编制,内容较之"教授草案"不仅从专业上进行了更为丰富的说理,在政治上也广泛接收并协调、统一了各方意见。"专家委员会草案"采取"总—分"结构,草案共计 17 章,总则部分包括第一至八章 244 个条文,分则部分自第九章至第十七章 531 个条文,整部草案共计 775 个条文。

总则部分:第一章"一般规定"(具体内容包括法典的目的、概念厘定、基本原则、规则制定等),第二章"规划",第三章"项目",第四章"产品",第五章"干预

---

① 刘洪岩:《域外环境法典编纂的实践与启示》,法律出版社 2021 年版,第 27 页。

措施和监控",第六章"企业环境保护、环境责任和其他经济手段",第七章"环境信息",第八章"跨国环境保护"。

分则部分:第九章"自然保护、景观养护和森林保护",第十章"土壤保护",第十一章"水体保护",第十二章"污染防治和能源供给",第十三章"核能和辐射防护",第十四章"交通设施和管线设施",第十五章"基因技术和其他生物技术",第十六章"危险物质",第十七章"废物管理"。

从总体来看,该草案总则部分,基于可持续发展观的指导,专家委员会认为法典应注重协调人与环境之间的关系,并在起草过程中进一步细化了可持续发展原则,对"教授草案"的总则部分进行扩展,涵盖了自然环境的各个方面。分则部分,"专家委员会草案"相较于"教授草案",所涉对象突破了传统环境法的规制范围,延伸至基因技术、能源供给和交通设施等与环境保护间接相关的新兴领域[1]。

(三)"工作草案"

20世纪90年代中后期,时值欧盟理事会先后颁布《关于综合避免和减少环境污染指令》(96/61/EG)、《关于特定环境公私领域的环境影响评价条例》(97/11/EG)并要求成员国将此转换为国内法。德国联邦环境部接手专家委员会草案之后,为将欧盟法转化为国内法并有效执行,决定通过开放式、分阶段的方式推进德国环境法法典化。1998年3月,德国联邦环境部首次提交环境法典工作草案,又称"第一书"(Erstes Buch)[2]。该工作草案以"专家委员会草案"为基础,进行了大幅缩减,旨在体现工作草案的纲领作用,结构上与"专家委员会草案"一致,沿用"总—分"结构。考虑到须尽快执行欧盟指令,"工作草案"在"专家委员会草案"的基础上仅保留82个条文。

总则第一章规定了一般原则,如预防原则、污染者付费原则、可持续发展原则等;第二章是欧盟《关于综合避免和减少环境污染指令》在德国国内的转化,涉及建设项目许可内容;第三章规定了法律实施等内容,如服务于许可办法的环境监管规定和执行规定;第四章规定了跨界环境保护的相关内容。分则主要围绕欧盟的两部指令在国内转换而展开,其中9条关于与设施相关的排污、7条

---

[1] 刘洪岩:《域外环境法典编纂的实践与启示》,法律出版社2021年版,第29—31页。
[2] 刘洪岩:《域外环境法典编纂的实践与启示》,法律出版社2021年版,第35页。

关于水域保护、7条涉及垃圾场、3条涉及管道设施①。

不过,"工作草案"在后续征求意见中受挫并被联邦环境部撤回,联邦政府同意"联邦立法权限受限"导致德国第一次环境法法典化以失败告终。

(四)"立法草案"

由于第一次环境法典编纂的失败经验,德国议会于2006年通过修宪对联邦和州的立法权限进行重新划分,赋予联邦从环境法整体调整全国相关领域的权力,开始德国第二次环境法法典化运动,由联邦和州共同编纂。得益于第一次环境法典编纂的有益经验和丰富材料,以及执政党的支持,第二次环境法典编纂进程较快,自2006年初至2008年11月先后修订多次,形成三个版本,最后一版是2008年12月的"立法草案"。"立法草案"共5册348条,除第一册外,余下4册均可作独立的法律并按序编号。这种做法可实现环境法典的友好适用性,若法典化失败还存在单册法律被独立采用的可能性。"立法草案"结构上继续采用"总—分"结构,对于单册中特定领域的内容也规定了"一般规则"②。

草案第一册共3章143条,内容包括总则和一体化许可审批制度。第一章"跨领域规定",包括第一节"一般规定"、第二节"战略环境影响评价"、第三节"企业环境保护"、第四节"环境损害规避"、第五节"环境事项的法律救济规定"、第六节"相关群体的听证"③。第二章"一体化项目许可",包括第一节"一般规定"、第二节"许可"、第三节"规划许可"、第四节"环境影响评价"、第五节"许可程序"、第六节"干预措施"、第七节"监管"、第八节"现有规划",是整部环境法典的核心内容,适用于对环境和空间具有重大意义的项目,要求同一主管部门按照统一程序颁发许可,具有强大的整合效果④。第三章"附则规定",内容包括例外条款及罚金等规定⑤。

草案第二册涉及水法的规定,共6章93条,同时包含了联邦水体保持法和各州水法的相关规定。第一章"一般规定",第二章"水资源管理",第三章"特别水域管理",第四章"赔偿条款",第五章"水域监管的职责和职权",第六章"罚金

---

① 刘洪岩:《域外环境法典编纂的实践与启示》,法律出版社2021年版,第35页。
② 刘洪岩:《域外环境法典编纂的实践与启示》,法律出版社2021年版,第43—44页。
③ 刘洪岩:《域外环境法典编纂的实践与启示》,法律出版社2021年版,第44—45页。
④ 刘洪岩:《域外环境法典编纂的实践与启示》,法律出版社2021年版,第45—46页。
⑤ 刘洪岩:《域外环境法典编纂的实践与启示》,法律出版社2021年版,第46页。

条款和过渡条款"①。

草案第三册涉及自然景观保护法,共 11 章 75 条,与第二册一样,州层面在第三册的自然保护领域同样享有"偏离立法权"。第一章"一般规定",第二章"景观规划",第三章"自然和景观一般保护",第四章"自然和景观的特别保护",第五章"野生动植物及其栖息地保护",第六章"海洋生态保护区",第七章"自然景观的修复",第八章"公认自然保护组织共同参与",第九章"财产关系和豁免",第十章"罚金和刑事处罚",第十一章"过渡条款"②。

草案第四册虽然篇幅短小,但其为预防非电离辐射开创性地搭建了法律框架,其中非电离辐射指与电或电磁和光学辐射相关的非放射性辐射,如无线电信号、医疗设备等引起的非电离辐射,共 6 章 14 条。第一章"一般规定",第二章"防止非电离辐射引起的有害环境影响",第三章"防止医疗设备之外的非电离辐射有害影响",第四章"防止医疗设备引起的非电离辐射有害影响",第五章"共同规定",第六章"附则条款",如罚金等规定③。

草案第五册关于排污交易规定,包含温室气体排放交易法,回应了当时全球范围内备受关注的气候变化问题,共有 7 章。第一章"一般规定",第二章"许可和排放监管",第三章"权利分配",第四章"排放权交易",第五章"共同规定",第六章"制裁",第七章"过渡条款和生效"④。

第四节 其他国家环境法法典化研究

一、哥伦比亚环境法法典化研究

1972 年斯德哥尔摩联合国人类环境会议后,哥伦比亚国内人士开始思考环境与发展、环境与意识形态、环境与子孙后代之间的关系,会议通过的《斯德哥尔摩宣言》和《行动计划》推动了《哥伦比亚可再生自然资源和环境保护国家法典》(以下简称《哥伦比亚环境法典》)的颁布。《哥伦比亚环境法典》的编纂得益

---

① 刘洪岩:《域外环境法典编纂的实践与启示》,法律出版社 2021 年版,第 47-48 页。
② 刘洪岩:《域外环境法典编纂的实践与启示》,法律出版社 2021 年版,第 48-50 页。
③ 刘洪岩:《域外环境法典编纂的实践与启示》,法律出版社 2021 年版,第 50 页。
④ 刘洪岩:《域外环境法典编纂的实践与启示》,法律出版社 2021 年版,第 51 页。

于国内科学家、法学家、环保主义者和高级官员之间的通力合作,加之政府方面对于国家自然资源管理和保护的重视。该法典于 1974 年开始实施,是拉美地区和加勒比地区第一部环境法典,以环境要素为主导,内容不仅涵盖一般的环境问题,还包括可再生资源的保护问题[①]。

《哥伦比亚环境法典》的结构铺设包含卷、部分、章、节、条款,共计 2 卷 340 条。法典第一至六条规定了可再生自然资源和环境保护的基本内容,包括立法目的、一般规则、适用范围等,也阐明了执行环境法规和政策是哥伦比亚中央政府的职责[②]。第一卷(第七至四十一条)《关于环境》共有四个部分,相当于一般两分法中的总则部分。第一部分"环境政策的定义及一般规定",第二部分"有国际影响的环境问题",第三部分"环境政策的发展途径",第四部分"与非自然资源类要素相关的环境保护规则"。第二卷(第四十二至三百四十条)《关于可再生自然资源的权属、使用及环境影响》涉及自然资源利用的具体内容,以大气、河流、海洋、生物资源等自然环境要素展开,最后还设置了特殊管理区域的规定[③]。

二、菲律宾环境法法典化研究

菲律宾在遭受长达几百年的殖民统治中,以其自身法律传统为基础,吸纳了古印度法、伊斯兰法、西班牙法和美国法等多种法律传统,形成了大陆法系与普通法系相混合的法律体系以及法典化传统[④]。自 20 世纪 50 年代起,工业化高速发展、城市化进程加速为菲律宾带来严重的环境污染,主要表现为水污染、大气污染、固体废物污染等。有鉴于此,环境保护运动兴起,环境保护立法开始受到重视,菲律宾于 1977 年出台了《菲律宾环境法典》(Philippine Environment Code,第 1152 号总统令),1987 年《菲律宾宪法》确立了公民的环境权[⑤]。

《菲律宾环境法典》共有 7 个部分 64 条,出台的动机是菲律宾政府希望通过法典采取综合环境保护与管理方式,建立环境管理政策、明确环境质量标准。

---

① 竺效:《环境法典编纂结构模式之比较研究》,《当代法学》2021 年第 6 期。
② 刘时剑、许天舒、袁佳楠、傅志勇译:《哥伦比亚可再生自然资源和环境保护国家法典》,法律出版社 2022 年版,前言第 1 页。
③ 竺效:《环境法典编纂结构模式之比较研究》,《当代法学》2021 年第 6 期。
④ 岳小花:《菲律宾的环境法典化及启示》,《中国人大》2018 年第 9 期。
⑤ 刘洪岩:《域外环境法典编纂的实践与启示》,法律出版社 2021 年版,第 253 页。

法典由空气质量管理、水质量管理、土地使用管理、自然资源管理与保护、废弃物管理、与环境保护相关问题以及效力7个部分构成。前5个部分从立法目的、监测、标准、监管与执法等方面进行了规定,在与环境保护相关的其他问题部分,法典采用列举方式,规定了人口与环境平衡、环境教育、环境研究、国外环境信息的监控与传播、税收激励、财务补助/补贴、地方政府单位和私人个体的参与、历史与文化资源和遗产的保护、履行环境保护功能的政府机构、公共听证、术语解释等方面的内容。法典还明确了相关政府主管部门及部门的具体职责①。

除《菲律宾环境法典》以外,菲律宾还颁布了诸多环境保护的法律文件。如1975年为保护、恢复和开发林地颁布的《菲律宾森林改革法典》(第705号总统令),1975年以促进和保护公民健康而颁布的《菲律宾卫生法典》(第856号总统令),为回应水资源短缺和对水资源管理和用途进行改善而出台的《1976年菲律宾水法典》(第1067号法案),为保护菲律宾渔场、渔业资源并合理开发而制定的《1998年菲律宾渔业法典》(第8550号法案,于2014年进行修订)等,在环境立法内容上涵盖了环境保护的许多方面②。

三、意大利环境法法典化研究

意大利现代环境保护立法的意识萌发于意大利王国时期,如1933年的《水与电气设备法》(R. D. 1775)、1934年对不健康的工业活动进行规制的《卫生法》(R. D. 1265)等。意大利共和国建立之后,于1966年出台了国内第一部关于环境治理的专项法规《大气污染防治办法》(L. 165)。随后,意大利针对个别污染事件、为保障经济发展相继进行配套的环境立法,如1974年《危险物质和药剂的分类及包装标识规范》(L. 256)、1976年《水污染防治规范》(L. 319"梅里尔法")等③。到了20世纪80年代,意大利政府意识到分散、片面的环境立法无法解决日趋严重的环境问题,在司法实践的过程中现存的法律文件无法为解决环

---

① 岳小花:《菲律宾的环境法典化及启示》,《中国人大》2018年第9期。
② 刘洪岩:《域外环境法典编纂的实践与启示》,法律出版社2021年版,第253-259页。
③ 刘洪岩:《域外环境法典编纂的实践与启示》,法律出版社2021年版,第241页。

境问题提供有效的支撑,法律工作者开始意识到推进环境立法的重要性[1]。意大利国内出台了一系列环境法律法规,如1982年《海洋保护法》(L.979)、1984年《肥料使用原则新规》(L.748)、1985年《关于保护特别环境利益区域的紧急规定》(L.431"格拉索法")等,其中1986年出台的《设立环境部和有关环境损害的规则》(L.349)被视作意大利综合性环境立法的开端,是一部"真正意义上的""有关环境保护的一般性法律"。此后意大利环境立法进入快速发展时期,截至2006年新的统一法规出台之前,具有国家效力和地区效力的单行法律法规数量上超过200项,内容涉及大气臭氧、声音污染和垃圾处理等方面[2]。单行法数量庞杂,导致意大利环境立法体系碎片化现象严重。碎片化的法律文件导致公民守法成本和行政机构的执法成本大量增加,加之观念陈旧的老法无法解决发展迅速的环境领域的新问题,杂乱无章的环境立法体系由于缺乏基本原则和共通条款出现了失序的状态,因而对环境法进行系统化和增强其稳定性成为意大利环境法发展的题中之义。2004年第308号法律授权政府以"统一文本"的形式对单行法进行整合,内容主要集中在垃圾处理、水土保持、保护区管理等重要环境领域和环保事项方面。经过15个月的起草,2006年4月,意大利出台《意大利环境法规》(D.Lgs152,也称"环境法统一文本"),大致取代了此前环保领域所有的单行法律法规。统一文本全文共有6个部分,下设编、章、节、条、项,共318条规范和45个附件。法令的大部分内容于4月生效,仅余第二部分内容于8月生效。此后,该法令几乎每年进行修订、补充,截至2017年8月,法令增加2部分、3章,共计96个条款,附件也增至61个[3]。

统一文本以法典形态为最终目标,体例上也遵循大陆法系传统法典的结构编排,第一、二、六部分是对环境问题的整体性规定,第三、四、五部分以环境保护对象分类,针对土壤、水资源、废弃物和空气等方面作出了相关规定。第一部

---

[1] Massimo Luciani. The Principles of Environmental Law and Their Comples Regulatory Transpositon in Italy (Paper represented at the International Conference on the Translation and Publication of the Environmental Codes of Various Countries, Beijing, October 2017).

[2] Danilo Pappano. L'evoluzione della disciplina ambientale in Italia, dalla frammentazione alla codificazione; Giampaolo Rossi. The Evolution of Environmental Law in International, European and National Legislations, with Particular Reference to Italy (paper represented at the International Conference on the Translation and Publication of the Environmental Codes of Various Countries, Beijing, October 2017);刘洪岩:《域外环境法典编纂的实践与启示》,法律出版社2021年版,第242页。

[3] 李钧:《一步之遥:意大利环境"法规"与"法典"的距离》,《中国人大》2018年第1期。

分"一般规定和基本原则",规定了该文本的一般性规定,如立法目的、基本原则、适用范围、环境影响评价、综合环境许可等内容。第二部分"战略环境评价(VAS)、环境影响评价(VIA)和环境综合许可的程序(IPPC)",共6章,将欧盟(欧共体)相关指令(2001/42/CE号指令、85/337/CEE号指令、97/11/CE号指令、2003/35/CE号指令和2008/1/CE号指令)与国内法衔接并转换。第三部分"土壤保护和抗沙漠化、水污染防治和水资源管理的规定",篇幅最长,共3编11章,占整部文本的三分之一。第四部分"废弃物管理和污染场所改造的规定",共6章,其中关于废弃物焚烧的章节(第五-2章)是2014年修订时新增内容。第五部分"空气保护和大气减排的规定",共3章,将《京都议定书》中关于大气质量目标、预防和减少对大气排放等内容转化至文本中,设定了相应的排放标准、取样分析方法等规定。2016年增设第五-2部分"特殊设备的规定"。第六部分"环境损害赔偿的规定",共3章,规定了环境损害赔偿的适用范围、环境损害威胁的预防措施和修复措施,并授权环境和土地海洋保护部行使损害赔偿诉权等。2015年新增第六-2部分"环境保护的行政和刑事违法的处罚规定",加重了对损害环境行为的处罚力度。此外,统一文本的61个附件对应正文的第二部分到第六部分,涵盖了自治区主管资格、环境报告内容、水体功能性分类标准、敏感区域界定标准、危险物质清单、垃圾焚化厂排放标准等技术方面的指标和规范,其篇幅甚至超过了正文部分,与正文中原则性、规范性条款相结合,使统一文本更具实用性和可操作性[①]。

四、哈萨克斯坦环境法法典化研究

哈萨克斯坦共和国前身是哈萨克苏维埃社会主义共和国,是苏联加盟共和国之一,于1991年12月16日宣布独立,目前是独立国家联合体(独联体)成员国之一,是独联体国家中最早也是目前唯一一个正式通过生态法典的国家[②]。

苏联时期,哈萨克苏维埃社会主义共和国生态立法法典化历经两个阶段。第一阶段是1917年至1968年。苏联宪法高度关注合理使用自然资源,因此1918年哈萨克苏维埃社会主义共和国成立了独立的自然保护委员会,委员会依照自然资源类型进行立法规制。1962年4月哈萨克苏维埃社会主义共和国最

---

① 刘洪岩:《域外环境法典编纂的实践与启示》,法律出版社2021年版,第244-247页。
② 刘洪岩:《域外环境法典编纂的实践与启示》,法律出版社2021年版,第195页。

高委员会主席团通过《关于保护哈萨克苏维埃社会主义共和国自然界》法令,对国家矿产、水域、森林、动物和鸟类、空气、土壤、稀有景观等规定了严格的生态标准,还出台了利用自然资源和保护自然要素的程序规定,以及捕鱼、狩猎应遵照生态规则的特别指导。第二阶段是1969年至1990年。按照国际自然和自然资源保护联盟的决议要求,哈萨克苏维埃社会主义共和国1978年制定了珍惜和濒危动植物红皮书,并同时制定了诸多规范性生态法律文件,如《大气保护法》《动物保护和利用法》等。在莫斯科举办的第一届全联盟大学科学与方法论会议上,苏联确定了环境保护法和自然资源法这两门学科课程,至此环境保护和自然资源利用成为生态立法发展的两大方向,随后哈萨克苏维埃社会主义共和国制定了《土地法》《环境保护法》。1988年苏联着手制定环境保护法典,最终由于各方分歧且矛盾不可调和而被迫终止[①]。

  1991年苏联解体,哈萨克斯坦成为独立的主权国家,为合理利用国内自然资源和有效保护国内生态环境,哈萨克斯坦重新进入新的生态立法法典化进程,可分为两个阶段。第一阶段是1991年至2003年。哈萨克斯坦独立后,开始对国内生态保护立法进行系统性改革,对相关立法展开立、改、废工作,先后制定出台《土地法》《环境保护法》《特别自然保护区法》《水法》《森林法》《关于动物界保护、再生和利用法》等法律,并在各类行政程序规则(如关于土地改革、农村发展、旅游、城市建设等总统令)中规定了相应的生态法律规范、生态标准和使用规则,其中《关于动物界保护、再生和利用法》首次在立法层面对保护、再生和使用水生及陆地野生动物进行规制。1995年,哈萨克斯坦首次将环境保护作为国内立法总指导思想写入宪法[②]。1996年哈萨克斯坦通过《哈萨克斯坦共和国生态安全构想》,这是哈萨克斯坦生态保护领域第一部具有战略意义的文件,同时颁布了具有法律效力的《关于土地的总统令》《关于地下资源和地下资源利用的总统令》《关于石油的总统令》《关于环境保护的总统令》等行政令。其中存在缺乏合理的追责程序及缺少合理的解纠机制等问题,在后续2007年颁布的生态法典中得到了完善和补充。第二阶段是2004年至2017年。2003年,哈萨克斯坦共和国总统纳扎尔巴耶夫签署了《2004—2015年哈萨克斯坦共和国生态

[①] 刘洪岩:《域外环境法典编纂的实践与启示》,法律出版社2021年版,第196-197页。
[②] 《哈萨克斯坦共和国宪法》第31条规定:"国家旨在保护有利于人类生命和健康的环境……隐瞒威胁到人类生命健康的事实和情况的官员应依法承担责任。"《哈萨克斯坦共和国宪法》第38条规定:"哈萨克斯坦共和国公民应当保护环境并珍惜自然资源。"

安全构想》,确定了国家可持续生态发展的综合性措施,并成立了专门的自然保护委员会,负责组织和协调生态安全科学机构。该构想为 2010 年前哈萨克斯坦社会的可持续发展确立了基本生态标准,并赋予其法律地位和效力,在法律层面上对环境保护问题进行归纳和体系化。2004 年 11 月,哈萨克斯坦共和国部门间特别工作组成立,至此哈萨克斯坦生态法典制定工作正式启动。特别工作组制定了生态立法改革构想以及确定了生态法典草案的基本结构,参考了 20 多项不同国际组织的指导性和建议性文件、14 项国际公约、近 30 项欧盟指令和外国法律法规,参照《独联体国家生态示范法典》的原则及精神,整合国内 200 多部法律法规,最终于 2007 年 1 月 9 日出台《哈萨克斯坦共和国生态法典》,截至 2017 年,历经修订和完善 40 余次[①]。

《哈萨克斯坦共和国生态法典》采取总则加分则的体例结构,共 9 编 47 章 326 条。总则部分共 7 编 27 章 193 条。总则第一编"总章"共 105 条,统领整部法典,规定了法典所涉的基本概念和法律术语解释,明确了法典的适用范围,确立了基本原则,除此之外,还规定了环境保护的客体、自然资源利用的概念、环境影响的界定、环境保护领域的权利和义务以及国家和地方各级政府在环境保护领域的职权等内容。第二编"环境保护领域的行为许可制度、生态标准制度、环境保护领域的技术法规、环境影响评价制度、生态鉴定制度、生态许可制度、生态审计制度"。第三编"生态保护的经济手段",规定了环境保护和自然资源利用的经济协调机制以及生态损失经济评估。第四编"生态监督"。第五编"生态监测和生态清查",主要针对自然资源、消费和生产废弃物、有害物质和放射性废弃物、向地下资源排放污水等,还包括国家评估温室气体排放和吸收系统、生态信息、国家对污染土地的强制性登记等规定。第六编"生态紧急情况区和生态灾难区的设立",对它们的概念、界定标准和启动程序作出了规定。第七编"生态文化教育、环境保护领域的科学研究和国际合作开展",规定了对于学校内部、国家内部、公众内部的生态教育,以及对生态科学研究、环保领域的国际合作作出了规定。法典分则共 2 编 20 章 133 条。分则第八编"实施经济活动和其他社会活动时应遵守的生态要求",对开展经济活动和其他社会活动应遵守的一般性生态要求作出了规定,对保护各个自然综合体和客体领域的关系进行了规制,同时也对珍惜和濒危动植物、特别自然保护区和里海北部的利用与

---

① 刘洪岩:《域外环境法典编纂的实践与启示》,法律出版社 2021 年版,第 197-199 页。

保护进行了规范调整。第九编"生态违法责任和生态纠纷解决机制",明确了生态违法的追责机制和生态纠纷的解决机制①。

五、爱沙尼亚环境法法典化研究

中东欧国家爱沙尼亚是波罗的海三国之一,1940年加入苏联,1991年苏联解体后宣布独立,随后出于政治、经济等方面的考虑,确立了"回归欧洲"战略,于2004年加入欧盟②。在法律方面,爱沙尼亚深受苏联、德国等国家法律传统的影响。进入21世纪,由于当时爱沙尼亚环境法律制度产生于不同的历史时期,存在过度规制、法律制定缺乏标准化语言、法律缺少稳定性、制度之间无法有效衔接等各种系统性问题③。为解决这些问题,并与爱沙尼亚"回归欧洲"战略相融合,爱沙尼亚环境法法典化获得了强有力的政治支持。爱沙尼亚自2000年启动环境法典制定的研究工作,被视为欧陆国家环境法法典化运动在中东欧国家和中亚国家的延续。爱沙尼亚充分吸取了欧陆国家尤其是德国在环境法典编纂方面的经验教训和理论基础,在意识到环境法典立法难度的前提下,采取分阶段编纂环境法典的路径。2000年爱沙尼亚环境法学者成立两个工作组,分别负责起草环境法典的总则和分则。2007年,爱沙尼亚官方正式开始起草环境法典。2011年《爱沙尼亚环境法典总则》率先获得立法机关审议通过,2013年原计划完成的《爱沙尼亚环境法典分则》未能如期完成,因此2014年《爱沙尼亚环境法典总则》先行生效,截至2017年,《爱沙尼亚环境法典分则》仍处在编纂过程中④。

2011年《爱沙尼亚环境法典总则》共计6章63条,历经14次修订。第一章为一般规定,涵盖了立法目的、适用范围、重要概念厘定等内容,其中重要概念包括环境妨害(environmental nuisance)、环境风险(environmental risk)、环境威胁(environmental threat)、设备与经营者(operator)、排放(emission)、污染行为(pollution)、污染结果(contamination)等。第二章规定了环境保护原则和主

---

① 刘洪岩:《域外环境法典编纂的实践与启示》,法律出版社2021年版,第201-205页;竺效:《环境法典编纂结构模式之比较研究》,《当代法学》2021年第6期。
② 柳丰华:《艰难的睦邻之路——苏联解体以来的俄罗斯与波罗的海三国》,《俄罗斯中亚东欧研究》2008年第3期。
③ Hannes Veinla. Codification of Environmental Law, 5 JURIDICA INT'l 58 (2000).
④ Hannes Veinla & Kaarel Relve. Estonia Environmental Law, Wolters Kluwer, 2017, p. 30;刘洪岩:《域外环境法典编纂的实践与启示》,法律出版社2021年版,第263-266页。

要义务,其中各项基本原则的规定体现了法典高水平和一体化的整体性治理思维。第三章集中规定了经营者义务,明确法典中经营者的界定并规定了经营者的法律义务。第四章围绕环境权进行了全面且细致的规定,对满足健康和福利需求的环境权和环境程序权,以及使用他人土地和水体的权利进行了规定。第五章是关于环境许可证的实体和程序规定,包括许可证类型、许可证的申请、行政决定公开、环境许可的时限、许可证的授予以及许可证的宣布、修改、暂停、撤销等内容①。第六章是修订过程中新增设的内容,涉及国家的监督管理、环境法律责任等内容。

---

① 张忠利:《迈向环境法典:爱沙尼亚〈环境法典法总则〉及其启示》,《中国人大》2018年第15期。

第十一章　我国环境法法典化研究

新中国成立以来,我国环境立法经历了从环保意识萌发到环境立法体系构建的过程,环境理念经历了从污染防治到事前预防再到可持续发展的历史性转折,环境保护走向生态文明建设可持续发展的道路。在此基础上,当前失衡的环境法体系无法满足习近平总书记提出的生态文明建设的发展需求,我国环境法法典化随之展开。对我国环境法法典化进行研究,须先对我国环境立法的历史背景、体系现状进行全面梳理,这有助于我们精准定位目前环境法体系内外存在的问题,也有助于我们联系实际考察我国进行环境法典编纂的可行条件。

第一节　我国环境立法的发展

我国对于环境保护的理念古已有之。现代环境立法则自20世纪70年代开始。随着环境法体系发展到一定阶段、国际环境保护立法的趋同化以及习近平生态文明思想法治化在理论与实践上的进一步深化,环境法进入法典化时期。

一、古代中国环境保护理念和法令

我国古代就有许多关于环境保护的思想观念和有关环保的法令,如先秦时期孟子的"斧斤以时入山林"、战国末期荀子的"草木荣华滋硕之时,则斧斤不入山林,不夭其生,不绝其长也"、唐朝的《唐律疏议》"其穿垣出秽污者,杖六十;出水者,勿论。主司不禁,与同罪。疏议曰:具有穿穴垣墙,以出秽污之物于街巷,杖六十。直出水者,无罪,主司不禁,与同罪。谓'侵巷街'以下,主司合并禁约,不禁者与犯人同坐"等,体现了生态学中"以时禁发"①的思想。但是,其本质上都是为了维护封建统治阶级对资源的持续利用,并不是现代环境保护意义上的相关立法②。

二、我国现代环境立法的发展

我国现代环境立法发端于20世纪70年代③,大致可分为三个阶段:第一阶段环境法初步探索时期(1973—1978年);第二阶段环境法体系化发展时期(1979—2013年);第三阶段全新环境法生态文明时期(2014年至今)。在此过程中历经四次立法高潮,从时间上来看分别出现在1984年至1989年(1986年达到顶峰)、1995年至1999年(1997年达到顶峰)、2001年至2003年(2002年达到顶峰)、2016年至今(2018年达到顶峰)。

(一)第一阶段环境法初步探索时期(1973—1978年)

1973年颁布的《关于保护和改善环境的若干规定〈试行草案〉》被视作我国现代环境立法的起点,是"中国第一个综合性的环境保护行政法规"④,其产生的直接原因是1972年我国政府派出代表团参加了联合国人类环境会议。会议使我国对全球环境问题有了新的认识并系统接触到西方发达国家的环保理念,推动我国于1973年成立第一个国家级环保机构——国务院环境保护领导小组办公室,办公室代表中国加入联合国环境规划署,中国也成为联合国环境规划署理事会的58个成员国之一。1973年8月,国务院组织召开第一次全国环境保护会议,会议通过《关于保护和改善环境的若干规定〈试行草案〉》⑤,确立了环境

---

① 袁清林:《中国环境保护史话》,中国环境科学出版社1990年版,第170页。
② 李小强:《中国环境法法典化的实现路径》,载吕忠梅:《环境资源法论丛(第12卷)》,法律出版社2020年版。
③ 在学术界,吕忠梅教授、韩德培教授等人认为中国现代环境立法自1973年开始。韩德培:《环境资源法论丛(第1卷)》,法律出版社2001年版;张梓太、李传轩、陶蕾:《环境法法典化研究》,北京大学出版社2008年版,第161页。在实务界,生态环境部法规与标准司司长别涛也认同该观点。别涛:《关于〈环境保护法〉的修改方向——中国需要作为国家基本法律的〈环境保护法〉》,载王树义:《可持续发展与中国环境法治——〈中华人民共和国环境保护法〉修改专题研究》,科学出版社2005年版,第8页。
④ 蔡守秋:《环境资源法教程(第2版)》,高等教育出版社2010年版,第31页。
⑤ 常纪文:《环境法前沿问题——历史梳理与发展探究》,中国政法大学出版社2011年版,第1页。

保护的"三十二字方针"——"全面规划,合理布局,综合利用,化害为利,依靠群众,大家动手,保护环境,造福人民",建立了"三同时"制度和奖励综合利用政策①。1974年,我国成立国家建设委员会环境保护办公室,代管国务院环境保护领导小组办公室,负责环境保护方针、政策、规定的制定,以及全国环境保护规划的审定,并对各地区、各部门的环境保护工作进行组织协调和监督检查②。这一时期,国家先后颁布了《工业"三废"排放试行标准》(1973年)、《防止沿海水域污染暂行规定》(1974年)、《生活饮用水卫生标准(试行)》(1976年)、《关于治理工业"三废"开展综合利用的几项规定》(1977年)、《渔业水质标准》(1979年)、《农田灌溉水质标准》(1979年)等。

从时间上看,我国现代环境立法晚于西方一个世纪③。我国现代环境立法之初就受到了当时国外发达国家对于环境进行综合性立法的影响,因此我国自现代环境立法启动之时就认识到综合性、整体性对于环境保护法律的重要性。在这一时期,《关于保护和改善环境的若干规定〈试行草案〉》起到了统领环境法律的环境基本法作用,其中"三十二字方针"被视作具有全局观的基础性规定④。这一时期环境立法刚起步,尽管有意识进行综合立法的布局,但由于立法技术的限制,以及仍处在"头痛医头、脚痛医脚"的针对式环境立法初级阶段,环境法律部门整体呈现出看似有序实则零碎的样态。

(二)第二阶段环境法体系化发展时期(1979—2013年)

第二个时期是环境立法体系化发展时期,包括前期的活跃立法时期(1979年至1988年)和后期的体系构建时期(1989年至2013年)。在体系化发展的前十年,中国的环境立法在数量上进入快速增长阶段。1978年环境保护首次被写入《宪法》⑤,1979年《中华人民共和国环境保护法(试行)》(简称《环境保护法(试行)》)的颁布被视作环境立法进入"快车道"⑥的起点,该法规定了我国环境保护的基本方针、政策、原则和制度,该法制定之初设计了"基本法先行、单行法后定"的立法路径。中国改革开放以后,环境问题愈发受到重视。1982年修订

---

① 吕忠梅、吴一冉:《中国环境法治七十年:从历史走向未来》,《中国法律评论》2019年第5期。
② 生态环境部环境规划院:《国务院环境保护机构改革历程》,《环境保护》2008年第7期。
③ 金瑞林:《环境法学(第4版)》,北京大学出版社2016版,第26页。
④ 汪劲:《环境法学(第3版)》,北京大学出版社2014年版,第48页。
⑤ 1978年《宪法》第11条第3款规定:"国家保护环境和自然资源,防止污染和其他公害。"
⑥ 吕忠梅、吴一冉:《中国环境法治七十年:从历史走向未来》,《中国法律评论》2019年第5期。

《宪法》时首次引入"生态环境"①的概念,还确立了"保护自然资源和野生动植物"以及"保护和改善生活环境和生态环境"的国家战略,为制定和实施环境保护法律法规提供了宪法依据,也为环境法学理论的创建奠定了宪法基础②。在活跃立法时期,国家先后颁布《海洋环境保护法》(1982年)、《水污染防治法》(1984年)、《大气污染防治法》(1987年)等污染防治法,以及《森林法》(1984年)、《草原法》(1985年)、《土地管理法》(1986年)、《矿产资源法》(1986年)、《渔业法》(1986年)、《水法》(1988年)、《野生动物保护法》(1988年)等自然资源法。经过这一时期的集中立法,我国环境法体系的两大子部门污染防治法与自然资源法初具形态,但由于《环境保护法(试行)》中规定的污染防治措施以及自然保护对策过于宽泛,在制度设计上较为零散,与各单行法之间分工不够明确,削弱了《环境保护法(试行)》的基本法功能③。

1989年,《中华人民共和国环境保护法》(以下简称《环境保护法》)在历经十载之后终于获得通过,原先的立法路径也在实践中实际上转变为"边制定单项法边修订基本法"④。1989年《环境保护法》的通过标志着中国环境立法开始进入第二阶段体系化发展后期的体系构建时期。《环境保护法》对此前已经实施十年的《环境保护法(试行)》内容进行了符合当时环境领域发展情况的删改,使其作为环境基本法的统领全局的功能得到加强。在结构上,虽然形成了以《环境保护法》为基本法,以污染防治法和自然资源保护法为两翼的环境法律体系,但实际上作为基本法的《环境保护法》仍以"针对污染防治立法"为主,在具体制度设计上主要集中在污染控制方面,而对于"自然资源保护"方面仅以原则性规定进行宽泛说明,呈现出明显的"强化污染防治、有限自然保护"的特点。在这一时期,国家的环境立法工作主要集中在对前面十年制定的单行法进行修订,如《大气污染防治法》(1995年、2000年)、《水污染防治法》(1996年、2008年)、《矿产资源法》(1996年)、《森林法》(1998年)、《海洋环境保护法》(1999年)、《草原法》(2002年、2013年)等,同时加快了配套法规、规章、环境标准的制定工作。根据统计,截至2013年,中国已制定如《环境保护法》(1989年)等综合类环境保护法律4部,《水土保持法》(1991年、2010年)等自然资源与自然(生态)保护和

---

① 1982年《宪法》第26条规定:"国家保护和改善生活环境和生态环境,防止污染和其他公害。"
② 吕忠梅、吴一冉:《中国环境法治七十年:从历史走向未来》,《中国法律评论》2019年第5期。
③ 吕忠梅:《〈环境保护法〉的前世今生》,《政法论丛》2014年第5期。
④ 吕忠梅、吴一冉:《中国环境法治七十年:从历史走向未来》,《中国法律评论》2019年第5期。

开发利用类法律13部,《清洁生产促进法》(2002年)等促进清洁生产与循环经济类法律2部,《节约能源法》(1997年)等能源合理开发利用类法律2部。另外,有10部左右民事、刑事、行政和经济立法中涉及环境保护领域,国务院制定的环境行政法规60余部,国务院主管部门制定的环境行政规章600余部,国家环境标准1 200余部①。

20世纪80年代,联合国纲领性文件中提出了可持续发展的概念,颠覆了此前人类的传统发展观,实现了人类历史文明的重大飞跃。2007年党的十七大首次提出"生态文明"理念②。2012年,党的十八大报告中首次将"生态文明"建设提升至国家建设发展全局的高度,并将其纳入建设中国特色社会主义的"五位一体"总布局中,提出生态文明建设的总目标是建成"美丽中国"③。2013年党的十八届三中全会通过了将"生态文明体制改革"纳入全面深化改革目标体系的决定④。一方面,在国内法层面,可持续发展理念推进我国进入环境立法体系化发展后期,在环境立法的理念和价值取向方面发生了根本性转折。在可持续发展理念的影响下,我国环境立法体系在纵向和横向上呈现出融合态势。从环境立法的纵向结构看,具有全局观的环境专项法增多。对于环境问题的治理也从事后治理转向污染预防,2002年制定《清洁生产促进法》和《环境影响评价法》、2005年制定《可再生能源法》、2008年制定《循环经济促进法》等环境专项法都是为了实现这一转变。从环境立法的横向结构上看,自然资源法在环境法部门中比重大幅增加,与环境法在内容上融合度提升。通过修订将可持续发展写入立法目的,从重视资源的经济价值转向保护资源的环境(生态)价值,自然资源法的价值追求从早先以保障经济发展为主要目标转变为以保护环境(生态)可持续发展为基本逻辑,自然资源法因此具备了环境法的特征,与环境法进一步融合⑤。

另一方面,在国际法层面,可持续发展理念促使中国积极参与到国际环境

---

① 吕忠梅、吴一冉:《中国环境法治七十年:从历史走向未来》,《中国法律评论》2019年第5期。
② 黄克亮、罗丽云:《以生态文明理念推进美丽乡村建设》,《探求》2013年第3期。
③ 胡锦涛:《坚定不移沿着中国特色社会主义道路前进,为全面建成小康社会而奋斗——在中国共产党第十八次全国代表大会上的报告》,载《十八大以来重要文献选编(上)》,中央文献出版社2014年版,第31页。
④ 《中共中央关于全面深化改革若干重大问题的决定》,载《十八大以来重要文献选编(上)》,中央文献出版社2014年版,第541页。
⑤ 王灿发:《环境法的辉煌、挑战及前瞻》,《政法论坛》2010年第3期。

保护事务和国际环境法的制定中。1991年6月18日,中国政府邀请41个发展中国家的环境部部长在北京举办"发展中国家环境与发展部长级会议"并发表《北京宣言》,针对国际社会在确立环境保护与经济发展合作准则方面所面临的挑战、特别是对发展中国家的影响,表明了发展中国家阵营的共同立场和诉求①。1992年我国成立中国环境与发展国际合作委员会,它是中国政府在环境与发展领域的智囊团。1992年中国代表团参加联合国环境与发展大会,时任国务院总理李鹏出席首脑会议并发表讲话,向世界阐述中国政府的原则立场,提出加强环境与发展领域的国际合作主张,代表中国政府率先签署《气候变化框架公约》和《生物多样性公约》②。1993年中国成为新成立的联合国可持续发展委员会的成员国。1994年我国发布的《中国21世纪议程——中国21世纪人口、环境与发展白皮书》,是第一个发展中国家的可持续发展议程。在此框架下我国编制了《中国环境保护21世纪议程》《中国生物多样性保护行动计划》《中国海洋21世纪议程》等重要文件以及国家方案或行动计划。1995年我国发布《关于坚决严格控制境外废物转移到我国的紧急通知》,1996年3月又紧接着颁布了《废物进口环境保护管理暂行规定》,防止废物进口污染环境。中国政府还高度关注气候变化问题,积极参与气候变化谈判和国际会议。1992年11月我国加入《联合国气候变化框架公约》,作为政府间气候变化委员会(IPCC)发起国之一,我国积极参与国际谈判并推动公约进程,自始至终坚定维护公约的原则与框架、履行大国职责。在国际环境公约谈判如多边合作方面,中国为《京都议定书》《卡塔赫纳生物安全议定书》《鹿特丹公约》《斯德哥尔摩公约》等多边环境协议的达成作出贡献③。在双边合作领域,中国与美国、荷兰、蒙古国、日本、朝鲜、印度、韩国、俄罗斯、德国、澳大利亚、法国、加拿大、瑞典等国签订了环境保护合作协定④。

在第二阶段的环境立法阶段,我国形成了自己的环境立法体系,环境管理体制和执法机制逐渐明晰。在健全环境管理体制方面,期间经历了三次国家机构改革,渐进地改善了我国环保行政管理体制中存在的职能转变不到位、机构

---

① 《发展中国家环境与发展部长级会议〈北京宣言〉》,《中国人口·资源与环境》1991年第2期。
② 夏堃堡:《中国环境保护国际合作进程》,《环境保护》2008年第21期。
③ 夏堃堡:《中国环境保护国际合作进程》,《环境保护》2008年第21期。
④ 中华人民共和国生态环境部:《中国已经缔约或签署的双边环境保护协定》。

设置不合理等问题①。在完善环境执法实践方面,从早期的"三同时"②、排污收费制度,到后期环境管理三大政策③和八项制度④,为环境法律体系的完善提供了实践经验和政策基础,通过制定或修订的方式将这些内容上升为法律,构筑了预防为主、综合整治、污染治理、损害担责等极具中国特色的环境执法机制⑤。在构建环境立法体系的中后期,我国各地方开始对环境司法专门化进行探索,此类探索多以当地发生重大环境污染事件为契机并伴随当地领导的重视为特征。如2007年贵阳市饮用水源遭受严重污染而设立经由贵州省高级人民法院批准的贵阳市清镇环保法庭,对当地的环境资源案件进行管辖。又如2008年因无锡太湖蓝藻事件、昆明滇池污染事件分别在两地中级人民法院成立环境保护审判庭。截至2013年底,全国各级地方法院建立的环保法庭、审判庭、合议庭等审判机构迅速增至150多个⑥。

(三)第三阶段全新环境法生态文明时期(2014年至今)

1989年《环境保护法》出台的25年后,我国的政治、经济、法治状况发生了巨大转变,但环境问题却没有得到有效改善⑦。一方面,环境立法体系中单行法的迭代和增长与基本法的老化使环境法律整体呈现出"老办法解决不了新问题""新、旧法律之间无法调适和配合"等现象,直接导致《环境保护法》基本法地位日渐衰微。另一方面,新的生态文明理念的提出使环境立法调整的范围扩大,过时的环境立法体系无法满足生态文明理念的更高要求。基于上述两方面原因,我国于2014年开展《环境保护法》修订工作,并在十二届全国人大常委会第八次会议审议通过。2014年《环境保护法》(又称"新《环境保护法》")对1989年《环境保护法》进行了全面修订,我国环境法自此进入全新的生态文明时期。首先,新《环境保护法》确立了该法的基础性、综合性地位,在立法目的中纳入可持续发展和生态文明建设理念,设置了原则条款,确立了排污许可制度、环评区

---

① 虎三:《从组建环境保护部说起》,《绿色中国》2008年第4期。
② 中国在1973年的《关于保护和改善环境的若干规定(试行草案)》中提出"一切新建、扩建和改建的企业中的防治污染项目必须和主体工程同时设计、同时施工、同时投产"的原则。
③ 包括"预防为主,防治结合""谁污染,谁治理""强化环境管理"三项政策。
④ 包括环境影响评价、三同时、排污收费、环境保护目标责任、城市环境综合整治定量考核、排污申请登记与许可证、限期治理、集中控制八项制度。
⑤ 吕忠梅、吴一冉:《中国环境法治七十年:从历史走向未来》,《中国法律评论》2019年第5期。
⑥ 吕忠梅:《环境司法专门化:现状调查与制度重构》,法律出版社2017年版,第13页。
⑦ 刘长兴:《环境法体系化研究》,法律出版社2021年版,第10页。

域限批制度等基本制度。其次,新《环境保护法》突破了我国传统环境立法体系的二元结构,由污染防治法、自然资源法和生态保护法组成的三元结构逐渐明晰。新《环境保护法》确立了生态红线制度、生态补偿制度等生态保护制度,推动了此后生态保护单行法的制定与修改。新《环境保护法》实施后,国家先后修订了《大气污染防治法》等9部单行法,制定《土壤污染防治法》等3部单行法,启动《固体废物污染环境防治法》等单行法的修法程序,并将制定《长江保护法》等纳入立法规划。以新《环境保护法》为基础,涵盖污染防治、生态环境保护以及专门事项的环境立法体系日趋成熟①。

2015年党的十八届五中全会提出坚持创新、协调、绿色、开放、共享的新发展理念,明确将生态环境保护融入经济社会整体发展进程中②。2017年,党的十九大强调进一步加快生态文明体制改革等,并将"绿水青山就是金山银山"等理念写入党章③。2018年,十三届全国人大一次会议通过宪法修正案第32条至第52条。本次修宪增加了环境保护与生态文明建设的内容,包括:(1)将宪法序言第7自然段中"推动物质文明、政治文明和精神文明协调发展,把我国建设成为富强、民主、文明的社会主义国家"修改为"推动物质文明、政治文明、精神文明、社会文明、生态文明协调发展,把我国建成富强民主文明和谐美丽的社会主义现代化强国,实现中华民族伟大复兴"④;(2)将宪法第89条"国务院行使下列职权"中的"(六)领导和管理经济工作和城乡建设"修改为"(六)领导和管理经济工作和城乡建设、生态文明建设"⑤。生态文明被写入序言并与其他国家目标相互协同,为环境法律的制定和修订提供了宪法依据,与《宪法》第26条共同构成了作为"部门宪法"核心内容的"环境宪法"⑥。"生态文明"入宪是对宪法所确立的国家环境保护义务的进一步拓展与深化,既是对我国生态法治实践经验的规范化表达,也是对我国生态法治发展理论的高度凝练,为形成具有中国特色的生态法治理论体系、制度体系和话语体系奠定了基础,为环境法治的

---

① 吕忠梅、吴一冉:《中国环境法治七十年:从历史走向未来》,《中国法律评论》2019年第5期。
② 《中国共产党第十八届中央委员会第五次全体会议公报》,《求是》2015年第21期。
③ 习近平:《决胜全面建成小康社会,夺取新时代中国特色社会主义伟大胜利——在中国共产党第十九次全国代表大会上的报告》,人民出版社2017年版,第50-52页。
④ 参见《中华人民共和国宪法修正案》第32条。
⑤ 参见《中华人民共和国宪法修正案》第41条。
⑥ 张翔:《环境宪法的新发展及其规范阐释》,《法学家》2018年第3期。

未来发展与变革提供了动力,也指引了方向①。

在环境执法体制改革方面,2014年后,国家相继出台《关于加快推进生态文明建设的意见》等40多项涉及生态文明建设的改革方案,进行全面部署和系统安排,其中内容多有涉及环境执法体制机制改革。2018年十三届全国人大一次会议通过《国务院机构改革方案》,决定组建生态环境部、自然资源部,进一步理顺自然资源资产和生态环境管理体制机制。自然资源部整合了原国土资源部及原国家海洋局、原国家测绘地理信息局,还有国家发展改革委、住房城乡建设部、水利部、原农业部和原国家林业局的相关职责,统一负责全民所有自然资源资产管理、所有国土空间用途管制和生态保护修复、所有自然资源的调查和登记、所有国土空间的"多规合一"、管理山水林田湖草等全民所有自然资源资产的工作职责。生态环境部整合了原环境保护部和原国土资源部、原国家海洋局、国家发展改革委、水利部、原农业部等部门相关职责,进一步充实污染防治、生态保护、核与辐射安全三大职能领域,统一负责生态环境制度制定、监测评估、监督执法和督查问责四大职能,从机构上保证了新《环境保护法》建立的"环保部门统一监管、有关部门分工负责、地方政府分级负责"管理体制的落实。与此同时,生态环境保护综合行政执法改革、省以下生态环境机构监测监察执法垂直管理制度改革已经全面推开,为落实新《环境保护法》建立综合执法、协同联动、督企督政、公众参与等机制的落实提供了组织保障②。

在环境资源司法专门化和专业化的创新发展方面,2014年7月,最高人民法院设立环境资源审判庭,在环境资源司法专门化的基础上加强了专业化建设。在全球环境治理体系中,中国作为世界上最大的发展中国家,所发挥的引领作用日渐增强。2015年9月,习近平主席出席联合国发展峰会,与各国领导人共同通过《2030年可持续发展议程》。2016年5月,联合国环境大会(UNEA)发布《绿水青山就是金山银山:中国生态文明战略与行动》报告,肯定了中国为可持续发展理念的提升提供的"中国方案"和"中国版本"③。

2021年1月1日,我国《民法典》正式实施,标志着我国进入"法典化"时代④。2021年4月,全国人大常委会将环境法典编纂研究纳入年度立法计划,

---

① 刘洪岩:《生态文明与中国法治革新》,《城市与环境研究》2021年第4期。
② 吕忠梅、吴一冉:《中国环境法治七十年:从历史走向未来》,《中国法律评论》2019年第5期。
③ 吕忠梅、吴一冉:《中国环境法治七十年:从历史走向未来》,《中国法律评论》2019年第5期。
④ 孙光宁:《法典化时代法律渊源体系的建构》,《社会科学战线》2023年第1期。

并专门委托国家高端智库开展了环境法典编纂研究工作[1]。2022年,全国人大常委会对法典编纂工作进行了部署,环境法典编纂条件已经成熟[2]。

第二节 我国环境立法现状

经过我国现代环境立法五十年的实践,在《中华人民共和国宪法》(简称《宪法》)中关于环境保护的环境宪法指导下,以新《环境保护法》为基础,以污染防治法、自然保护法、生态保护法等环境单行法为主干,同时加之其他法律中有关环境保护的规定,共同塑造了我国当前具有中国特色的环境法律体系。

一、《宪法》中关于环境保护的内容

关于《宪法》的统帅内容,我国在《宪法》中关于环境保护的规定包括2018年宪法修正案新增加的"生态文明"内容,标志着我国环境法治迈向宪法化的新阶段。此外,还包括国家义务条款[3]和自然资源权属条款[4]。《宪法》中所有这些有关环境保护的规定一同构成了我国"环境宪法"的规范内容[5]。值得关注的是,我国环境宪法未纳入"环境权"概念,"环境权"是指"公民有在良好环境中生活的权利和保护环境的义务"[6],但目前对此概念还未确立明晰的内涵与外延。因此现阶段采取了"国家目标"的规定方式,尽管通过这种做法在当下对环境法的价值追求进行了回应,但环境权是生态法治的基石[7]、环境立法的价值起点,环境权的缺失导致环境立法体系缺乏重心[8]、体系内部凌乱无序,也导致司法实践无法有效开展,如执法机关缺乏执法依据等[9]。目前环境权已经在国际社会

---

[1] 吕忠梅:《促进环境公益诉讼制度不断成熟定型》,《人民法院报》2023年3月4日。
[2] 中华人民共和国生态环境部:《中国已经缔约或签署的双边环境保护协定》。
[3] 《宪法》第26条第1款:"国家保护和改善生活环境和生态环境,防止污染和其他公害。"《宪法》第89条第6项:国务院行使职权包括"领导和管理经济工作和城乡建设、生态文明建设"。
[4] 《宪法》第9条第1款:"矿藏、水流、森林、山岭、草原、荒地、滩涂等自然资源,都属于国家所有,即全民所有;由法律规定属于集体所有的森林和山岭、草原、荒地、滩涂除外。"
[5] 张翔:《环境宪法的新发展及其规范阐释》,《法学家》2018年第3期。
[6] 吕忠梅:《环境权入宪的理路与设想》,《法学杂志》2018年第1期。
[7] 邹雄:《生态法治需以"环境权"为理论基石》,《中国社会科学报》2022年10月19日。
[8] 李爱年、彭本利:《环境权应成为环境法体系的重心》,《湖南师范大学社会科学学报》2004年第4期。
[9] 林萍:《关于环境权设置的初步构想》,《环境保护》2022年第1期。

受到了广泛认同,普遍认为人类"享有清洁、健康和可持续环境的权利"①。在我国,2021年的《国家人权行动计划(2021—2025年)》也将环境权视为基本人权之一②。可以看出,"环境权"入宪已是大势所趋。

二、环境保护基本法

从立法定位上看,现行的《环境保护法》被视作我国环境保护基本法。该法以《宪法》中的环境保护规定为依据进行制定,是环境法部门的基础性、综合性法律,对部门内部的环境法律起到了全面调整的作用③。但在立法效力上,《环境保护法》还未取得基本法地位,该法在环境法律体系中的基本法的规范地位并没有得到明确④。在内容上,《环境保护法》首次设置了基本原则条款,将可持续发展和生态文明建设增设其中,由过去的重污染防治轻自然保护的理念转向更为科学合理、系统性加强的环境保护理念布局。但其中仍然存在诸多问题,如总则部分体系性弱,实际上难以承担起对分则和其他环境法律的统领作用⑤。又如"环境权"概念的缺失、没有呈现出有效改变末端治理的思路等⑥。

三、环境保护单行法

目前,污染防治法、自然资源法和生态保护法组成我国环境保护单行法的三元结构。其中污染防治法主要包括《中华人民共和国海洋环境保护法》(1982年通过,1999年修订,2013年、2016年、2017年修正)、《中华人民共和国水污染防治法》(1984年通过,1996年修正,2008年修订,2017年修正)、《中华人民共和国大气污染防治法》(1987年通过,1995年修正,2000年、2015年修订,2018年修正)、《中华人民共和国固体废物污染环境防治法》(1995年通过,2004年修订,2013年、2015年、2016年修正,2020年修订)、《中华人民共和国防沙治沙法》(2001年通过,2018年修正)、《中华人民共和国放射性污染防治法》(2003年

---

① United Nations Human Rights Council Resolution, A/HRC/RES/48/13.
② 中华人民共和国国务院新闻办公室:《国家人权行动计划(2021—2025年)》,《人民日报》2021年9月10日。
③ 张德江:《在十二届全国人大三次会议上张德江作的常委会工作报告(摘登)》,《人民日报》2015年3月9日。
④ 吕忠梅:《〈环境保护法〉的前世今生》,《政法论丛》2014年第5期。
⑤ 沈百鑫:《论〈环境保护法〉的进一步完善》,《中国政法大学学报》2015年第2期。
⑥ 吕忠梅:《〈环境保护法〉的前世今生》,《政法论丛》2014年第5期。

通过)、《中华人民共和国土壤污染防治法》(2018年通过)、《中华人民共和国噪声污染防治法》(2021年通过)等。自然资源法包括《中华人民共和国森林法》(1984年通过,1998年、2009年修正,2019年修订)、《中华人民共和国草原法》(1985年通过,2002年修订,2009年、2013年、2021年修正)、《中华人民共和国渔业法》(1986年通过,2000年、2004年、2009年、2013年修正)、《中华人民共和国土地管理法》(1986年通过,1988年修正,1998年修订,2004年、2019年修正)、《中华人民共和国矿产资源法》(1986年通过,1996年、2009年修正)、《中华人民共和国野生动物保护法》(1988年通过,2004年、2009年修正,2016年修订,2018年修正,2022年修订)、《中华人民共和国水法》(1988年通过,2002年修订,2009年、2016年修正)、《中华人民共和国海域使用管理法》(2001年通过)等。生态保护法目前主要包括区域性、流域性生态系统[①]等相关立法,如《中华人民共和国自然保护区条例》(1994年通过)、《中华人民共和国长江保护法》(2020年通过)、《中华人民共和国生物安全法》(2020年通过)等[②]。从单行法体系来看,污染防治法和自然保护法两个领域因自环境立法之初就开始发展,目前都已经具备相对成熟的体系。生态保护法由于发展起步晚,还在进一步完善中,尚未形成较为完善的内容体系。

四、其他法律中关于环境保护的内容

除了前述环境法的主体部分,在其他法律中也存在与环境保护相关的立法,它们共同构成了目前我国的环境法律体系。如《民法典》中延续了之前《民法通则》第9条的生态环境保护原则的价值理念,并在各分编中确立了环保条款,帮助我国《民法典》实现了绿色化规范体系的构筑,并为环境法与《民法典》的有效衔接奠定了基础。在绿色化规范体系中,《民法典》第一章第9条规定了绿色原则,首次在民法中注入绿色基因,规定"民事主体从事民事活动、应当有利于节约资源、保护生态环境"。在物权编规定了绿色物权,通过第274条、第288~296条以及第322、375、378、379条等规定了行使物权时应遵循的"绿色要求"。在合同编规定了较为有限的"绿色义务"条款,如《民法典》第509、558、619、625条等,规定了如合同附随义务增加、适当包装等内容。在侵权责任编规

[①] 梅宏:《论我国生态保护立法及其完善》,《中国海洋大学学报(社会科学版)》,2008年第5期。
[②] 中国人大网:《现行有效法律目录(294件)》。

定了"环境污染与生态破坏责任"等"绿色责任"内容,被视作衔接环境法律机制的重大创新①。

我国《刑法》也对环境保护法律进行了补充。如《刑法》第338条规定的"污染环境罪",规定了"违反国家规定,排放、倾倒或者处置有放射性的废物、含传染病病原体的废物、有毒物质或者其他有害物质,严重污染环境的,处三年以下有期徒刑或者拘役,并处或者单处罚金;后果特别严重的,处三年以上七年以下有期徒刑,并处罚金"。

第三节 我国环境法典编纂的必要性

环境法典编纂实质上是环境法体系化的高级阶段,最终目标是以环境法典的形式呈现出来。环境法典编纂的必要性实质上是分析目前环境法体系存在的问题,这种必要性可以从内部和外部两个层面进行分析。

一、环境法典编纂的内部必要性

环境法内部的体系化问题是环境法典编纂的内部动因,这种体系化问题主要表现在逻辑失序、结构失衡两个方面。

（一）基本法缺位导致环境法体系逻辑失序

如前文所述,我国《环境保护法》是由全国人大常委会以环境保护基本法的立法定位进行制定的,内容上包括环境保护的基本国策、基本制度、基本原则以及基本的权利与义务等法律规范,对其他环境法律起到统领、整合的作用,是一部对一般环境问题进行规制的框架性法律②。从立法主体上看,《环境保护法》不是由全国人大制定,因而无法从立法位阶上将其上升至基本法地位。从立法内容上看,《环境保护法》并没有对综合性环境问题进行有效回应,也没有注重与各部门法之间的衔接。从立法功能上看,2014年修订的《环境保护法》被称为"史上最严环保法",尽管在立法理念、制度创新等方面实现重大突破,但对于实现其综合性、基础性统领功能的目标来看仍相距甚远,如环境法因其效力等级

---

① 郭武、刘长青:《〈民法典〉绿色规范的学理阐释与具体适用——以环境法与民法的互动关系为视角》,《贵州大学学报(社会科学版)》2023年第1期。
② 汪劲:《环境法学》,法律出版社2018年版,第114页。

不足无法在国土资源等部门进行有效使用,只能起到指导补充的作用。又如在生态管理方面相较于污染防治部门规定语词过于宽泛且缺少具体措施,使该部分内容的可执行性大大降低①。总体来说,目前的《环境保护法》作为环境基本法未能做到较好地"提取公因式",导致该法总括性不足、琐细性有余、缺少环境法内部逻辑自上而下的一致性、连贯性,这也产生了在实践中专项法适用偏离环境保护法指引、法律适用冲突时专项法凌驾于所谓的基本法之上的失序现象,这种法律体系内部适用逻辑失序的状态阻碍了体系内部价值融贯。2021年,我国启动环境法典编纂研究工作,环境法法典化有助于突破目前"基本法+单行法"模式下造就的环境法律体系内生性问题,通过制定环境法典有利于进一步满足经济社会发展对环境法律的需求②。

(二)碎片化立法导致环境法结构失衡

环境法体系内部逻辑失序导致环境立法处在无序的状态,碎片化的环境立法没有在统领、整合的基本法之下沿着科学、合理、一致的进路对体系进行完善和补充,造成环境法体系内部存在两个极端化现象并存的现状,一是重复立法,二是立法空白。

第一,重复立法会导致环境法律体系层次感弱、协调性差、权威性降低。从纵向上看,《环境保护法》中有关污染防治的条款所占比重较大,在具体内容设置上也与污染防治单行法高度重叠。如在对供水企业进行饮用水生产质量不达标的处罚方面,全国人大常委会制定的《水污染防治法》(第92条)、国务院制定的《城市供水条例》(第33条)、原建设部和原卫生部制定的《生活饮用水卫生监督管理办法》(第26条)、四川省人大常委会制定的《四川省村镇供水条例》(第49条)、四川省人民政府制定的《四川省生活饮用水卫生监督管理办法》(第41条)均对该问题所产生的法律责任进行关于处罚主体和罚款数额的规定,从中央到地方不同的制定主体针对该问题规定了不同的处罚主体如住建部门、水利部分、卫生部门,同时在罚款数额方面也从"二十元以上五千元以下"到"二万元以上二十万元以下"的巨大罚款差额之间浮动,造成"同案不同判""选择性执法"等法律适用困境③。又如2014年《环境保护法》中新增的清洁生产制度与

---

① 常纪文:《新〈环境保护法〉:史上最严但实施最难》,《环境保护》2014年第10期。
② 王灿发、陈世寅:《中国环境法法典化的证成与构想》,《中国人民大学学报》2019年第2期。
③ 何江:《为什么环境法需要法典化——基于法律复杂化理论的证成》,《法制与社会发展》2019年第5期。

《清洁生产促进法》中内容重复。《环境保护法》第40条第3款规定："企业应当优先使用清洁能源,采用资源利用率高、污染排放量少的工艺、设备以及废弃物综合利用技术和污染物无害化处理技术,减少污染物的产生。"《清洁生产促进法》第19条规定："企业在进行技术改造过程中,应当采取以下清洁生产措施:(一)采用无毒、无害或者低毒、低害的原料,替代毒性大、危害严重的原料;(二)采用资源利用率高、污染物产生量少的工艺和设备,替代资源利用率低、污染物产生量多的工艺和设备;(三)对生产过程中产生的废物、废水和余热等进行综合利用或者循环使用;(四)采用能够达到国家或者地方规定的污染物排放标准和污染物排放总量控制指标的污染防治技术。"可以看出,两部法律对于企业生产改造措施清洁方面的要求规定内容十分相似,这部分内容是单行法《清洁生产促进法》中历经修订仍予以保留的必要性规定,作为基本法的《环境保护法》在之后的修订中仍将这类具体的措施或制度囊括其中,有违基本法中规定抽象性、基础性、普适性要求[1]。有学者通过统计得出,在污染防治法领域,《环境保护法》与下位污染防治单行法在内容上重复率超出30%[2]。从横向上看,目前分散的环境法立法模式导致环境法体系中各单行法之间也存在交叉立法、对相同问题进行重复甚至冲突规制的现象。如对于地下取水的规制方面,《矿产资源法》中地下水被定性为矿产资源,对其取用须由地质矿产主管部门颁发许可证;但在《水法》中,取用地下水则须向水行政主管部门进行申请并获得许可证。除了申请两个许可证,申请人还须分别缴纳矿产资源补偿费、水资源费两种费用。这种相同行为同时受到两部或两部以上环境法律规制的情况在环境领域并非偶然所见,环境立法存在的交叉、重叠与规范冲突的情况造成制度性交易成本增加、可实施性差,极易贬损环境法律的权威性,这种环境法律肥大化问题迫切需要通过对法律进行清理、整合、系统化来改善[3]。

第二,立法空白会导致环境法体系结构完整度低、均衡性差、科学性不足。我国早期通过法律移植构建环境法律体系,对于环境法律体系的思考和设计不

---

[1] 沈长礼:《环境保护法反思:功能定位、现实困境和法律调整》,《南京航空航天大学学报(社会科学版)》2021年第4期。
[2] 吕忠梅:《环境法回归路在何方?——关于环境法与传统部门法关系的再思考》,《清华法学》2018年第5期。
[3] 何江:《为什么环境法需要法典化——基于法律复杂化理论的证成》,《法制与社会发展》2019年第5期。

足,前期针对局部问题的突击性立法具有极大的局限性,在环境法体系建设的过程中缺乏全局性思考,造成我国环境法体系存在严重的立法空白现象[①]。尽管我国目前形成了以污染防治法、自然资源法、生态保护法三元结构为主干的环境法律体系,但由于我国早期环境立法的逻辑是"头痛医头、脚痛医脚"、重"污染防治"轻"自然资源保护",以及生态保护法律起步较晚的现实,我国现下环境法律体系的核心内容仍是以污染防治类法律为主,生态保护法的相关内容严重缺位。如化学品管理、电磁辐射污染防治、生物多样性保护、应对气候变化、自然保护地等方面的法律都处于空缺状态[②]。

针对上述情况,学界围绕两个选项展开讨论,一是完善环境基本法,二是编纂环境法典。笔者赞同第二个选项,从世界范围看,环境法法典化已是大势所趋;从我国国内看,环境法典编纂势在必行,通过法典化才能真正实现我国环境立法系统化、科学化、均衡化、协同化发展,为法律实施提供更为权威的法律依据。

二、环境法典编纂的外部必要性

环境法典编纂的外部必要性主要体现在对内强化环境保护的政治意义、对外提升我国政治影响力两个方面。关于对内强化环境保护的政治意义,我国在制定和推进新制度或措施时,通常以政策为先导,政策的倾向性为环境立法、环境法法典化提供更多的政治资源。生态文明建设、生态环境体制改革进程加快促进了环境法法典化发展。我国环境法律日趋严格的体系构建、从代内环保观走向代际环保观的理念转变、适时启动环境法典编纂,都体现出政府加强环境保护的决心和为实现可持续发展给予的政策扶持,可持续发展的环境保护理念通过环境法法典化也将在我国环境立法中得到进一步深化和发展。关于对外有助于提升我国政治影响力,我国作为发展中国家代表一直积极参与国际环境保护事务和国际环境法的制定,作为世界第二大经济体,我国有责任有义务跟上世界环境法法典化的进程,将蕴含中国特色的生态文明观、人类命运共同体等理念融入环境法典并向世界进行传播,这有助于提升我国法治软实力、加强我国在全球治理体系中的话语权。

---

① 刘长兴:《环境法体系化研究》,法律出版社2021年版,第18页。
② 王灿发、陈世寅:《中国环境法法典化的证成与构想》,《中国人民大学学报》2019年第2期。

综上所述,从环境法律体系内部看,环境基本法的先天不足、环境立法的分散模式和碎片化的单项立法直接导致环境法体系缺少完整性、连贯性、确定性,并且使环境法的合法性、可执行性降低,现有环境立法已经无法适应调整现下及可以预见的未来社会关系的需要。结合我国目前环境法领域的发展进程,环境法律体系发展已经进入瓶颈期,需要进一步对其进行整合、凝练、再体系化,我国有进行环境法法典化的内部必要性。因此,2021年环境法典编纂正式启动恰逢其时。从环境法律体系外部看,一方面,法典是法律体系化的最高形式,一些国家已经成功编纂出环境法典或草案,实现了国家环境法更加体系化、更易于公众查阅理解的目的。同样,法典化也被视作目前我国环境立法体系进一步深化、发展、向前推移的最优选择[1]。另一方面,在全球环境立法趋同化发展的背景下,环境法法典化发展有利于我国向外传播中国环境法治文化、表达我国对于环境保护的意志和决心[2]。

第四节 我国环境法典编纂的条件评估

在我国,目前学界与实务界已形成有必要进行环境法典编纂的"大共识"[3],就环境法典编纂的可行性进行分析有利于进一步推进我国环境法典编纂工作。对环境法典编纂的可行条件展开评估,可以从政治保障与法律基础、理论与立法技术基础、经验借鉴三个方面进行分析。

一、我国环境法典编纂的政治保障与法律基础

党的十八大将生态文明建设纳入"五位一体"总体战略布局,强调经济建设、政治建设、文化建设、社会建设和生态文明建设相互协调、相互促进。党的二十大报告明确提出"人与自然和谐共生的现代化"是全面实现中华民族伟大复兴的内在要求。习近平生态文明思想和习近平法治思想为环境法典编纂提供了政治基础。在习近平总书记的推动下,2018年宪法修正案将"生态文明"写入宪法并修改相关规定,形成了由"国家目标""国家任务"和"国家职责"共同组

---

[1] 吕忠梅:《中国环境立法法典化模式选择及其展开》,《东方法学》2021年第6期。
[2] 王灿发、陈世寅:《中国环境法法典化的证成与构想》,《中国人民大学学报》2019年第2期。
[3] 吕忠梅:《中国环境法典的编纂条件及基本定位》,《当代法学》2021年第6期。

成的"环境宪法"规定,为环境法典编纂提供了根本法依据。目前,我国已经制定了 33 部生态环境保护相关法律、100 多部行政法规、600 多部规章、1 200 多部环境标准,基本涵盖了生态环境保护的各个领域,为环境法典编纂提供了良好的单行法基础①。

二、我国环境法典编纂的理论与立法技术基础

中国法学会环境资源法学研究会自 2017 年起设立了"环境法典编纂研究"大型课题,组织全国环境法学者对环境法典编纂展开全面研究。研究会通过对外国环境法典的编纂经验进行借鉴,并对中国环境法律制度进行深入的研究和分析,以期形成符合我国国情的环境法典编纂理论体系。同时,研究会还通过对环境法典的翻译工作,帮助中国的环境法律研究者更好地了解国际上的环境法律标准和规范,促进我国环境法律制度与国际接轨。经过五年的努力,该研究会已经取得了一系列的成果,包括完成了 11 个国家的环境法典翻译、5 本学术专著、60 多篇专题研究论文以及《生态环境法典专家建议稿(草案)》等。这些成果不仅对于我国环境法律研究的发展具有重要意义,而且对于推动我国环境法律制度的完善和发展也起到了积极的作用,为环境法典编纂提供了理论与立法技术基础。

三、我国环境法典编纂的经验借鉴

环境保护是全球范围内共同关注的问题,各国政府都致力于制定并实施相应的环境保护法律和政策。目前,一些国家如瑞典、法国、德国等已经成功地制定或颁布了环境法典或环境法典草案,这些国家的政治体制和环境法典体例结构都各有不同,它们分布在全球多个地区如欧洲、亚洲、非洲、美洲等,涵盖了发达国家和发展中国家。多样化的法典编纂经验可以为我国进行环境法典编纂提供丰富的参考和有力的借鉴。

---

① 《全国人大代表吕忠梅:环境法典编纂条件已成熟,建议提速立法》,澎湃网。

第十二章 我国环境法法典化展望

经过五十余年活跃的对策性立法[①]，我国环境法体系规模初具却痼疾难免。为了应对环境法内部系统性问题、回应环境法外部生态文明建设这一时代课题，我国须对环境法进行再体系化。在再体系化过程中，我国环境法学界的研究重点从"是否需要环境法法典化""环境法法典化是否可行"进一步深入到近期"如何进行环境法法典化"这一问题。目前，环境法典编纂工作已经启动，如何科学、高效地进行环境法典编纂对于立法决策者来说至关重要。本章将从编纂模式、编纂结构、编纂技术三个方面对环境法典编纂的具体方案进行讨论。

第一节 我国环境法典编纂模式

一、我国环境法典编纂模式域外经验借鉴

目前世界上进行环境法典编纂的国家主要采用三种编纂模式。第一种是以德国为代表的实质法典编纂模式，这种模式具有结构严谨、逻辑严密的特征。第二种是以法国为代表的汇编式形式法典编纂模式，这种模式下立法者一般通过对所有的环境法律规范进行简单排列及整合实现法典编纂的目的。第三种是以瑞典为代表的框架性实质编纂模式，瑞典作为欧洲环境法法典化运动的先行者，通过框架性编纂加授权立法的模式，不仅对现存法律进行汇编整合，又在一定程度上保留革新的空间。瑞典的环境法典在实践中可与森林保护法、道路法等单行法进行平等适用，后期可通过更新特别法的方式消解法典可能存在的

[①] 张梓太、程飞鸿：《论环境法法典化的深层功能和实现路径》，《中国人口·资源与环境》2021年第6期。

滞后性,这种灵活的编纂模式虽然放弃了传统法典的严密性及确定性,但保留了一定的开放性和可操作性,这种做法充分考虑到环境法以问题为导向的领域法学①的动态性和时代性②。在上述三种模式中,瑞典模式对于立法技术的要求最低,尽管这种做法会降低法典的完整性,但另一方面,通过适度的实质编纂实现法典与单行法并存,可以促成国内法与国际法进一步融合③。

二、我国环境法典编纂模式选择

对于我国环境法典编纂模式,目前学界大致同意采取"适度法典化"以及"法典+单行法"并存的模式。"适度法典化"在环境法领域最早由张梓太教授提出,认为应该首先考虑我国的实际情况,并保持其动态性,同时,采取逐步发展的模式,逐步深化环境法律法规的法典化程度。他认为我国环境法典应采用法典与单行法共存的模式,环境法法典化并不意味着整个环境法律体系只有一部环境法典,而是应该包括环境法典和有关的单行性环境法律、法规和规章等④。适度的法典化也可以降低对立法水平和立法能力的要求,加速法典化工作的进程。吕忠梅教授认为"适度法典化"具体路径是"通过整合各环境法律规范的基本价值、共性原则,形成具有基础涵盖力以及综合协调力的框架体系型环境法典;同时保留环境单行法,用于规范环境保护的局部领域和无法纳入环境法典的法律内容,对'适度'的环境法典起到补充、完善和具体化的作用"⑤。在我国环境法进行"适度法典化"的大共识下,有学者针对法典的完整性提出疑问。面对这种质疑,我们首先需要反思的就是目前环境领域的发展情况和本国国情以及实际立法水平,当现实无法满足纯粹的实质编纂的需求,就可以考虑降低对法典编纂的要求,从较低水平法典化开始,逐渐过渡到更理想的高水平法典化⑥。吕忠梅教授和田时雨博士认为,由于法典完备性与体系性之间存在的天然张力,可以通过环境法典与单项法共存的法源体系安排进行协调。一方面将尽可能多的环境法律体系的核心领域及主体规范纳入法典范围并按照

---

① 刘剑文:《论领域法学:一种立足新兴交叉领域的法学研究范式》,《政法论丛》2016年第5期。
② 王灿发、陈世寅:《中国环境法法典化的证成与构想》,《中国人民大学学报》2019年第2期。
③ 杨大越:《我国环境法法典化刍论》,《行政与法》2022年第10期。
④ 张梓太:《论我国环境法法典化的基本路径与模式》,《现代法学》2008年第4期。
⑤ 吕忠梅、窦海阳:《民法典"绿色化"与环境法典的调适》,《中外法学》2018年第4期;王灿发、陈世寅:《中国环境法法典化的证成与构想》,《中国人民大学学报》2019年第2期。
⑥ 刘洪岩:《域外环境法典编纂的实践与启示》,法律出版社2021年版,第235-236页。

一定逻辑进行编排，使法典作为主要法源在调整范围上具有广泛性。另一方面，将不适合纳入法典的领域通过单行法进行特别规定，并注重单行法与法典之间的协调性和联结性①。可以看出，选择适度法典化和"法典＋单行法"并存的编纂模式就是放弃对于传统法典全面且精细的追求，这种做法充分考虑到我国国情和实际立法水平，是一种不过分追求完美的理性选择②。

另外，还有学者提出了环境法典应保持一定的开放性。如夏凌博士认为一部"开放性"的环境法典，通过整合各环境单行法中共同的部分，消除各个环境单行法之间的冲突和重叠的部分，使环境法具有清晰、严谨的体系，同时由不同法律位阶的行政法规、部门规章和地方性法规加以补充③。王灿发教授、陈世寅博士认为，我国可参考国外分步通过审议环境法典的先例，结合我国民法典的制定经验，采取分阶段、分步骤的环境法典编纂工作，对于立法者来说，利于立法起草小组分阶段逐个攻破立法难点；对于审议者来说，可以避免短时间内卷帙浩繁的条文审定工作，使立法审核的质量更好④。杨大越教授认为，环境问题总是因科技发展、时代变迁而具有新颖性，因而环境法典必须注意平衡稳定性与开放性，避免滞后的法典无法解决新型环境问题的窘境⑤。

三、我国环境法典编纂具体进路

综上所述，结合我国国情，在当前环境法治及立法水平下，我国还无法奢望能够在现阶段编纂出一部逻辑严密、结构严谨的大包大揽式的环境法典，适度法典化的模式在我国最具可行性。在我国进行适度法典化时，应从分阶段制定、保持开放性、采用"法典＋单行法"双法源三个维度进行考虑。在分阶段制定方面，我国应从低水平法典化开始，将编纂环境法典的大目标拆分成阶段性小目标，分步完成。第一阶段可以对目前的社会、经济、环境状况进行综合评估，查找出目前最能广泛使用的基础原则和最亟须解决的领域进行法典化。第二阶段对不紧急但有必要的内容进行法典化，完善第一阶段的内容。第三阶段

---

① 吕忠梅、田时雨：《环境法典编纂何以能——基于比较法的背景观察》，《苏州大学学报（法学版）》2021年第4期。
② 周骁然：《体系化与科学化：环境法法典化目的的二元塑造》，《法制与社会发展》2020年第6期。
③ 夏凌：《环境法的法典化——中国环境立法模式的路径选择》，华东政法大学2007年博士论文，第146-147页。
④ 王灿发、陈世寅：《中国环境法法典化的证成与构想》，《中国人民大学学报》2019年第2期。
⑤ 杨大越：《我国环境法法典化刍论》，《行政与法》2022年第10期。

可以进入更高水平的法典编纂阶段,对环境法典启动修订程序,通过删改和增修循环式完善环境法典。在保持开放性方面,在通过适度法典化构建全面、平衡的法典框架时,还应考虑到环境问题的迭代更新和环境治理的动态发展,为法典预留一定的空间,有助于环境法典随着社会进步进行协同更新,也应在第一阶段就考虑启动法典修订的条件,避免法典朝令夕改贬损法律的权威性。在采用"法典+单行法"双法源方面,进入环境法法典化时代之后,现阶段由于客观条件限制,我国可先行采取"法典+单行法"的双法源模式进行过渡,但也应逐步从单行法思维向法典思维转变,逐步从低水平法典化向高水准法典化进阶[1]。

第二节 我国环境法典编纂结构

一、我国环境法典编纂体例选择

体例选择对于环境法典编纂的成功与否至关重要,决定着环境法典整合环境法律体系的程度高低[2]。目前,各国在环境法典编纂过程中几乎都采用了"总—分"体例,根据我国目前环境法律体系的内容以及法律习惯,我国学界和实务界也倾向于"总—分"的体例安排[3]。环境法典基本结构采取潘德克吞式"总则—分编"形式,通过"提取公因式"的方式对环境法律体系中普适性的共通内容进行抽象提炼,整理出具有统辖性、统率性的总则规范,而后为分编部分[4]。采取类型化思维[5]对环境法典的逻辑体系和规范体系进行构建,对"生态环境"概念厘定之后,以"生态环境"的类型化进行分则框架的创设并进行相应的内容填充,在总则与分则之间既保证总则部分的统辖作用,又保证两者之间的关联性、连贯性[6]。

总则部分包括基本宗旨、调整范围、管理体制、一般性原则等内容,为分编

---

[1] 王利明:《论〈民法典〉实施中的思维转化——从单行法思维到法典化思维》,《中国社会科学》2022年第3期。
[2] 张梓太、陶蕾、李传轩:《我国环境法典框架设计构想》,《东方法学》2008年第2期。
[3] 朱炳成:《形式理性关照下我国环境法典的结构设计》,《甘肃社会科学》2020年第1期。
[4] 陈华彬:《潘德克吞体系的形成与发展》,《上海师范大学学报(哲学社会科学版)》2007年第4期。
[5] 吕忠梅:《类型化思维下的环境法典规范体系建构》,《现代法学》2022年第4期。
[6] 吕忠梅:《环境法典编纂的基本问题》,《荆楚法学》2022年第1期。

提供理念基础、价值判断标准、统一的规范尺度等统领原则性的规定,并对整个环境法律体系进行统筹和统率,将可持续发展作为生态环境治理体系的核心价值①。分编部分以不同的主题进行分类,对现行的环境单行法律进行整合,对法典调整的事项进行细化,也是对总则部分的补充②。除了对总则的具体化,分编还应注重法典内外的协调与衔接,一是加强国内法与国际法的有效衔接,二是注重与其他部门法如宪法、民法、刑法之间的协调,三是保证环境法内部分则之间以及法典与单行法之间的协调互补③。

二、我国环境法典编纂内容铺设

我国环境法典当以"生态环境法典"命名,原因有三:其一,我国已进入生态文明建设时期,使用该名称有宪法依据,也可以彰显时代特色。其二,可以区别于此前污染防治为主的环境法律体系,通过全新的名称体现出自然生态保护法律的重要性。其三,"生态环境"可作为法典基石概念,体现法典的价值追求以及"可持续发展"的核心价值,有助于明确法典的调整范围并厘清立法逻辑④。

法典的第一部分是总则。作为法典的开篇,总则应对环境立法进行"提取公因式",抽象出共通的一般内容,具体内容包括法典的立法宗旨和调整范围、生态环境的概念及治理体系和基本原则、一般性规则,起到引领整个环境法律体系的作用,对各分编进行统领、对单行法的立法和适用进行指导。根据我国环境立法现状,可以采取既"编"又"纂"的方式。一方面对已有的综合性环境单行法如环境保护法、海洋环境保护法、环境影响评价法,以及综合性环境行政法如长江保护法、单项污染防治和自然保护法律的总则部分,进行科学、系统的整合;另一方面需要结合我国生态文明建设的相关内容,将中华民族永续发展的国家目标嵌合其中⑤。为了解决政府环境保护缺乏行动、企业只追求自身利益、个人忽视环境保护等问题,环境法典的总则部分可以纳入我国各级政府的责任划分、各个企业的具体责任承担以及每个公民应遵守的环境法律制度。环境法典中最重要的一个功能是处理环境纠纷、解决环境问题,以及规定出现环境问

---

① 吕忠梅:《环境法典编纂的基本问题》,《荆楚法学》2022年第1期。
② 吕忠梅:《中国环境立法法典化模式选择及其展开》,《东方法学》2021年第6期。
③ 张梓太:《论我国环境法法典化的基本路径及模式》,《现代法学》2008年第4期。
④ 吕忠梅:《环境法典编纂的基本问题》,《荆楚法学》2022年第1期。
⑤ 吕忠梅:《环境法典编纂的基本问题》,《荆楚法学》2022年第1期。

题时的赔偿原则。因此，在编写环境法典总则时，应将环境纠纷处理和环境损害赔偿等原则性纠纷处理机制及损害赔偿规则也纳入其中。

第二部分是分则编，作为法典的正文部分，分则编是对总则中基本原则的具体表述，提升环境法典的可适用性。分则编以可持续发展为基本逻辑，以"生态环境"为逻辑起点，对于具体的篇章安排和组织结构可以参考瑞典的环境法典，结合我国实际情况，以过程治理为主、环境要素为辅对大纲进行相应设计，可将分则编分为污染防治编、自然生态保护编、绿色低碳发展编、生态环境责任编①。分则应以强制性要求为主、倡导性建议为辅，做到奖惩结合、赏罚分明。第二编污染防治编。这部分是目前我国环境立法体量最大的内容，可以参考民法典的物权编，采用分编结构对各污染防治领域如水污染防治、海洋污染防治、大气污染防治、噪声污染防治、土壤污染防治、固体废物污染防治、放射性污染防治（含电磁辐射）等进行划分。还应弥补当前环境法空缺，将一些通过实践检验行之有效的行政法规、部门规章也纳入其中，将排污权交易、环境污染责任保险、环境污染第三方治理等加入创新规则之中。第三编自然生态保护编。为改善以往以"污染防治"为主的环境立法，须对自然生态保护加大力度。目前我国自然生态保护主要通过该领域单行法律来规制，整体呈现数量少、立法滞后的现象。对于该部分内容，结合我国各类相关文件，应从生态保护红线、湿地保护、自然保护地（含国家公园、自然保护区和其他自然公园等区域）、城市景观绿地、自然资源资产负债和全民所有自然资源资产有偿使用制度等特色制度措施方面进行创新。第四编绿色低碳发展编。该编主要遵循"绿水青山就是金山银山"的绿色发展理念，以促进低碳发展、节能减排、可再生资源利用、清洁生产。该部分较之于自然生态保护编法律基础更加薄弱，是生态环境法典的重点创新部分，内容上应包含可再生能源法、清洁生产促进法、循环经济促进法与节约能源法等共通性内容提炼出的绿色低碳发展基本原则、权利义务、责任机制以及考核评价等内容，还应将气候变化应对等内容纳入其中②。第五编生态环境责任编。该部分参考民法典侵权责任编部分，内容应包括总则已经规定的共通性的行政法律制度的法律后果、生态环境损害民事责任追究的实体性补充规定，

---

① 竺效：《环境法典编纂结构模式之比较研究》，《当代法学》2021年第6期；吕忠梅：《环境法典编纂的基本问题》，《荆楚法学》2022年第1期。
② 汪劲：《论中国环境法典框架体系的构建和创新——以中国民法典框架体系为鉴》，《当代法学》2021年第6期。

以及生态环境损害责任追究的程序性和衔接性规定①。

第三节 我国环境法典编纂技术

环境法典编纂是立法技术的最终呈现,环境法典编纂技术是更高水平的立法技术②,立法技术可从广义和狭义进行理解。广义的立法技术包括立法活动中所形成和运用的知识、经验、方法、技巧和手段的总称,具体来说,包括立法体制技术、立法程序技术、法律结构安排技术、语言问题表达技术、规划计划方法、工作技能技巧、法律案修改废止形式、法律清理和汇编方式、立法性文件的格式等③。狭义的立法技术主要是指立法文本的结构、概念术语、条文表述等表达规范。环境法典编纂技术主要通过在立法较为完善的环境法律体系中进行更高层次地重述、整理与更新的再体系化过程来体现。

在没有丰富的立法经验和高水平的立法技巧的情况下进行环境法典编纂并非明智之举。以菲律宾为例,菲律宾是世界上最早颁布环境法典的国家之一,1977年《菲律宾环境法典》出台前后,菲律宾政府还相继出台了如《水法典》《渔业法典》《卫生法典》等诸多法典,在当时形成了"多典共治"的局面。但实际上这些法律虽以"法典"命名,却因缺乏理论研究和立法实践而流于形式,导致实质上环境问题无法可依、法律交叉重叠、难以有效适用等问题④。在我国,近代法典编纂实践可以追溯至清朝末期。鸦片战争以后,中国被迫打开国门,在西学东渐的背景下,清政府开始进行法制改革并编纂《大清民律草案》。自《大清民律草案》对《德国民法典》移植开始,我国开始对大陆法系法典化传统进行继受,逐渐脱离传承两千余年的中华法系,融入新的世界法律文明,逐步形成包括宪法、民法、刑法、民事诉讼法、刑事诉讼法和行政法在内的六法体系,成为大陆法系国家⑤。新中国成立后,我国形成了宪法、基本法律、法律、行政法规、地方性法规的制定法体系⑥。自清末开始到现在的百余年中,我国在法律编纂的

---

① 吕忠梅:《环境法典编纂的基本问题》,《荆楚法学》2022年第1期。
② 方新军:《融贯民法典外在体系和内在体系的编纂技术》,《法制与社会发展》2019年第2期。
③ 李高协:《浅议地方立法技术及其规范》,《人大研究》2015年第3期。
④ 岳小花:《菲律宾的环境法典化及启示》,《中国人大》2018年第9期。
⑤ 王立民:《中国百年民法典编纂历程与启示》,《法学》2020年第10期。
⑥ 徐静琳、李瑞:《法的编纂模式比较——兼论规章的系统化》,《政治与法律》2004年第4期。

实践中积累了丰富的经验,立法技术也得到了提高。2020年,《中华人民共和国民法典》正式通过,更为环境法典的编纂提供了可资借鉴的经验和可供利用的技术。

对于我国环境法典编纂,可以从逻辑结构、立法语言、表述规范等方面对立法技术进行把握。首先,从逻辑结构上看,环境法典编纂须注重逻辑严谨、结构合理、层次分明。一方面,在法律结构上,应持全局观将环境法律视为一个整体,按照较为严格的法律逻辑编排环境法典的体系,使环境法各部门之间可以相互协调。在这方面可以借鉴德国环境法典的编纂经验,德国环境法典采取"总—分"结构,其中总则对分则的纲领性作用被发挥到极致。通过总则先行、分则后进的编纂步骤,德国环境法典中的普遍原则、基本制度和程序被先行提炼出来,对后续的总则和分则的修改和制定起到了提纲挈领的统帅作用,有效解决了德国环境法领域规范交叠、结构模糊的情况①。在意大利环境法典编纂中,其法典的总则部分指导性不足,且分则部分过于分散,导致法典缺乏体系性,无法发挥环境法典应有的统辖作用②。因此,我国环境法典应参考德国编纂经验,采用"总—分"结构,并注重总则的纲领性作用。总则部分设置立法目的条款、定义条款等基本条款,并对法律条文进行科学排列。另一方面,在条文排列时还应关注逻辑构造的严密性,保证法典条目清晰,增强其层次性。通过合并同类项、提取公因式等方式将同类条文、同类事项的规定集约在独立的部分归集整合并进行有序、有层次的排列③。可沿用我国编、章、节、条的编目方式进行层次划分,条之下可进一步细分至款、项,考虑到一般之下存在特殊、原则之外会有例外,还可在款项之内使用但书④。其次,在立法语言方面,环境法典编纂应注重"准确肯定、简洁凝练、规范严谨、庄重严肃和通俗朴实"⑤。这就要求立法者在使用专业用语之余既要考虑到语言明白易知的用语习惯,又要注意将国内、国际环境法的精神理念融贯其中,还要注重对概念术语学理性、抽象性、概括性表达⑥,避免出现语言冲突、语言逻辑不畅、语言内部结构不规范、语体风

---

① 陈戈:《德国新环境行政法之立法经验及其对中国的启示》,《南京工业大学学报(社会科学版)》2012年第3期。
② 李钧:《一步之遥:意大利环境"法规"与"法典"的距离》,《中国人大》2018年第1期。
③ 徐向华:《立法学教程(第二版)》,北京大学出版社2017年版,第313页。
④ 陈涛、高在敏:《中国法典编纂的历史发展与进步》,《法律科学(西北政法学院学报)》2004年第3期。
⑤ 朱力宇、叶传星:《立法学》,中国人民大学出版社2015年版,第169页。
⑥ 陈涛、高在敏:《中国法典编纂的历史发展与进步》,《法律科学(西北政法学院学报)》2004年第3期。

格怪异等情况①。在这方面,可以参考全国人大常委会法制工作委员会2009年发布的《立法技术规范(试行)(一)》以及2011年发布的《立法技术规范(试行)(二)》,这两份文件是立法用语选用的重要依据②。最后,法典条文的语言表述需要符合一定的规范和标准,有助于保证法律的严谨性和合法性。例如,全国人大常委会法制工作委员会2009年发布的《立法技术规范(试行)(一)》中要求立法目的的内容表述应当直接、具体、明确。通常情况下,这些表述按照从直接到间接、从具体到抽象、从微观到宏观的顺序排列,可以确保表述的准确性和清晰度,使人们更容易理解和遵守法律法规。在法律的制定过程中,除了立法目的的表述,其他方面的表述也同样需要按照规范进行。例如,立法依据条文、引用法律以及适用法律的条文等,都需要进行规范表述,这是为了确保法律的合法性、权威性和有效性。

---

① 刘红婴:《立法技术中的几种语言表述问题》,《语言文字应用》2002年第3期。
② 刘长兴:《环境法体系化研究》,法律出版社2021年版,第52页。

第四编

刑法法典化研究

本编试图总结刑法法典化的条件,梳理世界各国刑法法典化经验,为我国刑法再法典化提供参考。本编分为以下四章:第十三章是"刑法法典化的缘起",主要分析刑法法典化的条件;第十四章是"国外刑法法典化研究",主要分析代表性国家刑法法典化的历史;第十五章是"我国刑法法典化研究",主要分析我国刑法法典化的历史;第十六章是"我国刑法再法典化的展望",主要对我国刑法法典化模式选择及刑法典再法典化问题展开分析。

第十三章　刑法法典化的缘起

刑法典不是突然产生的,它的形成有深刻的历史原因。本章将从政治条件、社会条件、思想条件和组织条件分析刑法法典化的缘起。

第一节　刑法法典化的政治条件

法和政治都属于上层建筑,由于政治在上层建筑中居主导地位,所以法的产生和实现往往和一定政治活动相关[①]。一般认为,法律产生于阶级斗争,它是经济上和政治上占统治地位的阶级意志的表现。可以说,法律是对统治阶级政治的反映,它被用于实现统治阶级的政治要求,即服务于统治阶级的政治[②]。据此,政治影响着法律,当政治发生巨变时,法律会相应地发生变化。具体到作为部门法的刑法更是如此。刑法历来就是与犯罪作斗争的重要手段。从严厉程度上看,其处罚比其他部门法更严厉,通过刑罚可以剥夺人的自由,甚至直接剥夺人的生命。正是因为刑法有这种严厉特点,所以它往往和政治关系密切。特别是当新的统治阶级推翻旧的统治阶级后,为了巩固统治地位,实现本阶级的政治诉求,往往会颁布新的刑法,将反对其统治、不利于其统治的严重行为列为犯罪,从而防止旧政权的死灰复燃,维护统治阶级的根本利益。由于刑法典是刑法的重要渊源,所以刑法典的产生、完善和废止都离不开政治的影响。比如法国1810年刑法典就不是偶然产生的。当时的法国在拿破仑的带领下建立了法兰西第一帝国,而拿破仑的统治"扼杀了法国革命,只保留了有利于大资产阶级的那些革命成果。当资产阶级登上统治阶级的宝座之后,他们的任务已不再

---

① 李显东:《法学概论》,首都经济贸易大学出版社2017年版,第39页。
② 吕世伦:《列宁法律思想史》,黑龙江美术出版社2018年版,第78页。

是革命,而是镇压人民群众的反抗,巩固自己的政权,加强自己的统治"①。在这样的政治背景下,1810年刑法典的首要任务是保护资本主义私有制,它规定了严厉的刑罚惩治一切危害国家安全的犯罪,残酷镇压人民群众的反抗,以此保护资产阶级及其政权②。再比如,德国在19世纪初时仍然是分裂状态,虽然各地有自己的刑法典,但是没有统一的刑法典。当普鲁士通过军事征战在1867年建立北德意志邦联后,"与政治上的统一进程相呼应,制定一部统一的德意志刑法典的要求也日益迫切"③。在1870年颁布《北德刑法典》后,次年普鲁士统一德国全境,建立了德意志帝国。随后在1871年德意志帝国决定将《北德刑法典》作为《德意志帝国刑法典》,以适应变化了的政治关系④。可见,政治的变化往往引起刑法典的变动。又比如,我国清王朝在其统治的最后几年为自救而在政治上尝试君主立宪制,这种政治上的转变促使其颁布与宪政相适应的刑法,而正是在这个背景下清政府先编纂了过渡性质的《大清现行刑律》,之后编纂了《大清新刑律》。尽管《大清新刑律》接受了西方资本主义刑法理念,但是其附加的《暂行章程》仍然强调维护传统纲常礼教,强调对皇权、尊亲属特别保护。据此,清王朝颁布的《大清新刑律》仍然强调要维护其封建统治。值得注意的是,政治领导人的相关主张、推动对刑法典的颁布具有至关重要的作用。以我国1979年刑法典颁布为例,在新中国成立后不久就组织起草了刑法典草案,之后几经修改,但未获公布,随着各种政治运动的冲击,刑法典起草工作被迫停止。粉碎"四人帮"后,1978年第五届全国人大第一次会议开始重视法制工作,叶剑英委员长在《关于修改宪法的报告》中指出,要依据新宪法修改和制定各种法律、法令和各方面工作条例、规章制度。之后,1978年10月,邓小平在一次谈话中指出要组织人手着手起草刑法草案。在此谈话后不久,由中央政法小组牵头组成刑法草案修订班子着手刑法的起草工作。1978年12月召开的党的十一届三中全会又明确指示要加强社会主义法制。次年7月1日,有关刑法草案便在全国人大上获得表决通过,7月6日公布,1980年1月1日起施行⑤。综上,刑法典的编纂需要获得相应政治支持。

---

① 邵景华:《法国1810年刑法典的产生及其主要特点》,《法律家》1987年第1期。
② 邵景华:《法国1810年刑法典的产生及其主要特点》,《法律家》1987年第1期。
③ 张旭:《社会演进与刑法修改——以德国为视角的研究》,《法制与社会发展》2003年第2期。
④ [德]弗兰茨·冯·李斯特,徐久生译:《德国刑法教科书》,北京大学出版社2021年版,第59-61页。
⑤ 高铭暄:《中华人民共和国刑法的孕育诞生和发展完善》,北京大学出版社2012年版,第1-2页。

第二节 刑法法典化的社会条件

法与社会紧密相关。"法是社会的产物,是社会的一种制度。社会性质决定法律性质,社会物质生活条件在归根结底的意义上最终决定着法律的本质"①。就刑法典而言,其产生、完善、废止都会受到社会本身的影响。

其一,刑法典的编纂离不开社会经济基础。众所周知,虽然封建社会颁布的封建刑法典和资本主义社会颁布的资本主义刑法典都是刑法典,但是因为社会性质不同,所以刑法典的性质就存在本质差别,封建刑法典强调维护封建生产关系,而资本主义刑法典则强调维护资本主义生产关系。值得注意的是,当社会经济制度发生变革时,适应旧经济制度的刑法典就会被要求重新编纂。比如我国1979年刑法典颁布时我国实行的是计划经济体制,当时在刑法中还专门设立了投机倒把罪。到了1992年我国明确中国经济体制的改革目标是建立社会主义市场经济体制。这种经济制度的转变使得投机倒把罪变得不合时宜,终于在1997年我国修订了刑法典,删去了投机倒把罪,并在分则明确规定"破坏社会主义市场经济秩序罪"章节。

其二,刑法典的编纂需要相应的法典观念。一方面,刑法典的编纂需要相应的法律意识。新中国成立后由于众所周知的原因走了不必要的弯路,"法律虚无主义"一度盛行②。而在这样一种法制观念下,刑法典起草工作根本无法开展。另一方面,刑法典的编纂需要相应的法典观念。对于自古以来就有法典编纂文化的国家,由于法典观念已经深入人心,所以编纂刑法典就较易推动。这在成文法国家较为明显。而在判例法国家,由于自古以来没有法典编纂传统,加之其认为通过颁布单行刑法也能满足犯罪治理的需要,于是刑法典在这些国家就可能不会成为优选,进而刑法典的编纂也就很难展开。众所周知,英国现在没有刑法典,尽管英国曾经有过编纂刑法典的机会,但刑法法典化最终失败了③。英国没有刑法典可能与其没有法典传统有关。

其三,刑法典的编纂需要相应的伦理道德支撑。比如,在刑法上犯罪有自

---

① 刘小燕、金航:《法学概论》,沈阳出版社2014年版,第25页。
② 柳经纬、吴克友:《关于制定民法典的条件是否成熟的几个问题》,《中国法学》1998年第4期。
③ [英]杰瑞米·侯德:《阿什沃斯刑法原理》,中国法制出版社2019年版,第36-37页。

然犯和法定犯之分,其中自然犯一般指违反伦理道德的犯罪。据此,自然犯的设立必然建立在相应的伦理道德基础之上。完全脱离伦理道德,刑法典的编纂就会难以进行。此外,随着人们伦理道德评价的变化,过去可能认为是犯罪的行为,如今可能就不再被评价为犯罪。比如通奸罪,在我国封建社会是严重违背封建礼教的犯罪行为,但是随着性观念的变化,人们渐渐觉得这种行为仅需要道德谴责,而不再需要将之定性为犯罪。

其四,刑法典的编纂需要相关机构支撑。刑法典编纂出来最终是要实施的,因而在编纂刑法典时需要充分考虑所在社会拥有以及可以拥有哪些司法机构、执法机构、场所、人员等。比如,我国法院、检察院、司法行政机关、公安机关、监狱管理机关、监狱等都为刑法典的编纂提供了机构支撑。

其五,刑法典的编纂动力来自社会治理犯罪的需要。犯罪从来不是一成不变的,其总是随着社会的发展变化而变化。在19世纪及其以前,所有的刑法典从来没有出现过计算机犯罪,因为计算机在那个时代根本不存在。而随着20世纪计算机的出现及普及,计算机犯罪层出不穷,各个国家为了应对计算机犯罪纷纷在刑法中设立新罪,比如我国刑法典设立了非法侵入计算机信息系统罪,非法获取计算机信息系统数据、非法控制计算机信息系统罪,提供侵入、非法控制计算机信息系统程序、工具罪,破坏计算机信息系统罪。当网络犯罪率居高不下时,我国刑法典又增设了拒不履行信息网络安全管理义务罪、非法利用信息网络罪、帮助信息网络犯罪活动罪。总之,刑法典的编纂离不开社会治理犯罪的需要,离不开社会为之提供的人力、财力、物力、文化观念、伦理道德等条件。

第三节 刑法法典化的思想条件

刑法典的编纂还离不开思想基础。因为对犯罪如何界定,怎么处罚,采取不同的理论思想会得出不同的答案。比如,中国古代实行礼法合一,法在很大程度上是为了维护封建礼教。在这种礼法合一的思想下,刑法就会贯彻礼的思想。比如,古代刑法规定了准五服以制罪,据此,对于犯罪不是依据行为及结果的社会危害性,而是根据服制来定罪量刑,其处理原则是"服制愈近:以尊犯卑,处置愈轻;以卑犯尊,处置愈重。服制愈远:以尊犯卑,相对加重;以卑犯尊,相对减轻"①。但是,这种封建礼教思想并非我国现代刑法典的思想基础,因此在1997年刑法典中没有规定诸如准五服以制罪的条款,相反,刑法典第61条明确规定对犯罪分子决定刑罚时应当根据犯罪的事实、性质、情节和对社会的危害程度依法判处。在西方,当1791年法国刑法典草案中规定法律面前人人平等原则时,这不是凭空而来,而是受到了西方启蒙思想的深刻影响②。当19世纪德意志巴伐利亚地区颁布的《1813年刑法典》规定法无明文规定不处罚、法无明文规定不为罪时,这个也不是没有缘由,其思想渊源就包括费尔巴哈所提出的心理强制说。可见,采纳不同理论思想,所编纂的刑法典就会存在不同。刑法典的编纂往往受到理论思想的影响,并且这种作为刑法典编纂基础的思想可能随着犯罪形势的变化而发生变化。在刑法历史上存在旧派和新派的学术之争。其中早期旧派主张,基于个人主义和自由主义,应当限制国家权力,限定处罚范围,人具有理性和自由意志,刑事责任的基础应当是犯罪行为及实害,刑罚的正当化根据在于报应的正义性③。1871年德国刑法典在颁布时主要基于这种旧派思想,所以,这部刑法典在颁布时没有重视特殊预防,没有规定保安处分,也未规定缓刑,对累犯、常习犯、少年犯罪也没有考虑。但是,这种旧派思想后来受到了新派思想的反对,因为其无法应对犯罪率的上升,累犯、常习犯及少年犯罪的急剧增加④。新派思想的主要观点是:个人是社会的人,只有保护社会利益才能保护个人利益,犯罪的产生一定是基于某种原因,不存在没有原因的自由意志,刑事责任的基础是犯罪人的危险性格,只有消除犯罪人的危险性格,避免再次犯罪,才有利于实现社会防卫,所谓责任是对社会有危险的人被社会科处作为社会防卫手段的刑罚的社会地位,刑罚的正当化根据在于目的的正当性⑤。基于这种新派的观点,德国刑法典此后增加了特殊预防的内容,规定了累犯、缓刑、保安处分等。再比如日本,1880年日本颁布的刑法典立基于折中主义思想,但是在这部刑法典颁布后日本犯罪率猛增,现有刑法典无法有效应对,于是作为刑法典编纂基础的折中主义便受到了批评指责,取而代之的是新派思想,后

---

① 王宏治:《中国刑法史讲义:先秦至清代》,商务印书馆2019年版,第406页。
② 邵景华:《法国1810年刑法典的产生及其主要特点》,《法律家》1987年第1期。
③ 张明楷:《刑法学》,法律出版社2021年版,第7页。
④ [德]克劳斯·罗可辛,王世洲译:《德国刑法学总论(第1卷)》,法律出版社2005年版,第59页;张明楷:《刑法学》,法律出版社2021年版,第7页。
⑤ 张明楷:《刑法学》,法律出版社2021年版,第8页。

来在新派思想主导下日本在 1907 年再次颁布刑法典①。需要注意的是，尽管存在新派思想批评旧派思想的现象，并且上述德国刑法典和日本刑法典后来都基于新派思想作了重新编纂，但是新派思想并没有完全取代旧派思想。我们可以看到，当前德国刑法典和日本刑法典的具体规定中既有体现旧派思想的规定，比如犯罪论中的很多内容仍然是旧派思想的内容，尽管随着时间的变化已经有所修改；也有新派思想体现的规定，比如在刑罚论中目的刑论就是新派提倡的内容。总之，刑法典的编纂需要考虑刑法理论思想，需要根据惩治犯罪的实践，选择能够减少犯罪的合理思想作为编纂基础。

第四节　刑法法典化的组织条件

刑法典的编纂离不开组织保障。刑法典要最终获得审议通过首先面临的问题是起草刑法典草案，如果刑法典草案无法起草完成，就不可能有之后的审议的问题。这就涉及刑法典的组织起草问题。一般而言，刑法典在编纂时可能会指定专人起草，也可能设立起草机构进行起草。比如，当 1867 年北德意志邦联建立后，邦联总理于 1868 年 6 月 17 日要求普鲁士司法部部长莱昂哈特起草一部刑法典草案，而这个起草刑法典草案的工作又委托给当时高级司法顾问弗里德贝格，法院陪审推事罗波和法官吕多夫被指派为其助手②。又比如，日本为编纂刑法典，在 1876 年设立刑法编纂委员会，聘请法国学者波伊索纳德负责起草③。刑法典草案在起草完后可能还需要指定专人进行审查。比如，对于前述由弗里德贝格等人起草的刑法典，邦联参议院在 1869 年 6 月 3 日选举产生了由 7 名来自实际部门的实践家组成的委员会，其中莱昂哈特为委员会主席，该委员会于 1869 年 10 月 1 日在柏林召开会议审查这部刑法典草案④。再如，日本明治政府为了审查由波伊索纳德独自起草的刑法典草案，于太政官中设置了

---

① 周振杰：《日本近代刑法与刑法思想史研究》，载赵秉志：《刑法论丛（第 27 卷）》，法律出版社 2011 年版，第 428-435 页。
② ［德］弗兰茨·冯·李斯特，徐久生译：《德国刑法教科书》，北京大学出版社 2021 年版，第 59 页。
③ ［日］西田典之，王昭武、刘明祥译：《日本刑法总论》，法律出版社 2013 年版，第 5-6 页；张淼：《日本近代刑法变革简述》，《东北亚论坛》2005 年第 6 期。
④ ［德］弗兰茨·冯·李斯特，徐久生译：《德国刑法教科书》，北京大学出版社 2021 年版，第 59-60 页。

刑法草案审查局专门审查该草案①。不仅如此,组织起草的刑法典草案最好还能够由各界讨论,充分了解社会各界对草案稿的看法,特别是要了解刑法实务部门的意见和建议。由于这些看法、意见和建议可能很多,所以就需要专人对之梳理分类。可见,了解到这些看法、意见和建议离不开有力的组织保障。此外,刑法典编纂的水平与参与编纂人员的水平密切相关。一般而言,作为国家施行刑法的典范,刑法典的编纂应当代表这个国家刑法的最高水平。对此,组织编纂刑法典时应当充分吸收刑法领域有威望的杰出法学家、实务家的意见。比如德意志巴伐利亚地区颁布的《1813 年刑法典》就是由刑法水平较高的费尔巴哈主导制定的。1880 年日本刑法典是聘请法国学者波伊索纳德进行起草的,当时为了仿效《法国刑法典》,日本特意选择了法国学者参与编纂。而《大清新刑律》则以日为师,该刑法典的编纂邀请了日本法学家冈田朝太郎帮助起草。如果选择水平不太高的人编纂刑法典,则可能会导致刑法典的水准不高。比如我国 1928 年刑法典,其由王宠惠在《刑法第二次修正案》的基础上编成《刑法草案》,然后由伍朝枢、徐元诰会同王宠惠审查,最后提出草案。有学者指出:"就对刑法的研究水平,王宠惠在当时并不是最高的,他的几部刑法学著作的成书时间都在 1928 年《刑法》颁行以后,属于法典释义性作品,对刑法基本问题并无深入研究。伍朝枢、徐元诰,均无刑法学专门著作。1928 年《刑法》由以上三人主持起草,相较国外近代刑法立法由著名法学家担纲,其水平自然大打折扣,失败也不足为奇"②。与 1928 年刑法典不同,1935 年刑法典在编纂上指定了立法委员刘克俊、史尚宽、郗朝俊、蔡瑄、罗鼎组成刑法起草委员会,外聘宝道、赖班亚为顾问,并且之后还加派了徐元诰、赵琛、盛振为、瞿曾泽会同起草。这些起草人员大多有留学经历,学有专精,历练丰富,整体水平较高;并且他们还奔赴各地征询各界意见③。所以,1935 年刑法典的总体水平要高于 1928 年刑法典的水平。总之,刑法典的编纂是繁重细致的工作,它需要汇集一国刑法学家及刑法实务工作者的集体智慧,甚至需要吸收国外刑法学者的智慧,因此组织高水平专家参与刑法典的起草、审查是高水准刑法典编纂的必要条件。

---

① 周振杰:《日本近代刑法与刑法思想史研究》,载赵秉志:《刑法论丛(第 27 卷)》,法律出版社 2011 年版,第 428 页。
② 张道强:《中西刑法文化冲突与中国刑法近代化》,中国政法大学出版社 2015 年版,第 175 页。
③ 黄源盛:《回顾与动向:1935 年民国刑法及其八十年来修正述要》,《法治现代化研究》2018 年第 2 期。

第十四章　国外刑法法典化研究

由于我国刑法典不论在形式上还是在内容上均受到国外刑法典的深刻影响,因此了解国外刑法法典化对完善我国刑法典具有重要意义。鉴于国外刑法典很多,考虑到大陆法系中俄罗斯(苏联)、德国、日本等国的刑法典对我国影响较大,而美国又是英美法系的代表,本章将选取德国、俄罗斯、日本和美国,分析其刑法法典化情况。

第一节　德国刑法法典化研究

以德意志统一为界,德国刑法法典化可以分为德意志统一前刑法法典化和德意志统一后刑法法典化。

一、德意志统一前刑法法典化研究

(一) 1532 年《卡洛林那法典》

德国早期并无成文刑法,一般认为,《卡洛林那法典》是德国走向成文刑法的重要规范。《卡洛林那法典》在 1532 年由神圣罗马帝国所颁布。这部法典具有如下特点:其一,它既规定刑事实体法又规定刑事程序法,即二者是混合规定。这部法典共有 219 条,其中第 1 条至 105 条和第 175 条至 219 条主要规定的是刑事程序法的内容,第 106 条至 174 条主要规定刑事实体法内容,并且实体法对犯罪规定的体系性并不强[1]。其二,在具体内容上,这部法典规定了类推适用,这意味着罪刑法定原则在该法典中尚未被确立。该法典对杀人、窃盗、性

---

[1] 陈惠馨:《1532 年〈卡洛林那法典〉与德国近代刑法史——比较法制史观点》,《比较法研究》2010 年第 4 期。

犯罪、伪造类犯罪等都有规定，值得注意的是，法典中规定的有些犯罪行为现在一般不再作犯罪处理，比如第 109 条规定施展魔术伤害他人的人应被判处死刑，但是这种行为现在一般被认为是不能犯。此外，这部法典规定的刑罚具有残忍性。比如，这部法典规定了 7 种死刑方式：用火烧死，用剑刺死，将身体切成四块而死，轮死，吊死，淹死，活埋。再比如，身体刑在执行上包括割舌、切手指、割耳朵等等。其三，这部法典的效力要低于神圣罗马帝国各个地区的传统习惯刑法①。

（二）1751 年《巴伐利亚刑法典》

到了 18 世纪，《卡洛林那法典》首先被德国地区刑法典 1751 年《巴伐利亚刑法典》所取代，之后神圣罗马帝国区域出现了 1768 年奥地利的《德瑞西亚刑法典》，1786 年意大利的《托斯卡诺刑法典》，1794 年的《普鲁士一般刑法典》。就 1751 年《巴伐利亚刑法典》而言，这部刑法典的特点是：其一，这部法典也是既规定刑事实体法也规定刑事程序法，不过，在这部法典里二者清晰可分。其二，就刑事实体法而言，它规定在法典的第一部分，共 12 章，196 条。在具体内容上，这 12 章分别是犯罪概念与刑罚，窃盗与强盗的犯罪，杀人罪，妨害风化类犯罪，婚外性行为，近亲间性行为，对神亵渎的犯罪，侮辱君主的犯罪，伪造犯罪，野生动物犯罪，乞丐、流浪汉等犯罪和高利贷犯罪，窝藏犯罪。其三，由于这部法典在死刑的执行方式上还包括轮死、烧死等，所以刑罚具有残忍性。此外，由于这部法典规定与魔鬼发生性关系或运用神圣物件进行恶魔及迷信的事务要被烧死，所以，它仍然保留了宗教迷信色彩②。

（三）1813 年《巴伐利亚刑法典》和 1851 年《普鲁士刑法典》

到了 19 世纪，巴伐利亚地区又颁布了 1813 年《巴伐利亚刑法典》，这部刑法典由德国著名刑法学者费尔巴哈拟定。它具有如下特点：其一，这部法典既包括刑事实体法又包括刑事程序法，其中刑事实体法共有 3 编，第一编规定有关重犯罪及轻犯罪一般原则，类似总则规定；第二编规定有关重犯罪及其刑罚；第三编则主要规定轻犯罪与其刑罚。后两编类似分则规定。其二，在具体内容上，第一编主要规定违法的行为及刑罚，犯罪的完成与违法的故意及教唆者，未遂，过失，参与，刑度及加减原因，刑罚免除；第二编主要规定私的犯罪，公的或

---

① 陈惠馨：《德国近代刑法史》，元照出版有限公司 2016 年版，第 57-96 页。
② 陈惠馨：《德国近代刑法史》，元照出版有限公司 2016 年版，第 111-144 页。

国家的犯罪;第三编则主要规定私的轻犯罪,公的或国家的轻犯罪。在这里尤为值得注意的是该法典明确规定了罪刑法定原则。其三,在刑罚上,这部法典相较于1751年《巴伐利亚刑法典》较为缓和,这主要体现在执行死刑时主要采用斩首。德国学者认为这部刑法典是德国现代第一部典型刑法典,它影响了19世纪德国其他地区的刑法立法,包括1838年《萨克森刑法典》、1839年《维滕堡刑法典》[①]。

这里还需要提及1851年《普鲁士刑法典》。这部法典的特点是:其一,它的内容主要分为4个部分,第一部分是导论性规则,第二部分是重罪与轻罪刑罚的一般规则,第三部分是各个重罪与轻罪及其刑罚,第四部分是关于违规行为。第一部分和第二部分类似当今刑法的总则内容,第三部分则是刑法分则内容,而第四部分则属于后来德国违反秩序法的内容。可见,从该法典内容看,它不仅规定了刑事方面的犯罪内容,还规定了应受行政处罚的违法行为。其二,明确规定犯罪及违法行为都要在行为前已经为法律规定才能处罚,这是罪刑法定原则的体现。其三,刑罚主要分为死刑、重罪监禁刑、市民荣誉剥夺刑、关闭刑、监狱刑、自由刑、罚金、没收财产等。通过和1751年《巴伐利亚刑法典》比较可知,1851年《普鲁士刑法典》在刑罚上也较为轻缓[②]。

二、德意志统一后刑法法典化研究

(一) 1871 年刑法典

在19世纪德国各地区先后颁布了自己的刑法典,但是分裂的德国一直没有统一的刑法典。1867年普鲁士在几经征战后统一德意志北部地区并建立北德意志邦联,之后着手推进制定统一刑法典,在经过起草、讨论和修改后,1870年适用于北德邦联的《北德刑法典》终于问世。但与此同时,普鲁士继续统一德意志南部地区,并在1871年建立了统一的德意志帝国[③]。而政治上的统一迫切要求法律上能有适用于德意志帝国全部地区的刑法典,于是,在1871年5月15日德意志帝国宣布将《北德刑法典》作为《德意志帝国刑法典》[④]。这部法典具有如下特点:其一,从立法体例上看,1871年《德意志帝国刑法典》颁布时并未区分

[①] 陈惠馨:《德国近代刑法史》,元照出版有限公司2016年版,第171-210页。
[②] 陈惠馨:《德国近代刑法史》,元照出版有限公司2016年版,第227-260页。
[③] 张旭:《社会演进与刑法修改——以德国为视角的研究》,《法制与社会发展》2003年第2期。
[④] [德]弗兰茨·冯·李斯特,徐久生译:《德国刑法教科书》,北京大学出版社2021年版,第59-61页。

总则和分则,它由导论性规定和两编组成,共 370 条。其中,导论性规定是第 1 至 12 条;第一编,即重罪、轻罪、违警罪处罚的一般规则,共 5 章,是第 13 至 79 条;第二编,即各个重罪、轻罪和违警罪及其刑罚,共 29 章,是第 80 至 370 条。据此,《德意志帝国刑法典》和 1851 年《普鲁士刑法典》的刑法立法体例虽有些相像,但也存在不同。从各编内容看,《德意志帝国刑法典》颁布时其既包括犯罪及刑罚内容,也包括违反秩序法的内容,这表明其并非纯粹规定刑事实体法的刑法典。其二,《北德刑法典》在起草时曾激烈讨论是否废除死刑问题,在刑法草案二读时议会多数票同意废除死刑,但是到三读时又决定恢复死刑①。《德意志帝国刑法典》颁布时的刑罚种类包括死刑、重罪监禁刑、关押刑、堡垒监禁、拘役和罚金刑等②。其中死刑的执行方式是斩首。其三,就导论性规定而言,该部分区分了重罪、轻罪和违警罪,规定了罪刑法定规则、刑法溯及力及刑法的适用范围。其四,从第一编看,其内容包括刑罚、未遂、参与、排除或减轻处罚的原因、犯罪竞合③,其并未规定保安处分,也未规定缓刑④。其五,从第二编看,其具体包括内乱与叛国罪,辱统治者罪,侮辱邦君罪,针对友好国家的敌对行动罪,与行使公民权利有关的犯罪和轻罪,反抗国家权力罪,危害公共秩序的重罪和轻罪,钱币重罪与钱币轻罪,伪证罪,诬告罪,涉及宗教的轻罪,涉及公民身份的重罪和轻罪,违反道德的重罪与轻罪,侮辱罪,决斗罪,侵害生命的重罪和轻罪,伤害罪,妨害人身自由罪,盗窃与侵占罪,抢劫与敲诈勒索罪,包庇与赃物罪,诈骗和背信罪,伪造文书罪,破产罪,受惩罚的自利罪和侵犯他人秘密罪,毁坏财物罪,公共危险重罪和轻罪,涉及公务的重罪和轻罪,违警罪⑤。总体来看,第二编有不少内容重视维护帝国统治者和邦君的利益,可以说有很强的帝国时代色彩,但不可否认的是,一百多年来《德意志帝国刑法典》虽早已变样,但第二编中不少罪名及其体系顺位似乎未有多大变化。

(二) 1975 年刑法典

在《德意志帝国刑法典》颁布后至"二战"结束前,刑法进行了一系列修改,

---

① [德]弗兰茨·冯·李斯特,徐久生译:《德国刑法教科书》,北京大学出版社 2021 年版,第 60 页。
② [德]克劳斯·罗可辛,王世洲译:《德国刑法学总论(第 1 卷)》,法律出版社 2005 年版,第 59 页。
③ Vgl. RStGB, Erster Theil.
④ Vgl. RStGB, Erster Theil, Erster Abschnitt.
⑤ Vgl. RStGB, Zweiter Theil.

这些修改包括增加高利贷相关犯罪,调整部分犯罪法定刑①,短期自由刑可以易科罚金刑,科处罚金刑时要考虑行为人的经济状况,在罚金刑不能缴纳时可以通过劳动来代替罚金刑,将刑事责任年龄提高到14岁,对青少年犯罪引入教养措施,增加保安处分,删去罪刑法定原则,等等②。从这些内容看,有些规定是进步,而有些则是退步。在"二战"结束后,就联邦德国而言,刑法改革重新进行。五十年代刑法改革的一些重要举措包括:在基本法中写入废除死刑并确立罪刑法定原则,将刑法典中的违警罪分离出来,将轻微犯罪实行非犯罪化,增设缓刑等。之后1969年联邦德国先后颁布了两部刑法改革法,而这两部刑法改革法对刑法典进行了诸多根本修改,特别是第二部刑法改革法对刑法总则进行了全新规定。鉴于它是1975年1月1日生效,所以,人们习惯将1975年以来适用的刑法典称为新刑法典或者1975年刑法典。虽然学者日常引用这个刑法典时不再加入"帝国"二字,但是需要注意的是,这部刑法典并非是在废止《德意志帝国刑法典》之后重新颁布的刑法典,而只是对之进行修改,毕竟在第二部刑法改革法生效时,1975年刑法典的刑法总则部分是全新的,而刑法分则的相当部分仍旧以1871年刑法典的分则为基础③。在1975年之后,德国对刑法典又进行了一系列修改,截至2020年3月,德国共颁布6部刑法改革法和57部刑法修改法。新刑法典具有如下特点:其一,从立法体例上看,新刑法典由总则和分则两部分构成,其中总则包括5章,即法例,犯罪行为,犯罪之法律效果,告诉、授权与请求,时效;而分则则包括30章,即破坏和平、内乱与危害民主法治国体,叛国与外患罪,针对外国之犯罪,妨害宪法机关、选举与表决之犯罪,妨害国防之犯罪,反抗国家权力罪,妨害公共秩序之犯罪,伪造货币与有价证券罪,未经宣誓的陈述与宣誓伪证罪,诬告罪,涉及宗教与世界观之犯罪,针对身份关系、婚姻与家庭之犯罪,妨碍性自主之犯罪,侮辱罪,侵害个人生活与秘密领域罪,侵害生命之犯罪,侵害人身健康之犯罪,妨碍自由之犯罪,窃盗与侵占罪,强盗与恐吓取财罪,包庇与赃物罪,诈欺与背信罪,伪造文书罪,破产之犯罪,应处罚的自利行为,妨碍竞争之犯罪,毁损罪,公共危险之犯罪,危害环境之犯罪,涉及公务之犯罪。从立法体例可以看出,新刑法典将旧刑法典的导论性规定并入总则

---

① 张旭:《社会演进与刑法修改——以德国为视角的研究》,《法制与社会发展》2003年第2期。
② [德]克劳斯·罗可辛,王世洲译:《德国刑法学总论(第1卷)》,法律出版社2005年版,第62-63页。
③ [德]克劳斯·罗可辛,王世洲译:《德国刑法学总论(第1卷)》,法律出版社2005年版,第66页。

中,并且分则中具有帝国时代色彩的章节已经被修改更新。其二,与之前德国的刑法典不同,这部刑法典不规定轻微犯罪的惩处,较少涉及程序法内容,其内容主要规定刑事实体法。其三,新刑法典在内容上更精细,能够呼应时代发展的需要。比如在总则中确立属地管辖原则,规定不作为犯罪,完善认识错误的处罚,规定正犯的概念,对紧急避险既规定了阻却违法的紧急避险(第 34 条)又规定了阻却责任的紧急避险(第 35 条),在刑罚上将刑种改为自由刑和罚金刑,限制使用六个月以下短期自由刑,增设了"保留刑罚的警告",扩大缓刑适用,规定六项保安处分措施,等等;在分则中完善性犯罪规定(第 177 条),规定反恐刑事立法(第 129a、129b 条),规定掳人勒赎罪(第 239a 条),规定洗钱罪(第 261 条),规定补助欺诈(第 264 条),规定诈取给付罪(265a 条),规定运动博弈欺诈罪(第 265c 条)和操纵职业性之运动竞赛罪(第 265d 条),规定商业往来之贿赂罪(第 299 条),规定禁止动力交通工具竞驶、竞技(第 315d 条),等等[①]。

　　值得注意的是,自《德意志帝国刑法典》颁布以来,在刑法典之外还存在大量非法典化的刑法规定[②]。这些刑法典之外的刑法规定有的是属于刑法核心领域的规定,如《德国基本法》第 102 条关于废除死刑的规定和第 103 条第 2 款关于罪刑法定的规定,《青少年法庭法》中有关青少年犯罪与处罚的规定,《军事刑法》中涉及军事犯罪与刑罚的规定;还有的则属于附属刑法,如《武器法》中有关非法制造、加工、持有、携带、买卖武器等犯罪的规定,《著作权法》中有关侵犯著作权的犯罪的规定[③]。可见,德国刑事立法采取的是多元化立法模式,它并非将所有的刑法实体内容都规定于刑法典中,而在刑法典中仅规定核心的、重要的实体内容。

---

① 王世洲:《联邦德国刑法改革研究》,《环球法律评论》1997 年第 2 期;徐久生:《德国刑法典的重大变化及其解读》,载陈兴良:《刑事法评论(第 40 卷)》,北京大学出版社 2017 年版,第 384 页;程红:《德国刑事立法的最新动态及解读》,《国外社会科学》2019 年第 4 期;王钢:《德国近五十年刑事立法述评》,《政治与法律》2020 年第 3 期。关于相关罪名的表述参见何赖杰、林钰雄审译:《德国刑法典》,元照出版有限公司 2019 年版,第 391、413、430、433、436、438、470、497 页。
② [德]汉斯·海因里希·耶塞克、[德]托马斯·魏根特,徐久生译:《德国刑法教科书》,中国法制出版社 2017 年版,第 150 页。
③ 王钢:《德国近五十年刑事立法述评》,《政治与法律》2020 年第 3 期;柏浪涛:《德国附属刑法的立法述评与启示》,《比较法研究》2022 年第 4 期;[德]汉斯·海因里希·耶塞克、[德]托马斯·魏根特,徐久生译:《德国刑法教科书》,中国法制出版社 2017 年版,第 152-156 页。

第二节　俄罗斯刑法法典化研究

俄罗斯刑法法典化可根据历史时期分为沙俄时期刑法法典化、苏俄时期刑法法典化和俄罗斯联邦时期刑法法典化三个阶段。

一、沙俄时期刑法法典化

在19世纪俄罗斯尚未有刑法典。虽然在1833年俄罗斯编制了《俄罗斯帝国法律汇编》，并且其中包含刑法卷[①]，但是它并非近代意义上的"法典"[②]。到了1845年，俄罗斯又颁布了《刑罚和感化法典》，但是这部法典具有封建农奴制特征，明确法律的不平等保护，突出特权保护。尽管该法典之后经过多次修改，特别是在明确刑事责任年龄和刑事责任关系、限制死刑适用、废除部分剥夺自由刑等方面值得肯定[③]，但是，它仍然不是近代意义上的刑法典。

进入20世纪，俄罗斯于1903年颁布了《刑法典》。这部刑法典从1881年就开始着手编纂，其间草案稿几经讨论和修改。1903年刑法典的特点是：其一，从立法体例上看，它分为总则和分则，总则是1章，分则共36章，但是只施行其中的6章。其二，从内容上看，总则规定了犯罪的形式定义，区分了重罪、轻罪、违警罪，提高了刑事责任年龄，即从7岁提高到10岁，保留了死刑，并且在主刑上还包括苦役、流放、感化院监禁、要塞监禁、监狱监禁、拘禁和罚金。此外，总则对共犯、犯罪的未完成形态、正当防卫和紧急避险都有规定。就分则而言，施行的6章包括"妨害宗教信仰的犯罪""反抗最高政权和危害沙皇及皇室成员的犯罪""叛国罪""骚乱罪""不服从政权机关的犯罪""妨害审判的犯罪"[④]。这部刑法典是在当时革命运动高涨的情况下颁布的，其中一些规定体现了资本主义刑法立法思想，但是，它仍然强调维护沙皇的统治[⑤]。

[①] 薛瑞麟：《俄罗斯刑法研究》，中国政法大学出版社2000年版，第3页。
[②] 楚盛男：《从俄罗斯帝国法典编纂史看法治》，载姜明安：《行政法论丛（第18卷）》，法律出版社2016年版，第8页。
[③] 薛瑞麟：《俄罗斯刑法研究》，中国政法大学出版社2000年版，第3-5页。
[④] 薛瑞麟：《俄罗斯刑法研究》，中国政法大学出版社2000年版，第6-9页。
[⑤] 薛瑞麟：《俄罗斯刑法研究》，中国政法大学出版社2000年版，第6-9页。

二、苏俄时期刑法法典化

1917年俄国十月革命胜利,旧政权被推翻,建立了人类历史上第一个无产阶级掌握政权的国家。1919年俄国颁布了《苏俄刑法指导原则》,尽管该文件对刑法总则相关问题进行了阐述,但是它并非属于完整的刑法典。

(一) 1922 年《苏俄刑法典》

1922年,俄国颁布了《苏俄刑法典》。这部刑法典的特点是:其一,它是世界上第一部社会主义刑法典,它是在没有先例和现成的模式下编纂出来的。其二,从立法体例上看,这部刑法典由总则和分则构成,总则包括5章,即刑法典的效力范围、适用刑罚的一般原则、刑罚的量定、刑罚及其他社会保卫方法的种类、执行刑罚的程序;分则包括8章,即国事罪,职务上的犯罪,违反政教分离法规的犯罪,经济上的犯罪,妨害生命、健康、自由和人格的犯罪,财产上的犯罪,军职罪,妨害人民健康、社会安全和公共秩序的犯罪。之后在1924年分则增加1章,即旧习残余方面的犯罪。其三,这部刑法典将阶级性贯穿始终,这从总则规定的刑法典的任务及犯罪的实质概念和分则设置的反革命罪就可以看出。其四,这部刑法典规定了类推制度①。其五,这部刑法典有其独创性,比如明确保卫劳动者国家的刑法任务,创制了不羁押的强制工作规定,等等。这些都和资本主义国家的刑法立法有很大区别②。

(二) 1926 年《苏俄刑法典》

随着1922年苏维埃社会主义共和国联盟的成立。1924年颁布《苏联及各加盟共和国刑事立法基本原则》,该文件对联盟下各国制定刑法典具有指导作用,但是它尚不能称为刑法典。基于《苏联及各加盟共和国刑事立法基本原则》,俄国出台了1926年《苏俄刑法典》。这部刑法典具有如下特点:其一,从立法体例上看,它由总则和分则两部分构成,其中总则6章,即刑事立法的任务,效力范围,刑事政策的一般原则,对于事实犯罪的人所适用的社会保卫方法,司法改造性质的社会保卫方法的适用程序,缓刑和假释;分则9章,即反革命罪,妨害管理秩序罪,职务上的犯罪,违反政教分离法规的犯罪,经济上的犯罪,妨害生命、健康、自由和人格的犯罪,财产上的犯罪,妨害人民健康、社会安全和社

---

① 曹子丹、张广贤、马改秀、王扬译:《苏联刑法科学史》,法律出版社1984年版,第30页。
② 薛瑞麟:《俄罗斯刑法研究》,中国政法大学出版社2000年版,第16-19页。

会秩序的犯罪,军职上的犯罪。与1922年《苏俄刑法典》相比,这部刑法典的立法体例存在些许变化,比如在总则中把刑事立法的任务放在总则第一章,而在分则中则把反革命罪列为首章。其二,这部刑法典首次载入附则,比如对于犯罪的概念,附则规定因显著轻微且缺乏损害结果而失去社会危害性的行为不是犯罪。其三,1926年《苏俄刑法典》仍然规定了类推制度①。其四,这部刑法典并未使用"刑罚"二字,而是用"社会保卫方法"替代之。其五,明确对未完成犯罪的处罚,特别是对于中止犯,规定可以免除刑事责任。其六,在1926年《苏俄刑法典》施行之后的34年里,它经历了多次修改,主要通过出台单行刑法进行修改。在"二战"期间刑法修改较多,比如"社会保卫方法"的提法被改为"刑罚";刑法的修改沿着较为严厉的方向发展,比如扩大死刑的适用范围、提高剥夺自由的上限、降低刑事责任年龄的下限、增设新罪等等。这里降低刑事责任年龄的下限的突出表现是规定年满12周岁的未成年人实施盗窃、强暴、伤害他人身体、使人残废、杀人或杀人未遂时应当受刑事审判并适用刑罚。而1926年《苏俄刑法典》规定未满14周岁的幼年人不适用司法改造性质的社会保卫方法。在"二战"结束后刑法也有诸多修改,比如1947年出台法令废止死刑,之后又恢复了死刑;又比如,加重侵犯财产罪、强奸罪、泄露国家机密罪的刑事责任,等等②。

(三) 1960年《苏俄刑法典》

1960年苏俄第五届最高苏维埃第三次会议通过《苏俄刑法典》,并于1961年1月1日起施行。这部刑法典有以下特点:其一,从立法体例上看,它分为总则和分则两部分,其中总则6章,即通则、刑法典的效力范围、犯罪、刑罚、处刑和免刑、医疗性和教育性的强制方法;分则12章,即国事罪,侵害社会主义所有制的犯罪,侵害生命、健康、自由和人格的犯罪,侵害公民的政治权利和劳动权利的犯罪,侵害公民个人财产的犯罪,经济上的犯罪,渎职罪,违反公正审判的犯罪,妨害管理秩序罪,危害公共安全、公共秩序和人民健康的犯罪,属于地方旧习残余的犯罪,军职罪。据此,和1926年《苏俄刑法典》相比,1960年《苏俄刑法典》在总则上存在很大变化,它明确规定了通则,在通则之下规定苏俄刑法典的任务,苏俄刑法典和全联盟刑事法规的关系,刑事责任的根据。不使用"社会

---

① 曹子丹、张广贤、马改秀、王扬译:《苏联刑法科学史》,法律出版社1984年版,第33页。
② 薛瑞麟:《俄罗斯刑法研究》,中国政法大学出版社2000年版,第23—36页。

保卫方法"的语词,而是使用"刑罚"语词。总则的体系编排基本奠定了之后刑法典总则的体系编排。在分则中,1960年《苏俄刑法典》也有很多变化,比如不再设置反革命罪,而是设置国事罪,并将之置于分则首章;将侵犯社会主义所有制的犯罪列为第二章;增设侵害公民的政治权利和劳动权利的犯罪作为第四章;增设渎职罪作为第七章;增设违反公正审判的犯罪作为第八章;增设属于地方旧习残余的犯罪作为第十一章。其二,从内容上看,刑法典在总则中增加了刑事责任根据,明确只有犯罪人,即故意或过失地实施刑法所规定的危害社会行为的人,才应担负刑事责任,并受刑罚。不仅如此,该刑法典提高了犯罪的年龄门槛,明确14岁以上16岁以下的犯罪人在犯刑法规定的特定犯罪时才负刑事责任。它规定了正当防卫和紧急避险制度,详细规定了犯罪预备、未遂和中止及其处罚规则,还明确规定了共同犯罪,区分实行犯、组织犯、教唆犯和帮助犯。根据这部刑法典,刑罚的种类分为剥夺自由、流放、放逐、不剥夺自由的劳动改造、剥夺担任一定职务或从事某种活动的权利、罚金、撤职、责令赔偿所造成的损害、公开训诫、没收财产、剥夺军衔或专门称号、送往军纪营管束。该刑法典明确死刑是非常刑罚方法,并且规定未满18岁的人和在犯罪、宣判或者判决执行时正在怀孕的妇女不得判处死刑。另外,剥夺自由的最高期限一般情况下是10年,特殊情况下不超过15年,这远低于1926年《苏俄刑法典》规定的25年。这表明1960年《苏俄刑法典》的刑罚相较之前的刑法典呈轻缓态势。其三,这部刑法典的修改呈现轻轻重重的特点。轻轻方面的表现比如增设免除刑事责任的新形式,即免除刑事责任,追究行政责任;增加新的缓刑制度,即判处剥夺自由、宣告缓刑并强制被判刑人劳动;扩大延缓执行判决的范围;增加新的假释制度,即被判刑人从剥夺自由场所假释并强制劳动;扩大罚金的适用范围。重重方面的表现比如增加"严重犯罪"的概念;扩大特别危险的累犯的范围;扩大死刑的适用范围[①]。

三、俄罗斯联邦时期刑法法典化

在苏联解体后,俄罗斯改变了政治制度及经济体制,并且着手编纂新的刑法典。在经过几年的起草、修改及审议后,最终于1996年颁布了《俄罗斯联邦刑法典》。这部刑法典的特点是:其一,从立法体例看,它分为总则和分则两个

[①] 薛瑞麟:《俄罗斯刑法研究》,中国政法大学出版社2000年版,第36-45页。

部分,总则包含6编,即刑事法律,犯罪,刑罚,免除刑事责任与免除刑罚,未成年人的刑事责任,其他刑法性质的措施;分则包含6编,即侵害人身的犯罪,经济领域的犯罪,危害公共安全和社会秩序的犯罪,反对国家政权的犯罪,军职罪,破坏人类和平和安全的犯罪。与1960年《苏俄刑法典》相比,《俄罗斯联邦刑法典》有很大变化,比如,总则第一编将之前的通则、刑法典的效力范围合二为一,并改编名"通则"为"刑事法律";总则第五编增加未成年人的刑事责任;分则将侵害人身的犯罪置于首编,删去侵犯社会主义所有制的犯罪、侵犯公民的政治权利和劳动权利的犯罪、渎职罪、违反公正审判的犯罪、属于地方旧习残余的犯罪等,并将相关内容整合进相关编之中。其二,从内容上看,总则方面的变化包括但不限于如下方面:根据刑法典的任务,这部刑法典不再特别保护社会主义。这是由俄罗斯转变政治制度所导致的。这部刑法典明确了法制原则,否定类推适用规则,坚持法律平等原则,坚持罪过原则,坚持公正原则,坚持人道原则;区分犯罪的分类,将犯罪分为轻罪、中等严重的犯罪、严重犯罪和特别严重的犯罪;增加年满十四周岁的人应负刑事责任的犯罪,明确承担刑事责任的主体只是自然人,而不包括法人;在共同犯罪中增加规定有组织犯罪;加重对累犯的处罚;规定排除行为有罪性质的情节包括正当防卫、在拘捕犯罪人时造成伤害、紧急避险、身体或心理受到强制、合理风险、执行命令或指令;明确刑罚的概念并重新调整刑罚种类,增设强制性义务劳动、限制自由、拘役和终身剥夺自由,废除流放、放逐、公开训诫和责令赔偿所造成的损害,并且规定死刑作为极刑只能对侵害生命的特别严重犯罪适用;限定未成年人适用的刑种。分则方面的变化包括但不限于如下方面:增加了不少新罪名,某些在过去计划经济时代是犯罪的行为在新刑法典中不再作为犯罪处理,这一点较多地体现在经济犯罪领域。不仅如此,分则体系的顺位变化表明立法者的价值观发生变化,即遵循先个人、后社会和国家的原则。其三,新刑法典颁布后刑法的修改较为频繁,这些修改不仅涉及总则,还涉及分则。甚至有学者认为,俄罗斯刑法典的困境是与其法典的自身结构、社会形势的发展变化、各种政治力量在刑事立法方面的角力以及立法者的立法技术问题有关[①]。

值得注意的是,俄罗斯联邦在刑法典之外还制定了特别刑法规制犯罪,比如俄罗斯在《电子文件法》《俄罗斯联邦因特网发展和利用国家政策法》《信息权

---

① 尤长海:《俄罗斯联邦刑法典的困境及原因探析》,《中国刑事法杂志》2012年第2期。

法》《个人信息法》《国际信息交易法》《〈国际信息交易法〉联邦法的补充和修改法》等行政法规中制定附属刑法保护隐私权①。可见,刑法典也并非俄罗斯联邦刑法的唯一渊源。

第三节　日本刑法法典化研究

明治以来,日本刑法法典化总体可以分为1880年以前刑法法典化和1880年以后刑法法典化。1880年以前日本编纂的刑法典是封建刑法典,1880年以后日本编纂的刑法典则是近代刑法典。

一、1880年以前刑法法典化

明治初期日本主要颁布了3部刑事法律,依次是《暂定刑律》《新律纲领》《改定律例》。1868年明治政府编纂了《暂定刑律》,这是明治政府编纂的第一部刑法典。这部法律是在参考日本本土法律和我国明清律令基础上制定的。在立法体例上,《暂定刑律》分为12编,即名例、贼盗、斗殴、人命、诉讼、捕亡、犯奸、受赃、诈伪、断狱、婚姻、杂讼,其中名例编相当于总则。《暂定刑律》规定了"八虐六议",这源自我国古代的"十恶""八议"。《暂定刑律》规定了4种刑罚,即笞、徒、流、死,此外还规定了赎刑。死刑在执行上包括刎、斩、磔、焚,之后改为绞、刎、枭、磔②。由于《暂定刑律》并未公之于众③,所以,它仅是刑事审判的内部规范。到了1870年,明治政府颁布了《新律纲领》。与《暂定刑律》不同,《新律纲领》公之于众。这部法律依然是在参考明清刑律和日本本土的法律基础上制定的④。这部法律在立法体例上增加至14编,删去了"八虐""六议",刑罚规定了5种,即笞、杖、徒、流、死,死刑包括绞、斩、枭⑤。此外,这部法律规定了比附援引。到了1873年,日本颁布了《改定律例》,它补充修订了《新律纲领》,两部法律同时有效。《改定律例》在立法体例上保持14编,但是采取了逐

---

① 王立志:《隐私权刑法保护双轨制立法模式之提倡》,《法学评论》2011年第4期。
② 周振杰:《日本近代刑法与刑法思想史研究》,载赵秉志:《刑法论丛(第27卷)》,法律出版社2011年版,第420-421页。
③ 李春珍:《日本刑法发展的历史考察》,《泰山学院学报》2014年第2期。
④ 张淼:《日本近代刑法变革简述》,《东北亚论坛》2005年第6期。
⑤ 李春珍:《日本刑法发展的历史考察》,《泰山学院学报》2014年第2期。

条规定的体例,这是日本首部采取近代立法体例的法典①。《改定律例》规定刑罚包括惩役刑、死刑和财产刑,取消了五刑定制,并且死刑一般就是绞首②。尽管《改定律例》在刑罚上比前两个法律要轻缓,但是它规定了比附援引,并且还规定对不同身份的人实施差别对待,依然保留了较浓的封建色彩③。总体来看,以上三部法律仍然属于封建刑法。

二、1880年以后刑法法典化

(一) 旧刑法

为了适应日本发展的需要,1880年7月,明治政府颁布了新的刑法典,该法典于1882年1月1日起施行。这部刑法典以当时法国刑法典为范本,邀请了法国学者博斯纳德参与编纂,这是日本近代第一部资产阶级刑法典,史称旧刑法④。旧刑法具有如下特点:其一,从立法体例上看,旧刑法区别了总则和分则,其包括4编,具体而言:第一编是总则,包括法例、刑例、加减例、再犯、数罪并罚、共同犯罪、未遂犯等;第二编是关于公共法益的重罪轻罪,包括针对皇室的犯罪,国事犯罪,妨害信用、健康、工农业的犯罪等;第三编是针对身体、财产的重罪轻罪;第四编是违警罪。其二,在犯罪分类上,旧刑法将犯罪分为重罪、轻罪和违警罪。在刑罚上,旧刑法区分了主刑和附加刑,其中主刑包括死刑、无期徒刑、有期徒刑、无期流刑、有期流刑、重惩役、轻惩役、重禁狱、轻禁狱、重禁锢、轻禁锢、罚金、拘留、科料;附加刑包括剥夺公权、停止公权、禁治产、监视、罚金、没收。其三,旧刑法采纳了罪刑法定原则。其四,旧刑法在犯罪成立上采纳责任主义,否定由身份决定罪刑。其五,保留了日本传统刑法的思想,包括亲亲相隐不为罪,重惩不敬罪等。其六,旧刑法体现了折中主义刑法思想,这种折中立场主要是将报应思想和功利主义相结合,比如在未遂犯和从犯的处罚上要求减

---

① 周振杰:《日本近代刑法与刑法思想史研究》,载赵秉志:《刑法论丛(第27卷)》,法律出版社2011年版,第422页。
② 李春珍:《日本刑法发展的历史考察》,《泰山学院学报》2014年第2期。
③ 张淼:《日本近代刑法变革简述》,《东北亚论坛》2005年第6期。
④ 张淼:《日本近代刑法变革简述》,《东北亚论坛》2005年第6期。

等处罚①。

(二) 新刑法

由于旧刑法不能适应日本惩治犯罪的需要,日本于 1907 年颁布了新的刑法典,该法典于 1908 年 10 月 1 日起施行,它是以 1871 年《德国刑法典》为蓝本,史称新刑法②。新刑法具有如下特点:其一,从立法体例上看,新刑法包括两编,第一编是总则,第二编是罪。总则编包括法例、刑罚、期间计算、缓刑、假释、刑罚的时效及消灭、犯罪的不成立及刑罚的减免、未遂罪、并合罪、累犯、共犯、酌量减轻、加重减轻的方法。罪编包括对皇室之罪、内乱罪、外患罪、有关国交的犯罪、妨害执行公务罪、脱逃罪、藏匿犯人和隐灭证据罪、骚乱罪、放火和失火罪、有关决水和水利的犯罪、妨害交通罪、侵犯居住罪、侵犯秘密罪、鸦片烟罪、有关饮用水的犯罪、伪造货币罪、伪造文书罪、伪造有价证券罪、伪造印章罪、伪证罪、诬告罪、猥亵、奸淫和重婚罪、赌博和彩票罪、有关礼拜场所和坟墓的犯罪、渎职罪、杀人罪、伤害罪、过失伤害罪、堕胎罪、遗弃罪、逮捕和监禁罪、胁迫罪、略取和诱拐罪、对名誉的犯罪、对信用和业务的犯罪、盗窃和强盗罪、诈骗和恐吓罪、侵占罪、赃物罪、毁弃和隐匿罪。比较 1871 年《德国刑法典》可知,日本新刑法并未完全照搬《德国刑法典》的立法体例。其二,新刑法删去了"法无明文规定不为罪"的规定,即在文字上删去了罪刑法定原则。虽然刑法上删去了此原则,但是日本宪法对之有明确规定。其三,新刑法将犯罪分为重罪和轻罪,将违警罪独立于刑法之外。其四,相较于旧刑法,新刑法在法律用语上更现代,比如用"累犯"替代了"再犯加重"。其五,新刑法的刑罚包括主刑和附加刑,其中主刑包括死刑、惩役、监禁、罚金、拘留及罚款,附加刑包括没收。其六,新刑法首次规定缓刑制度,扩大了假释的适用范围。其七,新刑法规定未遂犯的处罚采取"得减主义",而旧刑法采取的是"必减主义"。其八,新刑法扩大了刑罚的刑期,增加了法定刑的幅度,赋予法官更大的自由裁量权。其九,新刑法将对皇室之罪列为罪编的首章,表明新刑法维护日本皇室的利益。此外,新刑法设立了妨害执行公务罪、骚扰罪、内乱罪等,还规定对杀害尊亲属的罪犯区别于一

---

① 周振杰:《日本近代刑法与刑法思想史研究》,载赵秉志:《刑法论丛(第 27 卷)》,法律出版社 2011 年版,第 428-429 页;张淼:《日本近代刑法变革简述》,《东北亚论坛》2005 年第 6 期;李春珍:《日本刑法发展的历史考察》,《泰山学院学报》2014 年第 2 期;付立庆:《近代日本的刑法学派之争及其特色》,《法学杂志》2016 年第 8 期。

② 李春珍:《日本刑法发展的历史考察》,《泰山学院学报》2014 年第 2 期。

般杀人犯处罚。并且,新刑法还规定了通奸罪。其十,新刑法大量吸收了新派刑法的理论,但也受到了旧派思想的影响①。

日本新刑法自20世纪初颁布一直适用至今,其间被修改过很多次。从修改频次上看,在"二战"之前,新刑法仅修改了2次;在"二战"后至20世纪末,共修改了11次;进入21世纪,截至2018年,共修改18次②。据此,新刑法在"二战"前修改很少,"二战"后的55年里修改有所增加,粗略看,平均每5年修改一次,而进入21世纪后,则大概是每年修改一次,尽管这样的平均数计算并不准确,但是它反映出日本近几十年来加快了刑法修改的进程。从内容上看,新刑法的修改既涉及总则内容,又涉及分则内容,并且在分则方面既涉及罪名、罪状修改,又涉及法定刑的修改。在总则方面,比如,1947年放宽了缓刑的适用条件,规定未曾受过监禁以上刑罚且被判处3年以下的惩役或监禁,或处5000日元以下罚金的人根据情况可以适用缓刑,而之前规定只有未曾受过监禁以上刑罚且被判处2年以下的惩役或监禁的人才被允许适用缓刑。1947年还修改了假释的条件,原来被判处惩役或监禁的人在有期刑执行超过刑期的1/4,无期刑执行超过15年后才可能被假释,而修改后则规定有期刑必须执行超过刑期的1/3,而无期刑则需执行超过10年,才可能被假释③。1995年删去了有关减轻聋哑人刑罚的规定。2001年修改了对国外犯的适用范围。2004年提高了有期惩役与禁锢的最高期限,即将二者的最高刑期提高为15年,将死刑、无期惩役和禁锢减等为二者的最高期限提高为30年,将加重二者的最高期限提高为30年④。2005年将刑法典中的"假出狱"修改为"假释放",将"监狱"修改为"刑事设施"。2010年规定行刑时效不适用于死刑犯,同时提高了无期惩役、无期监禁和10年以上有期惩役或者监禁的行刑时效。2013年修改了缓刑部分,增设部分缓刑的规定。2017年修改了刑法的适用范围,规定日本国民在日本国外犯行贿罪的适用日本刑法⑤。在分则方面,比如,1947年删去了对皇室之罪一章,删

---

① 张继良、赵立新:《20世纪日本刑法的三次变革及其启示》,载何勤华:《20世纪外国刑事法律的理论与实践》,法律出版社2006年版,第340-343页。
② 张明楷:《日本刑法的发展及其启示》,《当代法学》2006年第1期;张明楷:《日本刑法的修改及其重要问题》,《国外社会科学》2019年第4期。
③ 张继良、赵立新:《20世纪日本刑法的三次变革及其启示》,载何勤华:《20世纪外国刑事法律的理论与实践》,法律出版社2006年版,第344页。
④ 张明楷:《日本刑法的发展及其启示》,《当代法学》2006年第1期。
⑤ 张明楷:《日本刑法的修改及其重要问题》,《国外社会科学》2019年第4期。

去了通奸罪,删去了通谋利敌犯罪,加重了公务员滥用职权罪、暴行罪、胁迫罪的法定刑。1960年增设了侵夺不动产罪和损害境界罪。1980年提高了部分受贿罪的法定刑。1987年增设了不当制作和提供电磁记录罪,损害电子计算机等妨害业务罪,适用电子计算机诈骗罪。1995年删去了尊亲属加重处罚的有关规定。2001年增设危险驾驶致死伤罪。2004年提高了强奸罪、强制猥亵罪、杀人罪、伤害罪等罪名的法定刑,增设了集团强奸罪、集团准强奸罪。2005年增设了人身买卖罪。2006年为妨害执行公务罪和盗窃罪增加了罚金刑。2011年扩大了妨害强制执行罪的犯罪圈,增设有关不正指令电磁记录的犯罪。2016年提高藏匿犯人等罪和隐灭证据等罪的法定刑。2017年大幅修改性犯罪,有关修改包括但不限于如下内容:将强制猥亵罪中的行为对象改为"人",将强奸罪的行为对象改为"人",将准强奸罪修改为准强制性交等罪,将其行为对象延伸至男性。删去集团强奸罪。增加监护人猥亵与监护人性交等罪[①]。此外,在1995年,新刑法还进行了文字现代化的修改[②]。

除了刑法典修改外,日本还制定了大量单行刑法和附属刑法。单行刑法比如《关于防止儿童虐待等法律》《关于器官移植的法律》《关于有组织犯罪的处罚及犯罪收益规制等的法律》,等等。值得一提的是,2003年日本将危险驾驶致死伤罪、驾驶汽车过失致死伤罪从刑法典独立出去,制定单行刑法,即《有关处罚汽车驾驶而致人死伤之行为等的法律》。附属刑法比如《不动产登记法》,该法规定了不当取得登记识别情报罪、妨害检查罪等[③]。总体来看,日本并未将刑法内容仅规定于刑法典,在刑法典之外还存在单行刑法和附属刑法,即日本刑法采取多元化立法模式。

第四节 美国刑法法典化研究

美国刑法法典化根据其行政区划可以分为联邦刑法法典化和州刑法法

[①] 张明楷:《日本刑法的发展及其启示》,《当代法学》2006年第1期;张明楷:《日本刑法的修改及其重要问题》,《国外社会科学》2019年第4期。
[②] 张继良、赵立新:《20世纪日本刑法的三次变革及其启示》,载何勤华:《20世纪外国刑事法律的理论与实践》,法律出版社2006年版,第347页。
[③] 张明楷:《日本刑法的发展及其启示》,《当代法学》2006年第1期;张明楷:《日本刑法的修改及其重要问题》,《国外社会科学》2019年第4期。

典化。

一、联邦刑法法典化

美国在联邦层面尚不存在真正意义上的刑法典。历史上,美国曾是英国的殖民地,因而继受了英国普通法的传统。在这种法律传统下,法官在面临严重危害行为而没有法律惩处依据时可以根据先例、习惯和法理裁判,这些由法官在司法实践中所界定的犯罪就是普通法罪。美国独立后,摆脱了英国的殖民,在联邦中普通法罪的正当性受到了质疑[①]。1812 年在 United States v. Hudson & Goodwin 案中,联邦最高法院否定了普通法罪,确立了合法性原则,强调犯罪和刑罚的法定性[②]。很明显,否定普通法罪为刑法法典化的发展提供了条件。

实际上,在制定法方面美国联邦早在 1790 年就颁布了《治罪法》,这部法律是处罚侵犯联邦利益罪行的正式的综合性法案,定义了一些侵犯联邦的罪行,并补充了 1789 年司法法的刑事诉讼规定,它规定的罪名包括叛国罪、叛国渎职罪、海盗罪、公海上的谋杀及抢劫等重罪,以及伪造罪、违反国家法律的犯罪、谋杀罪、过失杀人罪、暴乱罪、盗窃罪、重罪渎职罪、破坏司法程序完整罪等,而在刑罚方面规定了死刑、耻辱柱刑、解剖刑等[③]。据此,《治罪法》不仅规定了刑事实体法内容,还规定了刑事程序法内容。1825 年,美国国会颁布了新《治罪法》,这部法律对 1790 年的《治罪法》的第 12 节以及其他法律中的部分内容进行了修改,它"增加了联邦专属管辖的犯罪,扩大了公海的范围,使之包括海湾、河流、溪、沼泽、港口,规定联邦法院对于在国外的美国船只上的犯罪有管辖权,在刑罚方面增加了苦役"[④]。随着美国联邦陆续颁布单行刑法和附属刑法,在刑法典制定未果的情况下,美国国会开始尝试整理汇编有效的刑法。

首先是 1877 年《联邦修正法律》,这部法律是依据题、章、节等类别将分散的刑法条款汇编成册,用于划分的罪类主要包括侵害政府存在罪、侵害政府运行罪、海陆司法域内的犯罪、妨害司法罪、官员不当行为罪、破坏选举权及侵犯公民权利罪等,增加妨害选举和公权罪,首次界定谋杀及过失杀人罪,规定共犯

---

① 陆凌:《美国〈模范刑法典〉:超越与挑战》,《中国刑事法杂志》2016 年第 4 期。
② 李仲民:《美国联邦刑法法典化述评》,《西南政法大学学报》2014 年第 4 期。
③ 李仲民:《美国联邦刑法法典化述评》,《西南政法大学学报》2014 年第 4 期。
④ 李仲民:《美国联邦刑法法典化述评》,《西南政法大学学报》2014 年第 4 期。

的处罚,监禁者及其待遇,区分了重罪和轻罪的处罚①。

其次,1909年美国国会通过了《编纂、修正、改订联邦刑事法规的法律》,这部法律于次年1月1日起生效。它规定的类罪主要包括颠覆政府罪,妨害中立罪,妨害选举及公民行使私权罪,妨害公务罪,渎职罪,妨害司法罪,妨害货币罪,妨害邮政罪,妨害对外及洲际贸易罪,买卖奴隶及农奴罪,在美国的海事、海上及陆地管辖范围内犯罪,海盗罪及其他海上犯罪,在某些地方所犯之罪等②。

最后,1948年美国国会通过《修正、法典化及实施有效法律》,在《美国法典》中设立了第十八主题,即罪行和刑事诉讼,该主题汇编了当时联邦的刑事法律,既包括刑事实体法律,也包括刑事程序法律。从内容上看,第十八主题共包括5个部分,即罪行,刑事诉讼,监狱和囚犯,青少年犯的矫正,证人豁免。从编写规律看,它是根据字母顺序进行编排,"章节先依奇数排列,将偶数章节以及章节末尾空间留给未来增加的犯罪"③。由于第十八主题是《美国法典》中的刑事部分,所以在某种程度上第十八主题在形式上也可以冠以"法典"的名称,但是,它仅仅是法律的汇编,不是真正意义上的刑法典,它缺乏真正意义上的刑法典所具备的体系逻辑性。

此外,1962年美国法学会颁布了《模范刑法典》。这部刑法典其实早在1931年就启动起草,只是之后中断,并于1951年重新恢复起草。1952年美国法学会开始编纂刑法典。其编纂汇集了法官、监狱官员、法学教授、精神病学家、犯罪学家、语言学家等的智慧,先后提出13个临时草案,最终在1962年5月24日通过了《模范刑法典》④。从立法体例上看,《模范刑法典》包括4编,即总则,具体犯罪,处遇和矫正,矫正组织。各编的体系结构是:第一编总则包括通则,责任的一般原理,违法阻却的一般原理,责任能力,不完整的犯罪,刑事处分,法庭的量刑权。第二编具体犯罪包括针对州的存在和安全的犯罪,人身安全的犯罪,侵犯财产的犯罪,侵害家庭的犯罪,侵犯公共管理的犯罪,侵害公共秩序和有伤风化的犯罪。第三编处遇和矫正包括暂缓宣告刑罚、缓刑,罚金,短期监禁刑,长期监禁刑,假释,有罪判决或监禁刑导致权利丧失及其恢复。第四编矫正组织包括矫正局,假释委员会,机构的管理,假释处(替代方案:缓刑和假

---

① 李仲民:《美国联邦刑法法典化述评》,《西南政法大学学报》2014年第4期。
② 萧榕:《世界著名法典选编·刑法卷》,中国民主法制出版社1997年版,第1-34页。
③ 李仲民:《美国联邦刑法法典化述评》,《西南政法大学学报》2014年第4期。
④ 陆凌:《美国〈模范刑法典〉:超越与挑战》,《中国刑事法杂志》2016年第4期。

释处)、缓刑处。在具体内容上,《模范刑法典》明确规定了适用刑罚和处遇罪犯的目的,即防止犯罪之实行;促进犯罪者之矫正及改过迁善;保障犯罪者不受过重、不相当或专横的处罚;基于认定有罪而宣告之罪刑之性质应予相应的警告;基于个别处遇观点对犯罪者区别对待,应将负担处理犯罪者之法院、行政官员及行政机关之权限、义务和权能明白规定并谋求相互间之协力和调和;对于犯罪者宣告刑罚和处遇方面,应促进利用一般所承认的科学的方法和知识;将矫正组织的职责统一于州矫正局。据此,《模范刑法典》的首要目的并非报应。《模范刑法典》还确立了合法性原则,包括法无明文规定不定罪原则和法无明文规定不处罚原则。明确成立犯罪需要具备行为和可谴责性。明确规定犯罪心态包括蓄意、明知、轻率、疏忽,并且采取要素分析法分析以上心态。《模范刑法典》规定了大量抗辩事由,包括胁迫,军事命令,同意,警察圈套,轻微违反,精神疾病或缺陷,非已招致的醉态和病理导致的醉态,对事实的不知或错误,执行公务,执法中使用武力,紧急避险,保护自身时使用武力,保护第三人而使用武力,保护财产而使用武力,等等。另外,《模范刑法典》规定不完整犯罪,明确对犯罪未遂、犯罪教唆、犯罪共谋等的处罚。《模范刑法典》规定了共犯的范围及处罚。此外,《模范刑法典》规定了犯罪的种类,明确处以(死刑或)监禁刑的犯罪是实质犯罪,它分为重罪、轻罪和微罪,区分了实质犯罪和违反秩序行为。而在重罪方面,其又被分为一级重罪、二级重罪和三级重罪。《模范刑法典》规定个罪的特点是:明确个罪的定义,列举犯罪的具体情形,规定抗辩事由和不适用情形,划分犯罪的程度和等级①。总体来看,《模范刑法典》具有很强的体系性,它具有完备的刑法总则,规定了细致的刑法分则,创新了不少刑法规则,但是,该刑法典只是美国法学会出台的示范性刑法典,不具有法定效力,因此,它也不是真正意义上的刑法典。但是,应当承认,《模范刑法典》影响巨大,特别是它激发了之后联邦编纂刑法典的热情。为了编纂刑法典,1966年美国成立了联邦刑法改革委员会,该委员会充分借鉴《模范刑法典》的内容,其所拟定的新联邦刑法典建议案在1971年提交国会。之后虽然刑法典草案几经修改和审议,但是却一直未获通过。1978年《联邦刑法典草案》获得参议院通过,但是未获众议院通过。1982年《综合刑法典草案》也未获得众议院通过。完整的刑法典草案难以获得通过后,参议院司法委员会决定拆解刑法典草案,从中摘出部分内容作为小法

---

① 萧榕:《世界著名法典选编·刑法卷》,中国民主法制出版社1997年版,第35页。

案提交审议。在这种处理方式下,1984年《综合犯罪控制法》便获得两院通过并由总统签署。《综合犯罪控制法》包含了《量刑改革法》,它旨在解决当时的量刑公正问题。之后,刑法法典化的系统编纂让位于针对具体实践问题的刑法改革[1]。因而,至今在美国联邦层面尚未颁布真正意义上的刑法典。

二、州刑法法典化

与联邦不同,美国所有州都颁布了刑法典[2]。有的州制定刑法典的历史还较长,可以追溯到19世纪,比如《加利福尼亚州刑法典》,该法典于1873年1月1日起生效,这部刑法典目前仍然有效。除了序言外,这部刑法典现在包括6个部分:第一部分是犯罪与刑罚,第二部分是刑事诉讼,第三部分是监禁和死刑,第四部分是犯罪预防和罪犯逮捕,第五部分是治安官诉状,第六部分是致命武器的控制。据此,《加利福尼亚州刑法典》既规定了刑事实体法内容,也规定了刑事程序法内容。序言部分规定了刑法典生效的时间,刑法的溯及力问题,普通法规则的适用问题,术语的含义,证据的使用,刑罚范围,犯罪的分类、认定、配刑,刑罚适用,犯罪的未遂,等等。第一部分犯罪与刑罚主要规定应负刑事责任的人,犯罪的参与,具体的犯罪,加州自由进入诊所和教堂入口法案,犯罪被害人和证人的权利,等等。具体的犯罪包括侵犯州主权的犯罪,侵犯州行政权的犯罪,侵犯立法权的犯罪,侵犯公共正义的犯罪,侵犯个人的犯罪,性侵犯的犯罪和违反公共礼仪和良好道德的犯罪,侵犯公共卫生和安全的犯罪,侵犯公众安宁的犯罪,侵害州税收和财产的犯罪,侵犯财产的犯罪,等等。据此,第一部分在体系编排上既涉及刑法总则相关内容,又涉及刑法分则相关内容。不过,在次级标题编写上,这部分其实并无规律可循,因为在列举具体犯罪时又加入"加州自由进入诊所和教堂入口法案""犯罪被害人和证人的权利",使得这部分在整体上欠缺体系逻辑性。很明显,《加利福尼亚州刑法典》和《模范刑法典》的立法体例存在较大差异,前者未根据后者修改其立法体例。可见,《模范刑法典》在加利福尼亚州尚未产生实质的立法影响。不过,目前大概三分之二州的刑法典以《模范刑法典》为蓝本或者参照,这些州包括伊利诺伊、纽约、堪萨斯、科罗拉多、俄勒冈、俄亥俄、得克萨斯、佛罗里达、肯塔基、弗吉尼亚、康涅狄格、

---

[1] 陆凌:《美国〈模范刑法典〉:超越与挑战》,《中国刑事法杂志》2016年第4期。
[2] 刘兆兴:《比较法视野下的法典编纂与解法典化》,《环球法律评论》2008年第1期。

明尼苏达、印第安纳、华盛顿、新泽西、新墨西哥、特拉华、犹他、密苏里、亚利桑那、南达科他、北达科他、宾夕法尼亚、阿拉斯加、亚拉巴马、夏威夷、怀俄明、艾奥瓦、缅因、阿肯色等等[①]。

综上，美国目前在联邦层面尚没有真正意义上的刑法典，虽然《模范刑法典》没有法律效力，但是它对不少州刑法典的制定起到了指引作用。当然，也有一些州目前没有以《模范刑法典》为蓝本或参照编纂新的刑法典。总体来看，美国州层面的刑法典既规定实体法律，又规定程序法律，并且在立法体例上不完全是按照刑法总则和刑法分则进行编纂。这和德国刑法典或者中国刑法典立法体例有很大不同。

---

① 陆凌:《美国〈模范刑法典〉:超越与挑战》,《中国刑事法杂志》2016 年第 4 期。

第十五章 我国刑法法典化研究

我国刑法法典化历史源远流长。梳理我国刑法法典化的历史有助于把握我国刑法法典化的发展脉络,有助于认识我国刑法法典化的发展方向,有助于总结刑法法典化的经验教训。

第一节 传统中国刑法法典化研究

历史上,夏朝有《禹刑》,商朝有《汤刑》,周朝有《吕刑》。及至战国时期,魏国李悝首先编纂了我国封建刑法《法经》。之后从秦朝到清朝各个朝代相应颁布了刑律,比如北齐颁布了《北齐律》,唐朝颁布了《永徽律》,宋朝颁布了《宋刑统》,明朝颁布了《大明律》,清朝颁布了《大清律例》。总体来看,我国古代刑法有如下特点:其一,刑法深受礼、德的影响。西周时期强调礼刑并用。"所谓出于礼则入刑""违背了礼,轻者要遭到道德的谴责,重者必受刑法的制裁"[①]。在儒家思想占据后世王朝的主导地位后,儒家思想深深影响了刑法规定,比如恤刑慎刑观、原心论罪、十恶重罪、亲亲相隐、五服制罪等。其二,从编纂体例上看,古代刑律实行比较完备的编纂体例。以《大清律例》为例,它分名例律、吏律、户律、礼律、兵律、刑律、工律七篇[②]。其三,从刑法结构上看,有总则和分则的框架。比如《北齐律》在篇章结构上有12篇,包括名例、禁卫、婚户、擅兴、违制、诈伪、斗讼、贼盗、捕断、毁损、厩牧和杂律。《北齐律》将晋代以来的"刑名""法例"二篇合为一篇,作为整部法典的总则而置于全律之首[③],而其他各篇则可

---

① 高绍先:《中国刑法史精要》,法律出版社2001年版,第85-86页。
② 羽离子:《明清史讲稿》,齐鲁书社2008年版,第248页。
③ 郭建等:《中华文化通志·法律志》,上海人民出版社1998年版,第56-57页。

以视为分则。自此之后,后世律法大多以此为参照,对刑法区别总则内容和分则内容。其四,从刑罚上看,刑种比较广泛,如《北齐律》确立了封建五刑的雏形:死、流、徒、鞭、杖①。后世的刑罚体系基本确立为笞、杖、徒、流、死。另外,刑罚的执行方式较为繁多且残忍。以死刑为例,其执行方式包括斩、绞、凌迟、枭首、戮尸②。其五,既有刑事实体法的规定,又有刑事程序法的规定。以《开皇律》为例,《开皇律》在体例上包括12篇:名例、卫禁、职制、户婚、厩库、擅兴、贼盗、斗讼、诈伪、杂律、捕亡和断狱③。其中,斗讼、捕亡和断狱就涉及刑事程序方面的规定。其六,刑法允许类推适用。类推适用在我国古代主要是通过"比""比附援引"来实现,即对于刑法没有明文规定的犯罪行为,比照刑法上类似的条文定罪判刑④。其七,身份影响罪刑。其主要体现在八议制度上,《唐律疏议》规定八议就是周朝的八辟,即已确定为亲、故、贤、能、功、贵、勤、宾,而八议的特权包括议、请、减、赎、官当、免几种⑤。

综上,我国古代刑律在本质上属于法典。尽管刑律之外还有令、例等刑罚规定,但是随着立法的发展,刑律也会不断地进行修订。其反映了我国古代刑法法典化的基本规律。

第二节 清末刑法法典化研究

不同于传统中国刑法法典化,清末刑法法典化出现了新的特点,这主要是因为清末刑法编纂开始借鉴西方刑法立法。

一、《大清现行刑律》

《大清现行刑律》是清末变革施行的过渡性的刑法,它是借鉴日本刑法近代化改革经验由修订法律馆删修《大清律例》而成,于1910年公布施行⑥。《大清现行刑律》有如下特点:其一,从立法体例上看,与《大清律例》相比,《大清现行

---

① 韩雪梅:《中国传统法律文化今读》,甘肃文化出版社2010年版,第22页。
② 李世宇:《中国法律思想史》,中国民主法制出版社2006年版,第265页。
③ 王宏治:《中国刑法史讲义:先秦至清代》,商务印书馆2019年版,第139页。
④ 马克昌:《刑法学全书》,上海科学技术文献出版社1993年版,第45页。
⑤ 高绍先:《中国刑法史精要》,法律出版社2001年版,第138页。
⑥ 张晋藩、林中、王志刚:《中国刑法史新论》,人民法院出版社1992年版,第88页;陈新宇、陈煜、江照信:《中国近代法律史讲义》,九州出版社2016年版,第116页。

刑律》不再采用吏、户、礼、兵、刑、工六部分类的习惯做法。具体而言,《大清现行刑律》在体例上分为 30 门:名例、职制、公式、户役、田宅、婚姻、仓库、课程、钱债、市廛、祭祀、礼制、宫卫、军政、关津、厩牧、邮驿、贼盗、人命、斗殴、骂詈、诉讼、受赃、诈伪、犯奸、杂犯、捕亡、断狱、营造、河防[①]。其二,《大清现行刑律》民、刑开始有别,比如《大清现行刑律》将旧律例的户役中的继承、分产以及婚姻、田宅、钱债等条中纯属民事的条款分出,不再科以刑罚。其三,《大清现行刑律》已有罪刑法定的规定,如"凡断罪皆须引律""不得引比为律""若例应轻者,照新律遵行"。当然,这种罪刑法定的规定较为有限,毕竟受传统影响援引比附的做法依然存在。其四,罪名设置与时俱进。比如删去禁止同姓为婚的条文,增设毁坏电路、电讯罪,增设妨害选举罪,等等。其五,在刑罚上废除了凌迟、枭首、戮尸、缘坐、刺字以及枷号,采用罚金、徒、流、遣、死取代原先的笞、杖、徒、流、死,以新五刑取代旧五刑。其六,《大清现行刑律》尽管在自首等方面规定较为详尽,但是它仍然保留了传统的十恶、服制图、存留养亲、八议等制度[②]。

综上,《大清现行刑律》仍然是一部传统意义上的刑法典。

二、《大清新刑律》

《大清新刑律》是中国历史上第一部近代刑法典。从制定来看,它前后共出了七个草案,"前期,法典由修订法律馆负责编纂,经过宪政编查馆分咨内外各衙门签注,再咨覆宪政编查馆,汇择核定,请旨颁行。后期,在资政院成立及其制度完善后,不再分送各部、省讨论,而是送资政院议决,再移送到宪政编查馆复加核定,请旨颁布"[③]。在内容上,它参考了外国刑法,特别是参考了日本刑法,采用了资本主义国家刑法的立法体例和立法原则,与传统封建文化存在很大冲突。从立法史料看,《大清新刑律》的通过比较仓促,因为清王朝迫于宪政筹备清单所列期限的临近,决定不等资政院议决就将刑律草案有关争议内容进行变通,附加《暂行章程》5 条[④]。它于 1911 年颁布,但因清王朝灭亡而未能施行。《大清新刑律》具有如下特点:其一,抛弃诸法合体,仅规定刑法内容,是纯

---

① 李贵连:《沈家本评传》,南京大学出版社 2005 年版,第 186 页。
② 张道强:《中西刑法文化冲突与中国刑法近代化》,中国政法大学出版社 2015 年版,第 71 - 78 页;陈新宇、陈煜、江照信:《中国近代法律史讲义》,九州出版社 2016 年版,第 116 - 119 页。
③ 陈新宇、陈煜、江照信:《中国近代法律史讲义》,九州出版社 2016 年版,第 123 页。
④ 陈新宇、陈煜、江照信:《中国近代法律史讲义》,九州出版社 2016 年版,第 128 页。

粹的刑法典。其二，从立法体例上看，明确分为总则和分则两编，总则在前，分则在后。总则包括 17 章：法例、不为罪、未遂罪、累犯罪、俱发罪、共犯罪、刑名、宥减、自首、酌减、加减例、缓刑、假释、恩赦、时效、时例、文例。分则包括 36 章：侵犯帝室罪、内乱罪、外患罪、妨害国交罪、漏泄机务罪、渎职罪、妨害公务罪、妨害选举罪、骚扰罪、逮捕监禁脱逃罪、藏匿罪人及湮灭证据罪、伪证及诬告罪、放火决水及妨害水利罪、危险物罪、妨害交通罪、妨害秩序罪、伪造货币罪、伪造文书印信罪、伪造度量衡罪、亵渎祀典及发掘坟墓罪、鸦片烟罪、赌博罪、奸非及重婚罪、妨害饮料水罪、妨害卫生罪、杀伤罪、堕胎罪、遗弃罪、私擅逮捕监禁罪、略诱及和诱罪、妨害安全信用名誉及秘密罪、窃盗及强盗罪、诈欺取财罪、侵占罪、赃物罪、毁弃罪[1]。其三，打破礼法混同，打破等级特权。《大清新刑律》取消因八议、官秩、良贱等在刑罚适用上的封建等级差别[2]，废除存留养亲、得相容隐、亲属相奸、删去十恶等内容[3]。但是，由于《暂行章程》存在，其强调维护传统纲常礼教，强调对皇权、尊亲属特别保护[4]，因此礼法分离并不彻底，并未完全实现法律面前人人平等。其四，确立罪刑法定原则。《大清新刑律》第 1 条规定："本律于凡犯罪在本律颁行以后者适用之；其颁行以前未经确定审判者亦同，但颁行以前之法律不以为罪者不在此限。"第 10 条规定："法律无正条者，不问何种行为，不为罪。"据此，《大清新刑律》明确法不溯及既往的原则，明确刑律不准比附援引的原则[5]。其五，确立罪刑相适应原则。其主要体现在《大清新刑律》对紧急避险、正当防卫、未遂犯、中止犯、累犯、共犯、自首、酌减、缓刑、假释的规定上。其六，刑罚体现人道精神。《大清新刑律》废除了笞、杖、徒、流、死五刑，同时废除了《大清现行刑律》中遣刑，取而代之的是以自由刑为中心的资本主义近代刑罚制度，具体而言设立主刑和从刑，主刑包括死刑、无期徒刑、有期徒刑、拘役、罚金；从刑包括褫夺公权和没收[6]。其中，死刑一般情况下使用绞刑，例外情况下使用斩刑。不仅如此，相较于之前的刑律，《大清现行刑律》酌减死罪[7]。此外，《大清新刑律》第 11 条规定："凡未十二岁人之行为，不为罪；但因其情节，得

---

[1] 张道强：《中西刑法文化冲突与中国刑法近代化》，中国政法大学出版社 2015 年版，第 58 页。
[2] 张晋藩、林中、王志刚：《中国刑法史新论》，人民法院出版社 1992 年版，第 89 页。
[3] 张道强：《中西刑法文化冲突与中国刑法近代化》，中国政法大学出版社 2015 年版，第 56 页。
[4] 陈新宇、陈煜、江照信：《中国近代法律史讲义》，九州出版社 2016 年版，第 129 页。
[5] 张道强：《中西刑法文化冲突与中国刑法近代化》，中国政法大学出版社 2015 年版，第 88 页。
[6] 张晋藩、林中、王志刚：《中国刑法史新论》，人民法院出版社 1992 年版，第 89 页。
[7] 周密：《中国刑法史》，群众出版社 1985 年版，第 370 页。

施以感化教育。"第 12 条规定:"精神病人之行为,不为罪;但因其情节得施以监禁处分。前项之规定,于酗酒或精神病间断时之行为,不适用之。"①

综上,《大清新刑律》是纯粹的刑法典,它不是传统意义上的刑律。尽管它没有获得施行,但是在中国刑法典立法史上具有划时代的意义。它充分吸收了当时西方资本主义国家有益的刑事立法经验,但《大清新刑律》仍保留了浓厚的封建主义色彩。

第三节 民国时期刑法法典化研究

民国时期刑法法典化的结晶主要包括北洋政府施行的《暂行新刑律》和南京国民政府施行的 1928 年刑法和 1935 年刑法。

一、《暂行新刑律》

《暂行新刑律》是清王朝灭亡后由北洋政府施行的法律。鉴于辛亥革命成功后在短时间内无法重新编纂一部新的刑法典,而各地刑事案件又需要法律遵从,同时,《大清新刑律》本身借鉴了近代西方刑法的有益立法经验,所以,继续沿用《大清新刑律》就成为首选②。但是,考虑到《大清新刑律》和国体不相符合,因此需要对之进行删修。而删修的结果就是 1912 年颁布的《暂行新刑律》。其施行时间是 1912 年至 1928 年。总体来看,《暂行新刑律》有如下特点:其一,从立法体例上看,《暂行新刑律》基本继承了《大清新刑律》的立法体例,唯一不同的是《暂行新刑律》删去分则第一章,即侵犯皇室罪。其二,删去封建帝制、纲常等相关内容,比如删去伪造玉玺、国玺的内容,删去窃取御物的内容,删去毁损制书、玉玺、国玺的内容。此外,将刑法条文中的帝国改为中华民国,将臣民改为人民,将恩赦改为赦免。不仅如此,《暂行新刑律》还删除了《大清新刑律》的服制图、服制和《暂行章程》5 条。其三,继续坚持罪刑法定、罪刑相适应、刑罚人道思想,坚持对未成年人实行教育感化政策。因为《暂行新刑律》对涉及上述思想的条款基本未删改,所以这些思想在该刑律中基本保留下来。由于废除了对皇权、尊亲属的特别保护,《暂行新刑律》在法律面前人人平等上可谓是往前迈

---

① 张道强:《中西刑法文化冲突与中国刑法近代化》,中国政法大学出版社 2015 年版,第 108 - 109 页。
② 张道强:《中西刑法文化冲突与中国刑法近代化》,中国政法大学出版社 2015 年版,第 136 - 139 页。

出一大步。其四,《暂行新刑律》除了在 1912 年施行时颁布了《暂行新刑律施行细则》,还于 1914 年颁布了《暂行新刑律补充条例》。《暂行新刑律补充条例》共计 15 条,其基本恢复对封建纲常礼教的保护,比如第 1 条规定对尊亲属不适用正当防卫,第 2 条扩大了亲属相隐的范围,第 6 条规定无夫奸入罪,第 8 条规定尊亲属伤害卑幼者按其情节得免除刑罚。值得注意的是,该补充条例在 1922 年被广州军政府废止,尽管如此,它在北洋政府统治区依然适用①。其五,相关刑法修正案未能正式颁布。在《暂行新刑律》颁布后,1915 年编纂的《修正刑法草案》、1918 年编纂的《刑法第二次修正案》、1919 年编纂的《改定刑法第二次修正案》都因各种原因而未能正式颁布②。

综上,《暂行新刑律》是辛亥革命成功后颁布的刑法典。它是对《大清新刑律》继承并删修而成的,删修皇权及纲常礼教的内容反映了它反封建的特质,但是,《暂行新刑律补充条例》的增加使得《暂行新刑律》重新重视纲常礼教,可以说,它使《暂行新刑律》在立法精神上发生了倒退。

二、1928 年刑法

1928 年刑法是指 1928 年由南京国民政府颁布的《中华民国刑法》。它以《改定刑法第二次修正案》为蓝本,经修改形成《刑法草案》,最终由国民党中央常务委员会通过,交南京国民政府于 1928 年 3 月 10 日公布,并于 7 月 1 日起施行。1928 年刑法具有如下特点:其一,在立法体例上,1928 年刑法与《改定刑法第二次修正案》大致相同,具体而言,分为总则和分则两编,其中总则 14 章:法例、文例、时例、刑事责任及刑之减免、未遂罪、共犯、刑名、累犯、并合论罪、刑之酌科、加减例、缓刑、假释、时效;分则 34 章:内乱罪、外患罪、妨害国交罪、渎职罪、妨害公务罪、妨害选举罪、妨害秩序罪、脱逃罪、藏匿犯人及湮灭证据罪、伪证及诬告罪、公共危险罪、伪造货币罪、伪造度量衡罪、伪造文书印文罪、妨害风化罪、妨害婚姻及家庭罪、亵渎祀典及侵害坟墓尸体罪、妨害农工商罪、鸦片罪、赌博罪、杀人罪、伤害罪、堕胎罪、遗弃罪、妨害自由罪、妨害名誉及信用罪、妨害秘密罪、盗窃罪、抢夺强盗及海盗罪、侵占罪、诈欺及背信罪、恐吓罪、赃物罪、毁

---

① 陈新宇、陈煜、江照信:《中国近代法律史讲义》,九州出版社 2016 年版,第 131-132 页;张晋藩、林中、王志刚:《中国刑法史新论》,人民法院出版社 1992 年版,第 90-91 页。
② 马小红、柴荣、孙季萍等:《中国法律史教程》,商务印书馆 2020 年版,第 416 页。

弃损毁罪。其二,在刑法溯及力上,1928年刑法确立了从新兼从轻的原则。其三,1928年刑法充分借鉴西方刑事立法有益经验。比如,第11条规定采用亲等来划分亲属,这与过去以服制图为根据有很大不同。第26、27条明文规定故意、过失的定义。第30条规定未满13岁人之行为不罚,13岁以上未满16岁人之行为得减轻本刑二分之一,满80岁人之行为得减轻本刑二分之一。第31至33条明确规定心神丧失及耗弱人、酗酒者、喑哑人的刑事责任。此外,有关正当防卫、紧急避险的规定相较于《暂行新刑律》有了进一步的限定,如正当防卫要求以现在不法侵害为限,而紧急避险则要求必须是因救护自己或他人生命、身体自由、财产之紧急危险,否则不成立正当防卫或紧急避险。另外,第55条规定罚金未完纳者实行易科监禁。第65、66条规定累犯的刑罚适用应区别对待①。其四,与《暂行新刑律》不同,1928年刑法不包含类似《暂行新刑律补充条例》的规定,这使得封建礼教纲常在文字上基本与刑法相分离。这主要是因为1928年刑法在指导思想上强调"三民主义",因而与之不相符合的规定都被废除。与之类似的做法有删去禁止罢工的规定,将妨害商务罪改为妨害农工商罪②。

综上,1928年刑法是在《改定刑法第二次修正案》基础上增减而成,在内容和体例上充分吸取了现代刑法的原则和制度。但是,1928年刑法的制定过于仓促,有关问题未经深入研究,这就给刑法的适用带来了很多问题,以至于为了应付有关问题,南京国民政府又颁布了很多特别刑法,这使得作为普通刑法的1928年刑法难以适应实践需要。这样,这部刑法仅施行至1935年就结束了。

三、1935年刑法

1935年刑法是指1935年由南京国民政府颁布的《中华民国刑法》。由于1928年刑法和1935年刑法有先后之分,所以前者也被称为旧刑法,后者则被称为新刑法。1935年刑法有如下特点:其一,与1928年刑法的立法不同,1935年刑法在立法程序上更为严谨。此次立法由资深法学专家担任起草人员,经过实地考察,征询各界意见,对草案稿逐条讨论,反复斟酌,终于在1934年10月形

---

① 王宠惠属稿,郭元觉勘校,李秀清点校:《中华民国刑法》,中国方正出版社2006年版,第38-45页。
② 马小红、柴荣、孙季萍等:《中国法律史教程》,商务印书馆2020年版,第417-418页。

成《刑法修正案》，之后该《刑法修正案》经三读表决通过，才产生了1935年刑法①。其二，从立法体例上看，1935年刑法分总则和分则两编，总则包括12章，分则包括35章。就总则而言，与1928年刑法相比，1935年刑法删去了"文例"和"时例"章，将"刑事责任及刑之减免"从第四章改为第二章并更名为"刑事责任"，将"未遂罪"改为"未遂犯"并依序从第五章改为第三章，将"刑名"改为"刑"并从第七章改为第五章，将"并合论罪"改为"数罪并罚"并从第九章改为第七章，将"刑之酌科"和"加减例"合并为"刑之酌科及加减"，最后增加第十二章"保安处分"。就分则而言，与1928年刑法相比，1935年刑法增设第十三章"伪造有价证券罪"，将"诈欺及背信罪"改为"诈欺背信及重利罪"，将"恐吓罪"改为"恐吓及掳人勒赎罪"②。其三，刑法规定既有主观主义体现，又有客观主义体现。主观主义强调行为人标准，其立法体现如第29条，该条规定被教唆人虽未至犯罪，教唆犯仍以未遂犯论，但以所教唆之罪有处罚未遂犯之规定者为限。客观主义强调行为标准，其立法体现如共犯章节提及从犯的成立要以正犯实施犯罪为前提。其三，重视社会防卫③。这主要体现在1935年刑法规定了保安处分，比如因不满14岁而不能处以刑罚者可以令其进入感化教育处所，进行感化教育。凡是犯吸食毒品之罪的人也要令其进入相当场所，施以警戒。因心神失常而不罚者，可以令其进入相当场所，施行监护或加以管束④。其四，保留伦常等级观念。比如杀害直系血亲尊亲属所配置的刑罚要重于普通杀人所配置的刑罚。再比如藏匿人犯及湮灭证据罪及伪造或湮灭刑事证据罪中都有体现亲属容隐精神的规定⑤。其五，在刑法溯及力上，1935年刑法延续了1928年从新兼从轻的规定。在刑事责任年龄上，1935年刑法将责任年龄从13岁提高到14岁，将宥减年龄提高到18岁，明确规定未满18岁的人（杀直系尊亲属除外）或者已满80岁的人不得处死刑或有期徒刑。此外，为了避免短期自由刑的缺陷，1935年刑法恢复《暂行新刑律》曾规定的易科罚金制度，还规定了易科劳役、易科训诫⑥。其六，在法定刑配置上，有些罪名加重了惩罚，有些罪名降低了惩罚。

---

① 张道强：《中西刑法文化冲突与中国刑法近代化》，中国政法大学出版社2015年版，第176-178页。
② 陈新宇、陈煜、江照信：《中国近代法律史讲义》，九州出版社2016年版，第134-135页。
③ 黄源盛：《回顾与动向：1935年民国刑法及其八十年来修正述要》，《法治现代化研究》2018年第2期。
④ 马小红、柴荣、孙季萍等：《中国法律史教程》，商务印书馆2020年版，第419页。
⑤ 罗旭南：《1935年〈中华民国刑法〉对中国传统法的继承》，《社会科学家》2012年第1期。
⑥ 张道强：《中西刑法文化冲突与中国刑法近代化》，中国政法大学出版社2015年版，第180页。

比如,诸如强奸、遗弃、伪造货币等犯罪均降低了量刑幅度,而诸如内乱罪、外患罪、妨害国交罪、渎职罪等都加重了处罚①。

综上,1935年刑法充分吸收了当时西方刑法理论的最新成果,但在引入这些成果时也保留了传统伦常等级内容。但不管怎样,相较于清末以来的几部刑法典,1935年刑法的立法水平更高,"它的问世标志着中国近代刑法的相对定型"②。

第四节　新中国时期刑法法典化研究

新中国成立后,受多种原因影响,我国在相当长的一段时间里未颁布刑法典。直至1979年我国才颁布了新中国第一部刑法典。之后,1997年,我国对之进行了全面修订。

一、1979年刑法典

1979年刑法典从1950年开始起草到1979年颁布实施,历经近30年。早在1950年中央人民政府法制委员会就组织成立刑法大纲起草委员会,起草了《中华人民共和国刑法大纲草案》,1954年又拟制了《中华人民共和国刑法指导原则(初稿)》,1955年重新拟制了《中华人民共和国刑法草案》,经过征求意见和修改,到1957年形成了《中华人民共和国刑法草案》第22次稿。之后因政治原因刑法起草工作陷入停顿状态,到了1962年在多方努力下开始对上述第22次稿进行全面修改,在几易草案后,于1963年拟出了《中华人民共和国刑法草案》第33次稿。但是,随后发生了"文化大革命"运动,这使得刑法草案相关事宜再次搁置。直至粉碎"四人帮"后,1978年10月中央政法小组组建刑法草案修订班子,对第33稿重新修订。之后草案又修改了3次稿子,最终第36稿在1979年7月1日获得一致通过,7月6日公布,1980年1月1日起施行③。据此,虽然1979年刑法典经过了几十年的编纂时间,但是从第33稿至终稿通过所用时

---

① 马小红、柴荣、孙季萍等:《中国法律史教程》,商务印书馆2020年版,第420页。
② 张道强:《中西刑法文化冲突与中国刑法近代化》,中国政法大学出版社2015年版,第184页。
③ 高铭暄:《中华人民共和国刑法的孕育诞生和发展完善》,北京大学出版社2012年版,第1-2页;张希坡:《中华人民共和国刑法史》,中国人民公安大学出版社1998年版,第203-212页。

间看,其立法却显得有些仓促①。这部刑法典有如下特点:其一,在立法体例上,分为总则和分则两编,共计192条。其中总则5章89条,包括刑法的指导思想、任务和适用范围,犯罪,刑罚,刑罚的具体运用,其他规定;分则8章103条,包括反革命罪,危害公共安全罪,破坏社会主义经济秩序罪,侵犯公民人身权利、民主权利罪,侵犯财产罪,妨害社会管理秩序罪,妨害婚姻、家庭罪,渎职罪。和1935年刑法相比,1979年刑法典总则将诸如未遂犯、共犯放在犯罪章之下,将累犯、数罪并罚、缓刑、假释等放在刑罚的运用章之下,这使得总则从体系上看更有逻辑、更加简化。另外,在分则中没有通奸罪,故意杀人罪的刑罚适用未区分是否杀害的是尊亲属,没有亲属相隐的规定,这使得1979年刑法典有助于区分道德和刑法。其二,政治色彩浓厚。比如刑法总则第1条规定,中华人民共和国刑法以马克思列宁主义毛泽东思想为指针,等等。再比如,刑法分则第1章规定的是反革命罪。刑法明确区分了反革命杀人和普通杀人犯罪,反革命伤害和普通伤害犯罪,这种区分政治意味较浓。其三,1979年刑法典的制定受到苏俄刑法的影响。一方面,从20世纪50年代刑法起草时就有邀请苏联专家协助起草工作②;另一方面,从具体规定看,不乏参考相关规定。比如,关于犯罪概念的规定,1979年刑法典第10条参考了1926年《苏俄刑法典》第6条和其附则以及1960年《苏俄刑法典》第7条;再如,在立法体例上,1979年刑法典在分则第一章规定的反革命罪也参考了1926年《苏俄刑法典》分则对反革命罪的立法。其四,在刑法溯及力上,1979年刑法典采用的是从旧兼从轻原则,并且未规定保安处分,这和1935年刑法有很大不同。不仅如此,1979年刑法典也未规定罪刑法定原则,甚至在第79条明确规定,若刑法分则没有明文规定的犯罪,则可以比照分则最相类似的条文定罪判刑,但是应当报请最高人民法院核准。其五,立法规范性存在欠缺。比如刑法第136条规定:"严禁刑讯逼供。国家工作人员对人犯实行刑讯逼供的,处3年以下有期徒刑或者拘役。以肉刑致人伤残的,以伤害罪从重论处。"第143条第1款规定:"严禁非法拘禁他人,或者以其他方法非法剥夺他人人身自由。违者处3年以下有期徒刑、拘役或者剥夺政治权利。具有殴打、侮辱情节的,从重处罚。"这两条规定中都有"严禁"的语词,但

---

① 陈兴良:《回顾与展望:中国刑法立法四十年》,《法学》2018年第6期。
② 李秀清:《苏联刑法对中国刑法的影响——基于20世纪50年代中国刑事立法的分析》,载黄道秀:《俄罗斯法研究(第1辑)》,中国政法大学出版社2013年版,第81页。

其实第136条删去"严禁刑讯逼供"并不会影响读者对该条的理解,读者完全可以从该条后句中读出禁止性规定。并且增加"严禁"语词不如直接规定构成要件行为直白、简洁。可见,在刑法中直接写入这种"严禁"的规定反而显得刑法立法不够规范[①]。其六,采用单行刑法、附属刑法对刑法典进行修改补充。由于1979年刑法典颁布较为仓促,而从1979年至1997年正是中国改革开放时期,这一时期中国的经济体制从过去的计划经济向市场经济转变,由此引起一系列社会变化,这使得刑法难以适应社会发展的需要,不能较好地打击犯罪,因此,作为对普通刑法的修改补充,我国先后出台了24个单行刑法。并且从1981年到1997年刑法典全面修订前,我国在107部非刑事法律中设置了附属刑法规范[②]。尽管单行刑法、附属刑法的有关规定在及时打击犯罪方面值得肯定,但是它们也存在和刑法典关系紧张的问题。例如,就单行刑法和刑法典的紧张关系而言,"这种紧张关系主要表现为单行刑法存在于刑法典之外,两者之间形成刑法规范的'两张皮'现象,由此导致单行刑法对刑法典内容的切割与架空"[③]。

综上,1979年刑法典是新中国成立后在经历了诸多曲折之后才颁布施行的刑法典,它的颁布意义重大,特别是它标志着中华人民共和国刑法典从无到有,使得"刑事立案、刑事侦查、刑事起诉、刑事审判由主要依靠政策转变为主要依靠法律"[④]。不过,面对社会的变化发展,刑法典越来越不能满足实践需要,单行刑法的修订虽起到了补充作用,但是其数量越来越多也给刑法适用带来了新问题,因此刑法典亟需全面修订。

二、1997年刑法典

1997年刑法典并非1979年刑法典之外重新制定的新的刑法典,它是在1979年刑法典的基础上进行全面修订而成。1988年7月,第七届全国人大常委会将刑法修改列入立法计划,之后虽有讨论修改,但因各种原因搁置。之后,1993年,第八届全国人大常委会再次将修改刑法列入立法规划。到1996年,刑法修订草案正式起草,在充分讨论和广泛征求意见的基础上,《中华人民共和国刑法(修订草案)》经三读于1997年3月14日表决通过。1997年刑法典具有如

[①] 陈兴良:《回顾与展望:中国刑法立法四十年》,《法学》2018年第6期。
[②] 高铭暄、赵秉志:《中国刑法立法之演进》,法律出版社2007年版,第42页。
[③] 陈兴良:《回顾与展望:中国刑法立法四十年》,《法学》2018年第6期。
[④] 高铭暄:《中华人民共和国刑法的孕育诞生和发展完善》,北京大学出版社2012年版,第3页。

下特点:其一,在立法体例上,分为总则和分则两编,在总则编中,共 5 章 101 条,和 1979 年刑法典相比,第一章的章名改为"刑法的任务、基本原则和适用范围"。在分则编中,共 10 章 350 条,和 1979 年刑法典相比,第一章的章名改为"危害国家安全罪",第三章的章名改为"破坏社会主义市场经济秩序罪",删去"妨害婚姻、家庭罪"章,增加"危害国防利益罪"作为第七章,增加"贪污贿赂罪"作为第八章,将"渎职罪"列为第九章,增加"军人违反职责罪"作为第十章。其二,政治色彩淡化。这主要体现在删去了"以马克思列宁主义毛泽东思想为指针"的表述,删去了"阶级"字眼,删去了"反革命罪"的表述。其三,确立了刑法基本原则,包括罪刑法定原则、平等适用原则和罪责刑相适应原则。因为确立了罪刑法定原则,所以刑法相应地删去了类推规定。"类推制度的取消,三项基本原则的规定,是我国刑事法律制度的一大进步,对依法治国具有重要意义"[①]。其四,适应时代发展,增修了总则规定和分则罪名。1979 年刑法典颁布时,我国是计划经济时代;而 1997 年刑法典颁布时,我国已经进入了社会主义市场经济时代。为了适应实践的需要,一方面,刑法总则在犯罪主体上明确规定单位可以成为犯罪主体。由于此前在单行刑法中规定了单位犯罪,因此,1997 年刑法典增加单位犯罪的规定是我国刑法典首次规定单位犯罪。另一方面,刑法分则第 3 章的章名被修改为"破坏社会主义市场经济秩序罪"。在具体的罪名上,刑法增加了非法经营同类营业罪、内幕交易罪、编造并传播虚假证券信息罪、操纵证券交易价格罪、侵犯商业秘密罪、洗钱罪、侵入计算机信息系统罪、破坏计算机信息系统罪、重大环境污染罪、私分国有资产罪、私分罚没财物罪等罪名。另外,1979 年刑法典规定了 3 个口袋罪,即投机倒把罪、流氓罪和玩忽职守罪,1997 年刑法典废除了投机倒把,将非法倒卖行为规定为非法经营罪,废除了流氓罪,并将相关行为分解为侮辱、猥亵妇女罪,聚众淫乱罪,聚众斗殴罪和寻衅滋事罪,保留了玩忽职守罪。其五,死刑罪名有所变化。在 1979 年刑法典中死刑罪名只有 28 个,之后制定的单行刑法使得死刑罪名在 1997 年刑法典修订前达到 75 个,1997 年刑法典颁布时死刑罪名为 68 个[②]。及至 2022 年,死刑罪名经过刑法修改后已减至 46 个。其六,正当防卫受到修订。相较于 1979 年刑法典,1997 年刑法典拓展了正当防卫的保护范围,增加了无限防卫权的规定。

[①] 马克昌:《新刑法对 1979 年刑法的重大修改》,《学习与实践》1997 年第 9 期。
[②] 陈兴良:《回顾与展望:中国刑法立法四十年》,《法学》2018 年第 6 期。

其七,1997年刑法典的修改方式主要采用刑法修正案形式。1997年刑法典颁布后,对刑法的修改,既包括采用单行刑法的方式,也包括采用刑法修正案的方式,但是后者是主要方式。前者有1998年全国人大常委会颁布的《关于惩治骗购外汇、逃汇和非法买卖外汇犯罪的决定》(以下简称《外汇决定》),后者在数量上到2022年已经颁布了11个刑法修正案。其中,采用刑法修正案的方式修改刑法典,有助于维护刑法的体系完整性和内容集中性。

综上,1997年刑法典是对1979年刑法典的全面修订,其回应了时代发展和实践要求,在体系上趋于完备,在内容上严密了刑事法网,并且摒弃类推适用,确立三大基本原则,能够体现我国刑法的进步性和民主性。这标志着我国刑事法制走向民主化和现代化[①]。

[①] 顾肖荣、刘华:《刑事法律制度的重大发展——我国新刑法评述》,《政治与法律》1997年第3期。

第十六章　我国刑法再法典化的展望

1979年刑法典是我国第一部当代刑法典,它的制定标志着我国初步完成当代刑法的法典化。1997年刑法典的全面修订极大提高了刑法的法典化水平。全面修订刑法典至今已二十多年。其间,面对不断变化的犯罪形势,我国多次立修刑法进行应对。随着刑法典条文的不断增加,"解"刑法典的呼声逐渐增多,有关刑法法典化模式的争论愈发激烈。鉴于我国刑法典未来可能会面临再次全面修订,即再法典化[①],刑法如何再法典化就成为当前刑法学界需要认真对待的问题。

第一节　刑法法典化模式的选择

刑法法典化模式是指刑法在体系结构、规范内容等方面所形成的法典标准样式。由于刑法法典化模式关系刑法典体系、规范的具体形塑,关系刑法渊源的实际选择,关系未来刑事立法的发展方向,所以它是刑法法典化的重要内容。

一、改革开放以来刑法法典化模式的演变

改革开放以来我国刑法共演变出三种法典化模式,具体如下。

（一）旧不完全法典化模式

旧不完全法典化模式是1979年刑法典制定至1997年刑法典全面修订之前我国刑法的法典化模式。它的特点是:在形式上,刑法典并非刑法规范的唯一渊源,刑法的渊源除刑法典外还有单行刑法、附属刑法和民族自治地方对刑

[①] 我国学者一般在等同意义上使用全面修订法典与再法典化两个概念。详见张明楷:《刑法的解法典化与再法典化》,《东方法学》2021年第6期。

第十六章
我国刑法再法典化的展望

法典的变通、补充规定；在内容上，刑法典虽然采取总分结构，但是章节条款较少，规定的罪名不完全，并且除了惩治明文规定的犯罪外，还惩治未明文规定的犯罪。

其一，我国在制定1979年刑法典时并未想要制定一个内容完备的刑法典。新中国成立30年来，我国在惩治犯罪上一直主要依赖单行刑法、附属刑法和国家政策[1]。受法律虚无主义的影响，我国长期未能制定刑法典。刑法典的起草虽肇始于20世纪50年代，但是，其制定的真正温床却出现在改革开放前夕[2]。然而，出于尽快出台刑法典的考虑，军职犯罪被计划另行制定单行刑法[3]。这使得当时将欲出台的刑法典无法作为一部完备的刑法典问世。

其二，采用单行刑法和附属刑法修改刑法典，使得刑法典之外大量存在罪刑规范。1979年刑法典制定时我国尚处于计划经济时代，因而1979年刑法典是适应计划经济的刑法典。然而，1979年刑法典出台后，我国不断推进经济社会改革，特别是在经济领域逐渐放弃计划经济而转向市场经济，与此同时，各类新型犯罪迅猛、集群式地出现，这使得原来的刑法典难以适应惩治新型犯罪的需要。为应对这些犯罪，我国一方面通过单行刑法对刑法典进行修改，在刑法典之外大量设立罪刑规范[4]；另一方面通过附属刑法基于"依照""比照"的立法方式扩展刑法典分则罪名的适用[5]。虽然刑法典因之提高了打击犯罪的能力，但是这也使得独立于刑法典之外的罪刑规范急剧增多。我国学者指出，自1981年《惩治军人违反职责罪暂行条例》颁行后至1997年刑法典全面修订前，我国共制定了24部单行刑法，在107部非刑事法律中设置附属刑法规范，而这二者中所规定的刑法条文数目是刑法典条文的两倍以上[6]。据此，采用单行刑法和附属刑法修改刑法典使得刑法典所规定的犯罪越来越不完全。

其三，1979年刑法典第80条明确规定民族自治地方对刑法典可以依法制定变通、补充规定，但这些变通、补充规定未被纳入刑法典。比如，1979年刑法典第171条规定："制造、贩卖、运输鸦片、海洛因、吗啡或者其他毒品的，处五年

---

[1] 赵秉志、袁彬：《当代中国刑法立法模式的演进与选择》，《法治现代化研究》2021年第6期。
[2] 高铭暄、王俊平：《中国共产党与新中国刑法立法》，《法学论坛》2002年第1期。
[3] 赵秉志：《中国特别刑法研究》，中国人民公安大学出版社1997年版，第749页。
[4] 焦旭鹏：《回顾与展望：新中国刑法立法70年》，《江西社会科学》2019年第12期。
[5] 刘宪权：《刑法学（上）》，上海人民出版社2020年版，第13页。
[6] 赵秉志：《改革开放40年我国刑法立法的发展及其完善》，《法学评论》2019年第2期。

以下有期徒刑或者拘役,可以并处罚金。一贯或者大量制造、贩卖、运输前款毒品的,处五年以上有期徒刑,可以并处没收财产。"而1990年8月通过的《云南省德宏傣族景颇族自治州禁毒条例》第16条规定:"引诱、容留、教唆、胁迫他人吸食毒品,又零星销售毒品的,以贩毒罪论处。"该条款对刑法典第171条进行了补充规定,但是其未被纳入刑法典。

其四,1979年刑法典第79条规定了类推制度,而通过类推制度处理的犯罪并未在刑法典中规定。刑法中的类推是指法无明文规定的犯罪可以类推刑法典分则定罪量刑。虽然类推制度可以应对犯罪的复杂性和变化性,能够让刑法适应惩治犯罪的需要,但是它突破罪刑法定原则,使得部分犯罪游走在刑法典之外。可见,类推制度使得刑法典所规制的犯罪具有不确定性或者说不完全性。

总体来看,旧不完全法典化模式产生于特定历史条件下,它解决了我国刑法典从无到有的重要问题,适应了当时经济社会转型时期惩治犯罪的需要,贯彻了民族区域自治制度,为刑法典的后续修订积累了正反经验。需要指出的是,尽管旧不完全法典化模式在实践中仅存在于1997年刑法典全面修订之前,但是目前刑法理论界仍有支持者,其均认为刑法典不应是刑法的唯一渊源,主张刑法的渊源应当多样化,特别是应允许附属刑法的存在[1]。至于刑法典和特别刑法规定内容的区分,有观点主张刑法典应该规定变易性较小的自然犯,而单行刑法和附属刑法则应该规定变易性较大的法定犯[2]。不过,如今的支持者均坚持罪刑法定原则,反对类推制度。

(二)相对完全法典化模式

相对完全法典化模式是1997年刑法典全面修订至1998年《外汇决定》颁布之前我国刑法的法典化模式。它的特点是:在形式上,除民族自治地方对刑法典的变通、补充规定外,刑法典是刑法规范的唯一渊源;在内容上,刑法典延续了总分结构,完备了章节条款,集成了当时所有的刑法规范,并且不允许惩治未明文规定的犯罪。

---

[1] 张明楷:《刑法修正案与刑法法典化》,《政法论坛》2021年第4期;李晓明:《再论我国刑法的"三元立法模式"》,《政法论丛》2020年第3期;童德华:《当代中国刑法法典化批判》,《法学评论》2017年第4期;利子平:《我国附属刑法与刑法典衔接模式的反思与重构》,《法治研究》2014年第1期;刘之雄:《单一法典化的刑法立法模式反思》,《中南民族大学学报(人文社会科学版)》2009年第1期。

[2] 张明楷:《刑法修正案与刑法法典化》,《政法论坛》2021年第4期。

第十六章
我国刑法再法典化的展望

其一，1997年全面修订刑法典时，我国就设想制定一部规范集成的刑法典。《关于〈中华人民共和国刑法（修订草案）〉的说明》指出，此次修订刑法"要制定一部统一的、比较完备的刑法典。将刑法实施17年来由全国人大常委会作出的有关刑法的修改补充规定和决定研究修改编入刑法；将一些民事、经济、行政法律中'依照''比照'刑法有关条文追究刑事责任的规定，改为刑法的具体条款；将拟制定的反贪污贿赂法和中央军委提请常委会审议的惩治军人违反职责犯罪条例编入刑法，在刑法中规定的贪污贿赂罪和军人违反职责罪两章；对于新出现的需要追究刑事责任的犯罪行为，经过研究认为比较成熟、比较有把握的，尽量增加规定"[①]。刑法典全面修订后，尽管其第90条允许民族自治地方对其进行变通、补充规定，但是从实际来看，目前还未有民族自治地方对刑法典进行变通、补充规定[②]。可见，1997年刑法典集成了当时所有的罪刑规范。

其二，相较于1979年刑法典，1997年刑法典更加完备。从刑法条文看，1997年刑法典共有条款452条，这远远超过1979年刑法典的192条。在章节上，1997年刑法典在总则中明确增加刑法的基本原则、单位犯罪、立功规定等。在分则中将章数由原来的8章增至10章，在分则第三章下设8节，在第六章下设9节，并且在章名上将原来的反革命罪修改为危害国家安全罪，将破坏社会主义经济秩序罪修改为破坏社会主义市场经济秩序罪，将妨害婚姻、家庭罪合并到侵犯公民人身权利、民主权利罪中，另外，增设章名包括危害国防利益罪、贪污贿赂罪和军人违反职责罪。据此，相较于1979年刑法典，1997年刑法典更加完备。此外，刑法典第3条明确规定了罪刑法定原则。这意味着刑法不再允许类推，犯罪都规定在刑法之中，犯罪不再具有不确定性。可见，此时刑法典所规定的犯罪在外延上具有相对完全性。

总体来看，相对完全法典化模式是在旧不完全法典化模式难以适应刑法实践需要的背景下产生的，它解决了刑法规范的分散杂乱和犯罪的不确定性问题，确立了罪刑法定原则，贯彻了民族区域自治制度，是刑法法典化模式的有益探索。需要指出的是，相对完全法典化模式仅是暂时的过渡性法典化模式，因为它随后就走向了新不完全法典化模式。虽然相对完全法典化模式在实践中

---

① 王汉斌：《关于〈中华人民共和国刑法（修订草案）〉的说明》，《人大工作通讯》1997年第Z1期。
② 徐爽：《变通立法的"变"与"通"——基于74件民族自治地方变通立法文件的实证分析》，《政法论坛》2021年第4期。

仅存在于1998年单行刑法颁布之前,但是它在当前刑法理论界依然有支持者,他们反对通过真正规定罪刑规范的附属刑法、单行刑法修改刑法典,主张通过刑法修正案修改刑法典,以此保证刑法典的统一性。对于1998年制定的单行刑法,有论者主张应当尽快将之纳入刑法典中①。

(三)新不完全法典化模式

新不完全法典化模式是1998年《外汇决定》颁布之后我国刑法的法典化模式。它的特点是:在形式上,刑法典是刑法的主要渊源,但不是唯一渊源,刑法渊源除刑法典外还包括单行刑法和民族自治地方对刑法典的变通、补充规定;在内容上,刑法典延续总分结构,不允许惩治未明文规定的犯罪,并且其主要通过刑法修正案进行修改,而仅在特殊情况下通过单行刑法进行修改,即刑法典所规定的犯罪不再完全。

其一,单行刑法在刑法典之外增设了罪刑规范。为了应对亚洲金融危机之后急剧增加的骗购外汇行为,保护金融安全,1998年我国颁布了单行刑法《外汇决定》,增设了骗购外汇罪②。这部单行刑法的颁布使得骗购外汇罪存在于刑法典之外,使得罪名不再完全规定于刑法典中。为了应对香港反中乱港势力实施分裂国家、颠覆国家政权、组织实施恐怖活动和勾结外国、境外势力危害国家安全等犯罪,维护国家安全,2020年我国通过了《中华人民共和国香港特别行政区维护国家安全法》(简称《香港国安法》)。这部单行刑法规定了分裂国家罪、颠覆国家政权罪、恐怖活动罪、勾结外国或者境外势力危害国家安全罪③。这些罪刑规定未被纳入刑法典。

其二,不同于在特殊情况下通过单行刑法对刑法典进行修改,在大多数情况下我国是通过刑法修正案对刑法典进行修改的。从颁布数量看,我国颁布规定有罪刑规范的单行刑法仅有2部,而刑法修正案已出台11部。从颁布频率看,这两部单行刑法的颁布间隔约12年,而刑法修正案则平均每2年颁布1部。从条文数量看,上述两部单行刑法共有条文75条,而刑法修正案共有条文219条。从修改规模看,刑法修正案对刑法典的修改数量在总体上要远远高于单行刑法。可见,相较于单行刑法,刑法修正案已成为刑法典修改的主要工具。

---

① 赵秉志:《当代中国刑法法典化研究》,《法学研究》2014年第6期。
② 李文胜:《维护国家外汇管理制度的重大举措——〈关于惩治骗购外汇、逃汇和非法买卖外汇犯罪的决定〉立法背景》,《中国外汇》1999年第5期。
③ 王振:《论〈香港国安法〉对"危害国家安全犯罪"及其"刑罚"的规定》,《政法学刊》2022年第3期。

总体来看,新不完全法典化模式的产生有其特殊历史背景,它适应了稳定经济社会发展和维护国家安全的需要,坚持罪刑法定原则,也贯彻民族区域自治制度,是在相对完全法典化模式的基础上建立的。需要指出的是,当前刑法理论界也有学者支持新不完全法典化模式,比如有学者认为"统一刑法典模式不排除制定单行刑法以及大量刑法修正案"[①]。

二、刑法法典化模式的比较

尽管改革开放以来我国刑法演变出以上三种法典化模式,但是前两种法典化模式已成过去式。由于刑法理论界对于应然法典化模式仍存在激烈争论,因此有必要比较分析各法典化模式的利弊,可以从立法功能、立法体系、立法规范和立法成本方面进行比较。

(一) 立法功能比较

从立法功能看,由于目前旧不完全法典化模式的支持者坚持罪刑法定原则,所以它和其他两种法典化模式都要求刑法具有法益保护和人权保障的功能,这是三种法典化模式在立法功能上的相同之处。但是,由于这三种法典化模式毕竟存在不同特点,特别是旧不完全法典化模式和新不完全法典化模式都坚持在刑法典之外保留特别刑法(尽管具体渊源存在差别),而相对完全法典化模式否定通过单行刑法和附属刑法修改刑法典,这使得它们在立法功能上存在不同。

就旧不完全法典化模式而言,它采取的是多元立法模式,即刑法规范可以在不同渊源中进行规定。这种多元立法模式有助于发挥特别刑法对刑法典的补充规定功能。这种立法补充主要体现在两个方面:一是对于刑法典已有的刑法规范,特别刑法可以作出有别于刑法典的规定;二是对于刑法典没有的刑法规范,特别刑法可以进行增设。

与旧不完全法典化模式不同,相对完全法典化模式则在某种程度上采取的是统一立法模式。这种统一立法模式有助于发挥刑法典的统合功能。这种立法统合主要体现在两个方面:一是形式的统一,即刑法典能够集聚分散的刑法规范,将它们经过编排整理规定在刑法典中;二是内容的归一,即刑法典通过相应的技术处理能够化解原本散在刑法规范之间的冲突,使内容归于一致。

---

① 周光权:《我国应当坚持统一刑法典立法模式》,《比较法研究》2022年第4期。

而新不完全法典化模式在立法功能上可谓是上述两种法典化模式的折中,坚持刑法典的核心地位有助于它在一定程度上具备相对完全法典化模式的立法统合功能;辅以单行刑法则有助于它具备旧不完全法典化模式的立法补充功能。

(二) 立法体系比较

从立法体系看,旧不完全法典化模式具有体系分散性,因为这种模式主张刑法渊源应当多元化,这就导致罪刑规范不仅局限于刑法典,还会分散在单行刑法和附属刑法之中。在这种体系分散性下,由于特别刑法规定大量法定犯,所以特别刑法可能会被较多修改,而这在某种程度上会相对巩固刑法典的稳定性,并且这种体系分散性会带来充裕的条文规定空间,这会方便对特定问题从立法上给予更为详尽的规定,此外,这种体系分散性可以让非刑事规范和罪刑规范联系更加紧密。但是,体系分散性也有弊端,特别是当分散在特别刑法中的罪刑规范越来越多时,就会显得刑法规范过于分散、繁杂,从而使得刑法规范整体的体系逻辑性不强,并且这种体系分散性结合罪刑规范的新旧因素、数量因素会导致法条关系错综复杂,这会给学法、用法带来极大的不便。

与之不同,相对完全法典化模式则具有体系统一性,因为在这种模式下除了民族自治地方对刑法典的变通、补充规定外,刑法规范都统一到刑法典中。这种体系统一性让刑法规范相对集中呈现,在总分结构的条理编排下能够让刑法规范在整体上联系更加紧密,并且这种体系统一性有助于避免法条关系过于复杂,这在某种程度上会给学法、用法带来方便。但是,体系统一性也存在不足,比如,如果忽视刑法规范的编排逻辑,那就可能会导致刑法典体系逻辑性不足。此外,频繁颁布刑法修正案还可能会导致刑法典分则条文急剧增多,在当前分则体系下这可能会使得分则部分章过于庞大,导致刑法典分则各章比例存在不均衡问题。

而新不完全法典化模式在体系上则具有原则的统一性和例外的分散性。这是因为这种法典化模式坚持刑法规范尽量规定在刑法典中,而仅在特殊例外情形下通过单行刑法规定不宜普遍规定在刑法典中的刑法规范。原则的体系统一性有助于新不完全法典化模式具备相对完全法典化模式体系统一性的优点,但是坚持主要通过刑法修正案修改刑法典也让此种模式具有前述体系统一性的缺点。而例外的体系分散性有助于新不完全法典化模式具有旧不完全法典化模式体系分散性的优点,并且反对真正规定罪刑规范的附属刑法能够极大减少体系分散性所存在的缺点。但是,如果单行刑法没有节制,则有可能存在前述体系分散性的缺点,甚至冲击刑法典的核心地位。

(三)立法规范比较

从立法规范看,相对完全法典化模式和新不完全法典化模式存在规范不明确的问题。因为刑法典和单行刑法都采用了空白罪状、罪量因素或兜底条款的立法技术,并且在规定空白罪状时既规定了绝对空白罪状又规定了相对空白罪状。所谓绝对空白罪状是指构成要件内容完全由非刑法的法律、法规、规章补充的罪状。所谓相对空白罪状是指部分构成要件要素需要由非刑法的法律、法规、规章补充的罪状[①]。虽然这些空白罪状、罪量因素和兜底条款有助于刑法规定的简洁性、适应性和稳定性,但是它们由于欠缺明确性而在可适用性、行刑衔接和合宪性等方面广为诟病[②]。而对旧不完全法典化模式而言,虽然坚持制定真正规定罪刑规范的附属刑法有助于加深行刑联系[③],但是其是否能够避免空白罪状、罪量因素和兜底条款,不无疑问。详言之,根据我国立法法,犯罪和刑罚只能制定法律。但是,法律规定的事项总是存在不详尽、不细致的地方,毕竟法律要从宏观的视角进行把握,而一些具体细致的内容可能还需要行政法规、部门规章等予以规定。据此,附属刑法不可能对所有事项都作出详尽的规定,进而它最终也会陷入"不明确"的质疑。并且,我国法律在具体规定某些事项时常常出于周延性的考虑在具体列举的最后加上兜底条款,这种兜底条款在某种程度上就是"不明确"的规定,附属刑法没有办法回避这个问题[④]。可见,旧不完全法典化模式在规范上也会存在其他两种法典化模式所存在的不明确的问题。

此外,在规范内容的重复性上,由于旧不完全法典化模式将法定犯都分散到各个非刑事法律中规定,所以同一犯罪行为可能因为触犯了不同法律而在附属刑法中被重复规定。新不完全法典化模式如果不注意限制单行刑法,那么也可能存在重复规定的问题。与之不同,相对完全法典化模式由于将刑法规范都相对集中到刑法典中,所以经过合并同类项处理后,规范内容的重复问题能够被较好解决。

[①] 陈兴良:《刑法的明确性问题:以〈刑法〉第 225 条第 4 项为例的分析》,《中国法学》2011 年第 4 期。
[②] 吴永辉:《不明确的刑法明确性原则》,载赵秉志:《刑法论丛(第 55 卷)》,法律出版社 2019 年版,第 291-298 页。
[③] 李晓明:《再论我国刑法的"三元立法模式"》,《政法论丛》2020 年第 3 期。
[④] 周光权:《我国应当坚持统一刑法典立法模式》,《比较法研究》2022 年第 4 期。

最后，在规范内容的协调性上，由于立法者在通过刑法修正案增设刑法规范时可能对该规范的具体定位考虑不周全，所以在相对完全法典化模式下刑法典可能会存在刑法规范和其所在章节不相协调的问题。旧不完全法典化模式和新不完全法典化模式也会存在这种问题。只是在旧不完全法典化模式中由于变易性较大的法定犯被挪至特别刑法中规定，所以刑法典在修改不多的情况下可能会较少出现上述问题。

（四）立法成本比较

从立法成本看，旧不完全法典化模式要比其他两种法典化模式耗费更多的立法成本。这是因为当前我国刑法规范基本都集中于刑法典中，而旧不完全法典化模式的支持者主张要将变易性较大的法定犯规定在附属刑法、单行刑法之中，将变易性较小的自然犯规定在刑法典中[①]。这意味着要实践旧不完全法典化模式就要分解刑法典的罪刑规范，而这会消耗很多立法资源，且未必能产生多大的立法效益。

其一，自然犯和法定犯很难区分。在刑法理论上有关自然犯和法定犯的区分标准有很多，有根据法益的关系区分二者，有根据被害对象性质的差异区分二者，有根据被侵害的规范的性质区分二者，还有根据犯罪和伦理的关系区分二者，以上这些都属于质的区分理论。此外，还存在量的区分理论，这种理论主张"自然犯与法定犯之间不再被认为是存在本质上的差异，而只是在行为的危险程度上存在量的差别。自然犯固然具有较浓的伦理色彩，法定犯也并非能够完全无视于伦理道德的评价"[②]。据此，自然犯和法定犯的区分具有相对性，将刑法典中的自然犯和法定犯完全分开并不容易。

其二，当同一法条中既规定了自然犯又规定了法定犯时，是否有必要将该法条拆分为两个法条分别规定在刑法典和特别刑法之中，不无疑问。比如，我国刑法典第125条规定了非法运输爆炸物罪，我国学者指出，该罪既包括自然犯又包括法定犯，其中因合法生产需要而未经许可运输爆炸物的犯罪属于自然犯，而为了实施恐怖犯罪而非法运输爆炸物的犯罪则属于法定犯[③]。按照旧不完全法典化模式支持者的观点，刑法典应当保留惩治属于自然犯的非法运输爆

[①] 张明楷：《刑法修正案与刑法法典化》，《政法论坛》2021年第4期。
[②] 张文、杜宇：《自然犯、法定犯分类的理论反思——以正当性为基点的展开》，《法学评论》2002年第6期。
[③] 张明楷：《自然犯与法定犯一体化立法体例下的实质解释》，《法商研究》2013年第4期。

炸物罪,而单行刑法或者附属刑法则应当惩治属于法定犯的非法运输爆炸物罪。但是,旧不完全法典化模式的支持者似乎忽视了如此规定会浪费立法资源的问题,因为相较于仅在刑法典中完整规定非法运输爆炸物罪,在刑法典和特别刑法中分别规定非法运输爆炸物罪的自然犯和法定犯意味着要重复规定罪状。至于有论者批评当前刑法典中非法运输爆炸物罪未区分行为目的配刑导致较轻的法定犯被当作较重的自然犯并给刑法适用造成困难的问题①,这不是只能通过制定特别刑法才能解决的。事实上,区分处罚的问题完全可以留给司法解释或者法官自由裁量予以解决。据此,旧不完全法典化模式支持者所主张的依据自然犯和法定犯区隔刑法典和特别刑法的观点不具有可操作性,会导致浪费立法资源的问题。

其三,在罪刑规范相同的情况下仅仅换个规定位置不会产生多大立法效益。在罪刑规范相同的情况下,刑事案件的罪名适用和刑罚裁量不会因为罪刑规范被规定在附属刑法中而变得更加准确,也即不会产生新的适用效益。另外,制定真正规定罪刑规范的附属刑法需要耗费大量的人力、物力成本,需要大规模修改法律,加之如果立法水平不高、论证不充分,最终也许未必能制定出满意的附属刑法。

三、新不完全法典化模式是刑法法典化模式的发展方向

从上述比较来看,三种法典化模式各有利弊,没有哪个法典化模式只有优点而没有缺点。因此,没有只有优点的刑法法典化模式可供选择,进而刑法法典化模式的选择需要权衡利弊,综合考量。笔者认为,刑法法典化模式应当立足于本国实际,需要从本国实践出发作出选择。新不完全法典化模式符合中国刑法立法实际,能够满足中国刑法实践需要,是当下应然的刑法法典化模式。

(一)坚持刑法典的核心地位

由于放任特别刑法会导致体系分散性所带来的弊端,所以应当坚持刑法典在刑法渊源中的核心地位。从质的方面看,坚持刑法典的核心地位要求刑法典在规范内容上奠定刑法的基础;从量的方面看,坚持刑法典的核心地位要求刑法规范主要规定在刑法典中。

首先,坚持刑法典的核心地位有助于发挥立法统合功能。如前文所述,刑

---

① 张明楷:《自然犯与法定犯一体化立法体例下的实质解释》,《法商研究》2013年第4期。

法典的立法统合功能不仅体现在刑法规范的形式聚集上,而且体现在刑法规范的内容优化上。刑法典统合刑法规范,消除散在刑法规范间的冲突,有助于提高司法工作人员运用刑法的效率,促进刑事裁判的公正。不仅如此,内容的归一也有助于消除刑法规范的重复,从而节约立法资源。另外,因为刑法典集聚了刑法规范、归一了刑法规范,所以,它相较于散在的刑法规范更容易为民众所习得,人们不需要费时费力地寻找刑法规范,从而有助于人们更好地了解刑法,提高刑法预防犯罪水平。

其次,坚持刑法典的核心地位是我国法律文化传统使然。我国学者指出,"法典化是古代中国重要的治理智慧。法典不只是西方的专利,编纂法典也是中华法系最明显的特征之一""法典化构成当代'中国之治'的历史渊源和本土资源"①。诚如学者所言,我国自古就有法典编纂的历史。比如,北齐颁布了《北齐律》,唐朝颁布了《永徽律》,宋朝颁布了《宋刑统》,明朝颁布了《大明律》,清朝颁布了《大清律例》《大清现行刑律》《大清新刑律》,北洋政府颁布了《暂行新刑律》,南京政府颁布了1928年刑法和1935年刑法,它们都是所处时代刑法的核心。可见,坚持刑法典的核心地位是受到我国法典文化传统的深刻影响。

再者,坚持刑法典的核心地位是我国刑事立法的现实选择。中国近几十年的刑法立法史表明坚持刑法典的核心地位具有深刻必要性。在1979年刑法典颁布后,面对日益严重的犯罪形势,我国曾经选择通过制定大量附属刑法、单行刑法的方式来惩治犯罪,但是,这却带来了很多问题,特别是它们严重冲击了刑法典的核心地位,导致刑法典和特别刑法之间的法条关系、罪刑关系错乱复杂,导致刑法典中许多规定被虚置,这严重虚弱了刑法典的权威性。到了1997年刑法典全面修订,我国将刑法规范统合于刑法典,基本废止了之前的附属刑法和单行刑法,即便之后颁布了一些单行刑法,但仍然坚持刑法典的核心地位。而坚持刑法典的核心地位后,过去那种错乱复杂的法条关系、罪刑关系不再出现,刑法典的权威性获得巩固。据此,坚持刑法典的核心地位是我国立法实践的必然要求。

最后,刑法典应该且能够适应犯罪形势的变化并及时作出调整。旧不完全法典化模式的支持者一方面强调刑法典要具有稳定性,不能随意修改;另一方面又认为附属刑法应根据犯罪形势及时作出修改,为什么刑法典要具有这样的

---

① 蒋海松:《〈民法典〉传统基因与民族特色的法理解析》,《现代法学》2022年第1期。

稳定性,附属刑法所寄生的法律就不需要这样的稳定性呢?很明显,论者的观点存在矛盾。根据犯罪形势的发展及时对刑法典增减罪名,对刑罚及时调整,这是惩治犯罪的需要,我们不应该将所谓的法律稳定性置于最高价值,认为所有事项都要以之为前提。如果不能有效打击犯罪,那么一味固守法律稳定性的意义何在?可见,虽然刑法典需要稳定,但是它不能一成不变。因为稳定性本身并不足以为我们提供一个有效且有生机的法律制度,法律还必须服从进步所提出的正当要求[①]。此外,刑法典不应仅规定自然犯。认为刑法典应仅规定自然犯、特别刑法应仅规定法定犯的观点实际上是以法定犯问世以前纯粹规定自然犯的刑法典为标准来衡量当代刑法典。这种观点对刑法典的看法停留在过去,没有与时俱进。总之,当犯罪形势的发展和刑事政策的变化需要刑法典及时进行立法调整时,刑法典就应当及时进行修改。而借助刑法修正案,刑法典也能够及时进行应对。因为相较于修改刑法典的其他方式,刑法修正案具有方便、广泛、灵活等优势[②]。由于刑法修正案在增减刑法规范时不改变原来刑法典的章节、条文顺序,所以它有助于维护刑法典的稳定性、连续性和完整性[③]。并且因为它不会将修改的内容独立于刑法典之外,所以它有助于巩固刑法典的核心地位[④]。可见,刑法修正案不仅能及时修改刑法典,还能维护刑法典的统一性,不影响刑法典自身功能的发挥。

(二)坚持部分特别刑法的补充地位

由于刑法典在规制犯罪方面存在不足,所以需要特别刑法进行补充惩治。因为刑法典自1979年起就允许民族自治地方对刑法典作出变通、补充规定,所以,民族自治地方对刑法典的变通、补充规定是刑法典的有益补充。除此之外,我国还应当坚持单行刑法的补充地位,但不应通过真正规定罪刑规范的附属刑法补充刑法典。

1. 在例外情况下单行刑法应是刑法典的有益补充

第一,单行刑法获得了刑事立法的认可。尽管1997年刑法典全面修订时单行刑法或者被吸收进刑法典中或者被废止,但是刑法典全面修订后我国又陆

---

① [美]E.博登海默,邓正来译:《法理学:法律哲学与法律方法》,中国政法大学出版社2017年版,第342页。
② 有关刑法修正案的优越性,详见陈兴良:《刑法修正案的立法方式考察》,《法商研究》2016年第3期。
③ 郭泽强:《从立法技术层面看刑法修正案》,《法学》2011年第4期。
④ 潘家永:《刑法修正案述评》,《安徽大学学报(哲学社会科学版)》2008年第4期。

续颁布了一些单行刑法。这表明单行刑法是刑法立法实践的选择。

第二,单行刑法对特定历史时期没有固化必要的犯罪处理较方便。特定历史时期的犯罪有时可能会在不太远的未来不再作为犯罪处理,为维护刑法典的稳定性,对于这类犯罪采用单行刑法规定在立法处理上可能更方便。对于1998年《外汇决定》中设立的罪名,王汉斌认为这个单行刑法中所规定的"犯罪是特定时期特定历史条件下产生的,鉴于当时我国对经常项目下的外汇已实行了自由兑换,资本项目也会逐步放开,到那个时候这一犯罪的规定是否还有存在的必要还需要研究。现在用决定的形式规定这一罪名比采用修正案方式将其固化在刑法典中,将来处理起来在立法上要方便一些"[①]。据此,对于这种特定历史时期没有固化必要的犯罪而采用单行刑法规定有其优势。

第三,单行刑法能够克服刑法典的不足,对特定地区的犯罪进行规定。我国虽然是单一制国家,但是基于"一国两制"的基本国策,香港、澳门享有高度自治权,其施行的刑法不同于刑法典。换言之,香港、澳门享有制定刑法的立法权限,刑法典并不会直接适用于香港、澳门地区。这就是说,当特别行政区对某些特定犯罪无法有效规制时,不能直接通过刑法典进行应对。而鉴于单行刑法立法功能的特殊性,为了及时有效地惩治犯罪,国家可以通过单行刑法进行处理。针对香港所存在的危害国家安全等犯罪,刑法典不能对之直接适用。为了弥补这一不足,全国人大常委会适时制定了《香港国安法》,并且将之以全国性法律形式纳入《香港特别行政区基本法》附件三之中。据此,单行刑法有其存在的必要性。

第四,单行刑法仅是在例外情况修改刑法典。这就是说,在能够通过刑法修正案修改刑法典时应尽量不使用单行刑法修改刑法典。有学者主张"如果增加新的罪名所侵犯的客体已经超过现有刑法典犯罪分类的客体体系的范围时,采用单行刑法的修订模式"[②]。但是,"刑法修正案的立法方式并非只能对刑法典进行个别或局部修改,而是可以在刑法典中增加或者删除部分章节,从而进行大量修改与重要修改"[③]。在上述情况下,如果通过修改原有刑法典条文能够扩展犯罪客体的范围并能包容新罪时,那么仍应当采用刑法修正案的方式修改

---

① 郎胜:《刑法四十年(六)》,《法制日报》2019年3月27日第9版。
② 郭泽强:《从立法技术层面看刑法修正案》,《法学》2011年第4期。
③ 张明楷:《刑法修正案与刑法法典化》,《政法论坛》2021年第4期。

刑法典。

2. 不应通过真正规定罪刑规范的附属刑法补充刑法典

第一,新不完全法典化模式能够满足当前刑法实践需要。从规范供给看,通过刑法修正案和单行刑法对刑法典的修改,能够为刑法实践持续提供充足的罪刑规范。从规范适用看,当前刑法规范在刑法解释等规范文件的配合下基本能够满足刑事司法的适用需要。尽管目前刑事立法模式存在诸如规范不明确、不协调等问题,但是这些问题在当前立法模式下通过运用教义学知识、改进立法技术、颁布刑法解释等方法能够加以解决。既然新不完全法典化模式能够满足当前刑法实践需要,那么就不需要再制定真正规定罪刑规范的附属刑法来更改刑法的法典化模式。

第二,真正规定罪刑规范的附属刑法并未获得刑事立法的认可。在1997年刑法典全面修订前,我国曾在百余部非刑事法律中规定附属刑法[①]。刑法典全面修订后上述附属刑法除并入刑法典外基本被废止。目前我国已不再制定真正规定罪刑规范的附属刑法。然而,我国有论者指出1997年之后我国已在非刑事法律中悄然制定真正规定罪刑规范的附属刑法,比如铁路法第60条第1款和民用航空法第193条第2款。另外,大量非刑事法律规定了从业禁止,因为从业禁止是保安处分,而对犯罪规定保安处分是刑法规定的内容,所以,附属刑法在非刑事法律中已经显现[②]。但是,这种看法值得商榷。

一方面,上述铁路法和民用航空法的有关规定早在1997年刑法典全面修订之前就已经存在,它们不是刑法典全面修订之后制定的。事实上,刑法典全面修订之后我国未再制定真正规定罪刑规范的附属刑法。实践中一些非刑事法律曾欲制定附属刑法,但均被否定,比如生物安全法草案曾规定附属刑法,但是,这些想法都被全国人大宪法和法律委员会在《关于〈中华人民共和国生物安全法(草案)〉修改情况的汇报》里否定了[③]。

另一方面,虽然刑法典全面修订之后我国颁布的不少法律都规定了从业禁止,但是这种非刑事法律中规定的从业禁止和刑法典中规定的从业禁止有本质不同[④]。从性质上看,前者属于行政性预防措施,后者属于刑法上的保安处分。

---

① 高铭暄、赵秉志:《中国刑法立法之演进》,法律出版社2007年版,第42页。
② 张明楷:《刑法修正案与刑法法典化》,《政法论坛》2021年第4期。
③ 周光权:《我国应当坚持统一刑法典立法模式》,《比较法研究》2022年第4期。
④ 林维:《刑法中从业禁止研究》,《江西警察学院学报》2016年第1期。

从适用机关上看,前者无需法院宣布,后者则需要法院宣布。从适用目的上看,前者适用目的并非预防犯罪,后者适用目的则是预防犯罪①。据此,非刑事法律中规定的从业禁止和刑法典中规定的从业禁止存在不同,不能将前者界定为刑法中的保安处分。并且,刑法典第 37 条之一第 3 款不会导致非刑事法律中的从业禁止规定变成刑法规范。非刑事法律中的从业禁止规定只是在适用条件、期限等方面为刑法中从业禁止的适用提供内容,它本身不会因此在性质上转变为刑法中的保安处分。倘若认为非刑事法律的有关规定因之变成刑法规范,那么非刑事法律和刑法之间的边界将会变得模糊。

第三,真正规定罪刑规范的附属刑法并非万能。旧不完全法典化模式的支持者主张制定真正规定罪刑规范的附属刑法的重要理由是刑法典中的空白刑法规范不符合明确性原则,甚至违背法律保留原则②。但是,正如前文所述,附属刑法自身难以避免空白罪状、罪量因素和兜底条款,进而也会面临不明确的问题和合宪性的疑虑③。尽管从表面看附属刑法在行刑衔接方面有优势,但是行刑衔接的难易程度其实和罪刑规范规定于哪部法律没有直接联系,它实际上受到法定犯和自然犯的竞合关系、法定犯违法性判断标准等的影响④。可见,仅仅制定附属刑法并不能完全解决刑法的明确性问题和行刑衔接问题。附属刑法并非万能,要根本解决这些问题需要在附属刑法之外寻找其他方法。

第四,重新制定真正规定罪刑规范的附属刑法并不可行。旧不完全法典化模式的支持者呼吁重新制定真正规定罪刑规范的附属刑法,但是,正如前文所述,其所主张的依据自然犯和法定犯区隔刑法典和特别刑法的观点不具有可操作性,会导致浪费立法资源的问题。此外,重新制定真正规定罪刑规范的附属刑法会涉及众多法律的修改,在新不完全法典化模式能够满足刑法实践需要的情况下如此大规模地修改法律不仅没有必要,而且会耗费较大立法成本且未必能取得满意的立法效果。并且随着所制定的附属刑法的增多,旧不完全法典化模式的体系分散性弊端也会随之显现。可见,不应重新制定真正规定罪刑规范的附属刑法。

---

① 刘夏:《保安处分视角下的职业禁止研究》,《政法论丛》2015 年第 6 期。
② 张明楷:《刑事立法模式的宪法考察》,《法律科学》2020 年第 1 期。
③ 周光权:《我国应当坚持统一刑法典立法模式》,《比较法研究》2022 年第 4 期。
④ 周光权:《法典化时代的刑法典修订》,《中国法学》2021 年第 5 期。

四、新不完全法典化模式的完善方案

我国应当坚持新不完全法典化模式,确立刑法典的核心地位,同时辅以单行刑法和民族自治地方对刑法典的变通、补充规定作为补充。坚持新不完全法典化模式不意味着忽视其所存在的问题,因此,应当注意完善新不完全法典化模式。

其一,提高刑法规范的明确性、协调性。刑法规范应当具有明确性。只有明确的刑法规范才能保证刑法的可预测性[①]。但是,提高刑法规范的明确性不意味着完全放弃刑法规范语词的包容度,否则刑法规范将难以适应社会发展需要,因此,必须要在综合权衡中提高刑法规范的明确性。此外,刑法规范还应具有协调性。刑法立法不仅应当注意总则条款之间的协调,还应当注意分则条款之间的协调;在分则条款的协调中不仅应注意罪刑协调,还应当注意具体罪名和章节名的协调问题。只有提升刑法规范的协调性,才能理顺刑法规范的内容逻辑[②]。

其二,增强刑法典体系的逻辑性、均衡性。刑法典不应是将刑法规范杂乱无章地规定在一起,而应是按照某种逻辑将刑法规范编排在一起,因此,应当注意刑法典的体系逻辑性。但是,根据不同逻辑编排的刑法典可能在体系均衡性上存在不同,特别是有时根据某种逻辑编排刑法典可能会导致不同分类下的条文数量、体例样式存在很大差异。因此,为了让刑法典具备形式美感,在编排刑法典时还应当充分考虑体系均衡性。

其三,强化单行刑法立法的审慎性、协调性。由于单行刑法仅是在例外情况下被用来修改刑法典,所以单行刑法立法应当审慎,不能随意立法。如果单行刑法立法不审慎,放任自流,那么单行刑法很可能会膨胀,导致新不完全法典化模式的体系不再保持原则的统一性和例外的分散性的特点,而直接倒向分散性,这会导致体系分散性的缺点随之而来。因此,要警惕历史上单行刑法对刑法典过分冲击的教训。另外,尽管单行刑法可以进行特别规定,但是单行刑法毕竟处于辅助地位,所以在立法方面要尽量和刑法典相协调,特别是在配刑方

---

① 陈兴良:《罪刑法定主义》,中国法制出版社 2010 年版,第 55 页;张明楷:《刑法学》,法律出版社 2021 年版,第 63-66 页。
② 周少华:《刑法规范的语言表达及其法治意义》,《法律科学》2016 年第 4 期。

面要注意和刑法典中有关罪名相协调,不能无故配刑畸重或畸轻,导致刑法典和单行刑法关系的紧张。不仅如此,单行刑法还应尽量遵守刑法典所确立的原则、规则,不应无故推翻它们。

第二节　刑法总则的再法典化

对刑法总则再法典化需要对刑法总则从体系和内容两个方面进行完善。

一、刑法典总则体系的重构

我国刑法典总则在体系目录上按照编章节进行编排,总则为刑法典的第一编,在总则之下分为5章,依次是第一章刑法的任务、基本原则和适用范围,第二章犯罪,第三章刑罚,第四章刑罚的具体运用,第五章其他规定。第一章和第五章之下未再设节,第二章、第三章和第四章之下均设节。其中,第二章分为4节,包括犯罪和刑事责任,犯罪的预备、未遂和中止,共同犯罪,单位犯罪;第三章分为8节,包括刑罚的种类,管制,拘役,有期徒刑、无期徒刑,死刑,罚金,剥夺政治权利,没收财产;第四章分为8节,包括量刑,累犯,自首和立功,数罪并罚,缓刑,减刑,假释,时效。总体来看,刑法典总则章的排列具有合理性,首先将刑法的立法目的、根据、任务、原则、管辖、溯及力等问题放置在第一章,之后按照先有犯罪后有刑罚的顺序规定第二至四章,并且第三章和第四章的先后顺序安排符合先介绍概念本体,再介绍其运用的逻辑顺序,最后将难以归入前几章的特定刑法概念的含义、前科报告、特定地区的适用等放置在兜底章中,应该说刑法典总则的宏观布局是值得肯定的。

但是,刑法典总则在体系编排上依然存在问题,这突出表现在有关刑法总则条款的内容和所在章存在不对应的问题。比如,第四章是刑罚的具体运用,其第八节则规定的是时效,在时效部分总共规定了3条,即第87条至第89条,其中第87条规定的是追诉期限,第88条规定的是不受追诉期限限制的情形,第89条规定的是追诉期限的计算。由于这3条规定的是追诉时效有关问题,而追诉时效本身和总则第四章的章名之间似乎并没有很大关联,相反,在时效上与刑罚的具体运用紧密相关的是行刑时效,然而第八节规定并非是行刑时效,而是追诉时效。从比较法视野看,就德国而言,刑法典总则分为5章,即法例,犯罪行为,犯罪之法律效果,告诉、授权与请求,时效。据此,时效问题被置

第十六章
我国刑法再法典化的展望

于德国刑法典总则最后一章,在该章之下又细分两节,即追诉权时效和行刑权时效。可见,德国刑法典并未将时效问题置于第三章犯罪之法律效果中规定。又比如日本,日本刑法典总则分为 13 章,依次是通则,刑罚,期间计算,缓刑,假释,刑罚的时效和刑罚的消灭,犯罪的不成立和刑罚的减免,未遂罪,并合罪,累犯,共犯,酌量减轻,重重轻轻的方法。据此,刑罚的时效被规定在第六章中,需要注意的是,这里所规定的刑罚的时效是指行刑时效,并非追诉时效,追诉时效被规定在日本刑事诉讼法第 250 条[①]。再比如俄罗斯,俄罗斯刑法典总则共 6 编,依次是刑事法律,犯罪,刑罚,免除刑事责任与免除刑罚,未成年人的刑事责任,其他刑法性质的措施。其中第四编免除刑事责任与免除刑罚分为 3 章,即免除刑事责任,免除刑罚,大赦、特赦、前科。通读法条发现,俄罗斯刑法典将追诉时效规定在第 78 条,它位于第十一章中;而将行刑时效规定在第 83 条,它位于第十二章中。综上,根据德国刑法典、日本刑法典和俄罗斯刑法典,其或者将追诉时效、行刑时效单列成章规定,或者在刑罚之下规定行刑时效。总之,我国刑法典将追诉时效置于总则第四章刑罚的具体运用之中这一问题有待完善。

类似的问题还比如保安处分,从刑法典总则目录看,我国刑法典并未设立保安处分制度,但是有关保安处分的条款却分散规定在刑法典总则之中。比如,第 17 条第 5 款规定,对于不满 16 周岁不予刑事处罚的未成年人在必要时可以依法进行专门矫治教育。第 18 条第 1 款规定,对于不负刑事责任的精神病人在必要的时候可以由政府强制医疗。以上这两个条款都是保安处分条款,但是它们被放在刑法典总则第二章第一节犯罪和刑事责任之中。由于这里保安处分并非刑事责任的直接结果,所以将它规定在犯罪和刑事责任之中似不合理。又比如,第 37 条之一规定,对于因利用职业便利实施犯罪或者实施违背职业要求的特定义务的犯罪被判处刑罚的罪犯,法院可以根据犯罪情况和预防再犯罪需要,禁止其在规定期限内从事相关职业。该条是从业禁止的规定,是典型的保安处分,但是该条款被置于刑法典总则第三章第一节刑罚的种类之中。因为刑罚和保安处分是两个不同的概念,将保安处分的规定放在刑罚的种类之下显然不合理。再如,第 38 条和第 72 条规定,对于判处管制、宣告缓刑的罪犯可以根据犯罪情况同时禁止犯罪分子在执行期间或者缓刑考验期限内从事特定活动,进入特定区域、场所,接触特定的人。以上两个条款是对禁止令的规

[①] [日]西田典之,王昭武、刘明祥译:《日本刑法总论》,法律出版社 2013 年版,第 392 页。

定,也属于保安处分。但是,它们分别被规定在第三章第二节管制和第四章第五节缓刑之中,尽管从惩处对象看,由于被惩处的罪犯是判处管制刑的罪犯和宣告缓刑的罪犯,其和第三章第二节的节名管制、第四章第五节的节名缓刑有一定的关联,但是保安处分毕竟和刑罚在概念上相异,所以,不应将禁止令规定在上述章节中。从比较法的角度看,德国刑法典在第19条和第20条规定孩童的无罪责能力、因精神障碍而无罪责能力时均未在这些条款中再规定保安处分的内容,而是将之单独规定在刑法典第三章第六节矫治与保安处分之中。综上,我国刑法典总则将保安处分的规定分散在各章节中,虽然部分保安处分的规定在行为人上可能和章节名有所关联,但是由于保安处分的内容和所在章节的名称并不相符,所以上述保安处分的规定位置问题还有待完善。

此外,刑法典总则第二章的节名安排仍有待完善,特别是第一节犯罪和刑事责任,该节规定的内容包括犯罪的含义和分类、承担和不承担刑事责任的情形。其中承担和不承担刑事责任的情形大体分为两个层面:一是有关责任能力对刑事责任影响的规定,二是有关正当防卫和紧急避险对刑事责任影响的规定。将以上内容都杂糅在一起规定有些凌乱,似有不妥。从比较法上看,就德国刑法典而言,其将上述正当防卫和紧急避险的内容独立出来,单设第二章第四节予以规定,而将上述其余内容规定在第二章第一节中,该节的节名是处罚基础。就俄罗斯刑法典而言,其在总则第二编细分了6章,依次是犯罪的概念和犯罪的种类,应该承担刑事责任的人,罪过,未完成的犯罪,共同犯罪,排除行为有罪性质的情节。据此,我国刑法典总则第二章第一节的内容在俄罗斯刑法典总则中已经被拆分规定。综上,有必要对刑法典总则第二章的节名进行完善。

对于以上问题建议做如下调整:其一,对于时效问题,如果仅规定追诉时效,那么可将之调整至有关总则规定刑事责任的部分,或者单独设立一章规定;如果不再规定追诉时效,但增加规定行刑时效,则可以将之规定在现在刑法典中时效所在的位置,当然也可单独设立一章规定;如果同时规定追诉时效和行刑时效,那么既可以将之分开规定,也可以将之一起规定,将其一起规定时宜为之单设一章,并且可将该章规定在刑法典总则最后一章之前。正如上文所言,由于行刑时效有存在的合理性,并且追诉时效和行刑时效都是时效问题,对之一起规定更有条理,所以宜采纳第3种方案,单设时效章对之一起规定。其二,对于保安处分问题,宜将前述提及的保安处分的内容抽出来合并到保安处分之中并且为之专设一章,考虑到保安处分是非刑罚的法律后果,而一般情况下罪犯在承担刑事责任后通常面临的就是刑罚,所以,将保安处分放置于刑罚之后规定更为妥当,因此,可将保安处分一章规定在刑法典总则第四章之后。其三,对于刑法典总则第二章,可将现行第一节犯罪和刑事责任之下的内容拆开分别规定。具体而言,可以将总则第二章第一节改为犯罪的含义和种类,该节包含现行刑法典第13条,同时增设犯罪种类的有关规定;将第二节改为追究刑事责任的犯罪的一般规定,该节包含现行刑法典第14条至第19条;将第三节改为正当行为,该节包含现行刑法典第20条至第21条;将原来犯罪的预备、未遂和中止所在的第二节改为第四节;将原来共同犯罪所在的第三节改为第五节;将原来单位犯罪所在的第四节改为第六节。调整之后,刑法典总则目次如下:

第一章　刑法的任务、基本原则和适用范围
第二章　犯罪
　　第一节　犯罪的含义和种类
　　第二节　追究刑事责任的犯罪的一般规定
　　第三节　正当行为
　　第四节　犯罪的预备、未遂和中止
　　第五节　共同犯罪
　　第六节　单位犯罪
第三章　刑罚
　　第一节　刑罚的种类
　　第二节　管制
　　第三节　拘役
　　第四节　有期徒刑、无期徒刑
　　第五节　死刑
　　第六节　罚金
　　第七节　剥夺政治权利
　　第八节　没收财产
第四章　刑罚的具体运用
　　第一节　量刑
　　第二节　累犯

第三节　自首和立功

第四节　数罪并罚

第五节　缓刑

第六节　减刑

第七节　假释

第五章　保安处分

第六章　时效

第七章　其他规定

二、刑法典总则内容的完善

刑法典总则在内容上可做如下完善：

其一，增设区分犯罪轻重的规定。我国刑法典在总则中并没有对犯罪作出轻重区分。从比较法上看，德国刑法典第 12 条区分了重罪和轻罪，该条规定，重罪是指最轻刑为 1 年或 1 年以上有期徒刑之罪，轻罪是指最低刑为不满 1 年的有期徒刑或罚金之罪。而俄罗斯刑法典第 15 条则将犯罪根据社会危害性的性质和程度分为轻罪、中等严重的犯罪、严重犯罪和特别严重的犯罪，其中轻罪是指最高刑不超过 3 年剥夺自由的故意或过失犯罪，中等严重的犯罪是指最高刑超过 3 年但不超过 5 年剥夺自由的故意犯罪或者最高刑超过 3 年但不超过 10 年剥夺自由的过失犯罪，严重犯罪是指最高刑超过 5 年但不超过 10 年剥夺自由的故意犯罪或者最高刑超过 10 年但不超过 15 年剥夺自由的过失犯罪，特别严重的犯罪是指最高刑超过 10 年剥夺自由或更严重的犯罪[1]。从区分犯罪轻重的意义看，对犯罪作出轻重区分是贯彻区别对待的刑事政策的体现，也是贯彻刑法典总则中罪责刑相适应的具体体现。它在刑法和刑事诉讼法中发挥着概念界定、处罚范围确定等基础作用[2]。我国学者指出："中国刑事立法也应对轻罪和重罪作出明确规定。这种规定不仅具有实体和程序方面的意义，也具有犯罪观念、刑事政策和刑事立法方面的重要意义。"[3]据此，我国刑法典有必要

---

[1] 黄道秀译：《俄罗斯刑法典》，中国民主法制出版社 2020 年版，第 5—6 页。

[2] ［德］乌尔斯·金德霍伊泽尔，蔡桂生译：《刑法总论教科书》，北京大学出版社 2015 年版，第 70 页。

[3] 郑丽萍：《轻罪重罪之法定界分》，《中国法学》2013 年第 2 期。

对犯罪进行轻重区分。至于在犯罪轻重区分上是采取德国的二分法还是俄罗斯的四分法，笔者建议我国可先采取二分法，未来在刑法精细化程度更高时可再作细分。至于犯罪轻重的划分界限，理论上存在以3年有期徒刑为界、以5年有期徒刑为界、以7年有期徒刑为界等观点，综合考虑立法及实务倾向，笔者建议以3年有期徒刑为界。最后，对于轻罪和重罪的区分可在体系上置于总则第二章第一节犯罪的含义和种类之下。

其二，增设不作为犯的规定。在刑法理论上不作为犯分为真正不作为犯和不真正不作为犯。真正不作为犯是指构成要件规定只能以不作为方式实施的犯罪，而不真正不作为犯则是指构成要件原本规定以作为形式成立犯罪，但行为人以不作为的方式实施的犯罪。和真正不作为犯不同，不真正不作为犯的处罚在刑法典对之未有明文规定时可能会面临二难推理："如果认为不作为与作为具有不同的规范结构，那么，依据作为犯规定处罚不真正不作为犯时便违反了罪刑法定原则；反之，如果认为两者具有相同的规范结构，却要面对一个更大的难题——如何证明不真正不作为具有与作为相同的原因力，即如何论证'无中可以生有'"①。对此，德国目前的解决方式是：通过保证人来证立不真正不作为犯的原因力，不真正不作为违反的是命令规范，它不同于作为犯违反的是禁止规范，此外，通过法律拟制的规定构建不真正不作为犯的构成要件②。该法律拟制即是德国刑法典第13条，该条规定：对于犯罪构成要件结果的发生，法律上负有防止义务却不防止，且当其不防止和积极行为实现构成要件相当时，才依法可罚。笔者认为，解决不真正不作为犯的两难境地可以借鉴德国做法。至于不作为犯的体系位置，笔者认为可以放在总则第二章第二节追究刑事责任的犯罪的一般规定之中。

其三，增设认识错误的规定。我国刑法典对认识错误没有规定，只是在理论上将认识错误区分为事实认识错误（构成要件错误）和违法性认识错误（禁止错误）。德国刑法典对此有明确区分，其在第16条规定了构成要件错误，在第17条规定了禁止错误。具体而言，第16条规定，行为时没有认识该当构成要件的事实的，无故意。该行为是否存在过失，不受影响。行为时误认该当减轻构成要件的事实的，以减轻构成要件的故意论。第17条规定，行为时欠缺不法意

---

① 张小宁：《不真正不作为犯的二难推理及破除路径》，《政治与法律》2022年第10期。
② 张小宁：《不真正不作为犯的二难推理及破除路径》，《政治与法律》2022年第10期。

识且无法避免的,无罪责;可以避免的,可依本法第49条第1款减轻刑罚。虽然我国在事实认识错误的处理上不存在什么争议,但是对于违法性认识错误的处理却存在争议。笔者认为,当行为人不可避免地欠缺违法性认识时应当排除行为人的罪责,刑法典对之应当明确规定,具体可以参考德国刑法典的规定。至于其体系位置,笔者建议将之置于我国刑法典总则第二章第二节追究刑事责任的犯罪的一般规定之中。

第三节　刑法分则的再法典化

对刑法分则再法典化需要对刑法典分则从体系和内容两个方面进行完善。

一、刑法典分则体系的重塑

我国刑法典分则共10章,依次是危害国家安全罪,危害公共安全罪,破坏社会主义市场经济秩序罪,侵犯公民人身权利、民主权利罪,侵犯财产罪,妨害社会管理秩序罪,危害国防利益罪,贪污贿赂罪,渎职罪,军人违反职责罪。在这10章中有两章下设节罪名,即第三章破坏社会主义市场经济秩序罪和第六章妨害社会管理秩序罪。其中第三章共分为8节,依次是生产、销售伪劣商品罪,走私罪,妨害对公司、企业的管理秩序罪,破坏金融管理秩序罪,金融诈骗罪,危害税收征管罪,侵犯知识产权罪,扰乱市场秩序罪;第六章共分为9节,依次是扰乱公共秩序罪,妨害司法罪,妨害国(边)境管理罪,妨害文物管理罪,危害公共卫生罪,破坏环境资源保护罪,走私、贩卖、运输、制造毒品罪,组织、强迫、引诱、容留、介绍卖淫罪,制作、贩卖、传播淫秽物品罪。总体来看,经过刑法修正案11次修正后,刑法典分则罪名更为丰富。

但是,刑法典分则在体系编排上依然存在问题。其一,刑法典分则采取大章制存在各章比例不协调问题。特别是第三章和第六章,虽然这两章用章名统辖了之下的节名,但是随之而来的问题是,相较于其他章,这两章的刑法规定过于臃肿,和其他章存在体量不协调的问题。不仅如此,在大章制下可能会把不同的犯罪生硬地统摄在某个章名之下,而章名是否能发挥好同类法益的解释功能也存在疑问,比如1997年将妨害婚姻家庭类犯罪并入分则第四章侵犯公民人身权利、民主权利罪之中,这导致重婚罪、破坏军婚罪的法益变成了个人法益,即侵害的是个人的婚姻忠诚权利。但是,这种解释似乎并不符合现实。因

第十六章
我国刑法再法典化的展望

为如果重婚罪侵害的是个人法益,那么对于已结婚的夫妻甲乙而言,如果甲明确表示不需要乙对自己忠诚,也不介意乙再和别人结婚,那么当乙和他人结婚时,主张乙此时侵犯了甲享有的婚姻忠诚权并以此对乙科处重婚罪似乎存在不合理。而如果将重婚罪、破坏军婚罪从第四章中独立出来自成一章,那么根据超个人法益说的观点,重婚罪、破坏军婚罪违背的是一夫一妻制,其在解释实务判例时就很容易。此外,采取大章制还可能面临细分节罪名或者合并章罪名的问题。但是这种细分或者合并也许"追求的只是形式,而不可能确保实质的合理性""如若将贪污贿赂罪和渎职罪合并为'职务犯罪'专章,不仅不能突出同类客体的内容,反而难以确定同类客体是什么,因为职务犯罪并非仅侵犯一类法益,贪污罪和贿赂罪的保护法益就存在明显区别"[①]。其二,某些节名和其下规定的罪名存在不协调的问题。比如刑法典第262条之二,该条规定的是组织未成年人进行违反治安管理活动罪,从罪状看,该罪惩治的是组织未成年人违反治安管理活动的行为,该行为似乎并不会直接侵害公民人身权利、民主权利,进而将之置于刑法典分则第四章似乎不太合适。又如刑法典第355条之一,该条规定的是妨害兴奋剂管理罪,从罪状看,该罪中使用或者提供的均是兴奋剂而非毒品,但是该罪被置于刑法典分则第六章第七节之下,而该节的节名是走私、贩卖、运输、制造毒品罪。很明显,妨害兴奋剂管理罪似乎和该节的节名没有太大关系。再如刑法典第360条,该条规定的是传播性病罪,它被置于刑法典分则第六章第八节之下,而该节的节名是组织、强迫、引诱、容留、介绍卖淫罪,很明显,传播性病罪似乎也并非该节名所能涵摄。此外,刑法典第365条,该条规定的是组织淫秽表演罪,它被置于刑法典分则第九节制作、贩卖、传播淫秽物品罪之下,但是,组织淫秽表演罪似乎也不能为该节名所涵摄。其三,章的编排顺序似乎没有什么逻辑。第一、七、八、九、十章规定的是危害国家法益的犯罪,第二、三、六章规定的是侵害社会法益的犯罪,第四、五章规定的是侵害个人法益的犯罪。按照目前分则的编排顺序,侵害国家法益的犯罪、侵害社会法益的犯罪和侵害个人法益的犯罪其实是混排的,其并没有依照某个逻辑顺序排列。

对于以上问题建议做如下调整:其一,放弃大章制,采取小章制。将刑法典分则第三、六章的节罪名直接上升为章罪名。同时,鉴于恐怖活动犯罪和计算机网络犯罪的特殊性,可将恐怖活动犯罪从刑法典分则第二章中独立出来,将

[①] 张明楷:《刑法的解法典化与再法典化》,《东方法学》2021年第6期。

计算机网络犯罪从刑法典分则第六章第一节中独立出来。此外,鉴于刑法典分则第三章中的第五节金融诈骗罪本身就是破坏金融管理秩序的犯罪,所以其可以和第四节破坏金融管理秩序罪合并。最后,可以将刑法典分则第四章中有关妨害婚姻家庭犯罪独立出来。其二,鉴于组织未成年人进行违反治安管理活动的犯罪属于扰乱公共秩序的犯罪,所以可以将组织未成年人进行违反治安管理活动罪调至现行刑法典第六章第一节扰乱公共秩序罪中。至于现行刑法典第六章第七节存在节罪名难以包含具体罪名的问题,建议将第七节的节罪名改为妨害毒品、兴奋剂管制罪。而对于分则第六章第八节和第九节,鉴于两节的内容有一定的关联,可考虑将这两节合并,将其下的罪名统一在妨害涉淫管制罪中。其三,对于刑法典分则的编排逻辑,原则上只要符合逻辑顺序,不管是采取个人、社会、国家还是国家、社会、个人的顺序,均可。但是,由于侵害个人法益的罪名在数量上不如侵害社会法益和国家法益的罪名多,所以,如果按照个人、社会、国家的逻辑顺序编排,那么就可以避免罪名数量在整体上"头重脚轻"的问题。据此,分则章的编排顺序可采用个人、社会、国家的逻辑顺序。调整之后,刑法典分则目次如下:

第一章　侵犯公民人身权利、民主权利罪
第二章　侵犯财产罪
第三章　生产销售伪劣商品罪
第四章　走私罪
第五章　妨害对公司、企业的管理秩序罪
第六章　破坏金融管理秩序罪
第七章　危害税收征管罪
第八章　侵犯知识产权罪
第九章　扰乱市场秩序罪
第十章　危害公共安全罪
第十一章　恐怖活动犯罪
第十二章　扰乱公共秩序罪
第十三章　侵害计算机网络犯罪
第十四章　妨害婚姻家庭罪
第十五章　妨害司法罪

第十六章　妨害国(边)境管理罪

第十七章　妨害文物管理罪

第十八章　危害公共卫生罪

第十九章　破坏环境资源保护罪

第二十章　妨害毒品、兴奋剂管理罪

第二十一章　妨害涉淫管制罪

第二十二章　危害国家安全罪

第二十三章　贪污贿赂罪

第二十四章　渎职罪

第二十五章　危害国防利益罪

第二十六章　军人违反职责罪

二、刑法典分则内容的完善

从立法技术看，我国刑法典分则大量使用空白罪状、罪量要素和兜底条款。尽管这些立法技术在某种程度上让刑法规范具有开放性、包容度或者弹性，使得刑法规范适应时代发展而不必经常修改，以此保证其稳定性，但是它们也在某种程度上让刑法规范不明确，弱化了刑法的可预测性。对此，应当提高刑法规范的明确性。详言之，就空白罪状而言，绝对空白罪状使得刑法完全要参照他法确立构成要件，而当所要参照的他法又不明确时，绝对空白罪状就难以保证刑法规范的明确性。对于目前刑法典中这类绝对空白罪状，应当通过刑法解释将之进一步明确，并且在立法上减少使用这种绝对空白罪状，将绝对空白罪状过渡到相对空白罪状，最终不再使用这类绝对空白罪状。对于相对空白罪状，它只是需要参照他法确定部分构成要件要素。对此，要让相对空白罪状具备明确性，就需要让相对空白罪状的指引明确和所参照的规定明确[1]，否则难以保证刑法规范的明确性，难以保证行刑衔接。对于兜底条款，应当通过刑法解释进一步明确，在解释时要注意教义学方法，特别是同类解释方法[2]。最后，对于罪量要素，也应当在立法后及时通过刑法解释进一步明确，从而划清罪与非

---

[1] 张建军:《论空白罪状的明确性》,《法学》2012 年第 5 期。
[2] 陈兴良:《刑法教义学中的类型思维》,《中国法律评论》2022 年第 4 期。

罪的边界。

此外，刑法典分则罪名较多，由于司法实践的发展，分则罪名也必然要相应完善。我国学者对诸如涉及食品安全犯罪、网络犯罪、生物犯罪、野生动物保护犯罪、贪贿犯罪等罪名的完善问题已经提出了很多看法，在此笔者不再一一重述，仅在增设罪名上提以下完善建议。

其一，增设普通背信罪。增设普通背信罪有深刻的必要性，我国学者指出，"背信行为具有严重的社会危害性，将其以犯罪论处符合犯罪的本质特征""事实上，我国行政刑法中有的条款规定了特定的背信行为，由于现行立法例是不在行政刑法中直接规定罪名和法定刑，刑法典又没有规定背信罪，致使行政刑法的规定形同虚设"①"我国现行刑法虽然规定了许多特殊的背信犯罪，但不能涵盖所有的严重危害社会的背信行为，使得部分背信行为游离在刑法之外，而现有的民事、经济、行政制裁又力度不够，信用环境正进一步恶化""现行刑法采取规定特别背信罪的立法方式已经难以适应不断变化发展的复杂情况，导致司法中大量类似'老鼠仓'事件的发生却又无法可依的现象出现，从而破坏了市场经济的健康发展"②。从比较法上看，德国刑法典第266条规定了背信罪，该条第1款规定：行为人滥用其依据法律、官方委托或法律行为所取得的处分他人财产或使他人负有义务的权限，或者违反其依据法律、官方委托、法律行为及信托关系而负有的管理他人财产利益的义务，致委托人的财产利益遭受损害的，处5年以下自由刑或罚金刑。日本刑法典第247条规定，为他人处理事务的人，以谋求自己或者第三者的利益或者损害委托人的利益为目的，实施违背其任务的行为，给委托人造成财产上的损害的，处五年以下惩役或者五十万元以下罚金。据此，笔者建议可以参考国外立法例，在我国刑法典中增设普通背信罪。至于其体系位置，可置于侵犯财产罪中。

其二，增设见危不救罪。关于见危不救应否入罪，在我国历来存在两种观点，一种是赞成论，一种是否定论。否定论多数强调，见危不救罪不符合我国国情，现在不应入罪。但是，这种观点不利于保护处于危险境地需要救助的人。我国学者指出，见危不救行为具有严重社会危害性，现有的道德等手段并不能

---

① 张明楷：《关于增设背信罪的探讨》，《中国法学》1997年第1期。
② 黄鑫：《从"老鼠仓"事件谈增设背信罪之必要》，《中国刑事法杂志》2009年第2期。

很好解决见危不救的问题①。另有学者指出,一般救助义务刑事化具有正当性。一方面,"为了阻止对所有人的不法损害,任何人都应享有获得这种一般性救助的权利,实施一般性救助行为应当是对所有人的义务要求",而行为人不履行这种义务则会导致处于危险境地的人的法益受到侵害。另一方面,"一般性救助义务的设定既符合密尔和边沁所说的'最大化利益'或'最大多数人的最大幸福'的立法目标,同时也会产生社会群体团结互助的效应"②。从比较法上看,德国刑法典第 323c 条规定的是不为救助罪,该条第 1 款规定,意外事故、公共危险或困境发生时,需要救助且根据行为人当时的情况可期待其予以救助,尤其对自己无重大危险且又不违背其他重要义务而不进行救助的,处 1 年以下自由刑或罚金。据此,笔者建议,可以参考德国刑法典的立法例在我国增设见危不救罪。至于其体系位置,可置于危害公共安全罪之中。

---

① 葛雷、宋海山:《见危不救行为入罪之可行性分析》,《南海法学》2019 年第 3 期。
② 方泉:《一般救助义务的刑事化问题》,《中山大学学报(社会科学版)》2021 年第 4 期。

后记 | POSTSCRIPT

随着《民法典》的颁布,法典化问题日益受到法学界的广泛关注。鉴于此,江苏省社会科学院法学所同仁经过讨论,决定组织一批同志深入研究法典化问题,以此作为长期以来对立法问题研究的纵深领域。考虑到所内同志各自专业不同,因此,只能选择若干与同志们的研究领域相关的法典化问题进行专题研究。这是《公法领域法典化专题研究》和《私法领域法典化专题研究》的写作缘由。

同时,在此说明一下,书名和内容有所出入的情况。一方面,书名涵盖了公法领域或者私法领域,另一方面,内容却仅限于若干专题。这主要考虑到目前法典编纂重点有限,只能展开初步研究,所以将其称之为"专题"研究。其中,《公法领域法典化专题研究》一书共安排四个专题,其分工如下:

1. 行政基本法法典化研究专题,由钱宁峰负责;
2. 教育法法典化研究专题,由李小红负责;
3. 环境法法典化研究专题,由朱紫涵负责;
4. 刑法法典化研究专题,由徐剑负责。

为了完成本书书稿,各专题负责人按照规定时间提交了初稿,并根据有关要求进行了修改,再由钱宁峰进行统稿,最后由李小红进行了汇编整理。由于法典编纂问题既是立法问题,也是部门法问题,因此,在写作过程中必然存在理解不到位之处,各专题写作者欢迎并感谢来自本书读者的批评指正。

本书的出版还要特别感谢江苏省社会科学院陈爱蓓副院长的理解和支持。同时,也非常感谢东南大学出版社陈佳编辑的包容和帮助。

钱宁峰

2023 年 4 月